今注本二十四史

漢書

二四

傳〔一二〕

漢 班固 撰 唐 顔師古 注

孫曉 主持校注

中國社會科學出版社

漢書　卷八八

儒林傳第五十八

古之儒者，博學虖六蓺之文。[1]六蓺者，[2]王教之典籍，先聖所以明天道，正人倫，致至治之成法也。周道既衰，壞於幽厲，禮樂征伐自諸侯出，陵夷二百餘年而孔子興，[3]以聖德遭季世，知言之不用而道不行，迺歎曰："鳳鳥不至，河不出圖，吾已矣夫！"[4]"文王既没，文不在兹乎？"[5]

[1]【顔注】師古曰：六蓺，謂《易》《禮》《樂》《詩》《書》《春秋》。【今注】蓺：同"藝"。

[2]【今注】案，蓺，蔡琪本、大德本、殿本作"學"。王念孫《讀書雜志·漢書第十四》以爲承上句"六蓺之文"而言，當作"六蓺"，作"六學"者，是涉下文"六學從此缺"而誤。

[3]【顔注】師古曰：陵夷，言漸穨替也。【今注】陵夷：衰頹，衰落。由盛到衰。本書卷一〇《成紀》顔師古注曰："陵，丘陵也。夷，平也。言其頹替若丘陵之漸平也。又曰陵遲亦言如丘陵之逶遲，稍卑下也。他皆類此。"案，"陵夷"爲聯綿詞，不可拆分解釋。

[4]【顔注】師古曰：《論語》載孔子之言也（殿本句末無"也"字）。鳳鳥、河圖，王者之瑞（蔡琪本、大德本、殿本

“王”前有“皆”字)。自傷有德而無位，故云已矣。【今注】案，語見《論語·子罕》。

[5]【顔注】師古曰：言文王久已没矣，文章之事豈不在此乎？蓋自謂也。亦見《論語》。【今注】案，語見《論語·子罕》。

於是應聘諸侯，[1]以荅禮行誼。[2]西入周，南至楚，畏匡戹陳，[3]奸七十餘君。[4]適齊聞《韶》，三月不知肉味；[5]自衛反魯，然後樂正，雅頌各得其所。[6]究觀古今篇籍，[7]迺稱曰：“大哉，堯之爲君也！唯天爲大，唯堯則之。[8]巍巍乎其有成功也，焕乎其有文章！”[9]又曰：“周監於二代，郁郁乎文哉！吾從周。”[10]

[1]【今注】應聘：接受聘問。

[2]【顔注】師古曰：荅禮(荅，殿本作“答”，下同不注)，謂有問禮者則爲應荅而申明之。【今注】荅禮：《漢書考正》劉奉世曰：“答禮者迎之，有禮亦以禮答之。”王先謙《漢書補注》曰：“孔子周流，欲明禮義於天下。顔説是也。”楊樹達《漢書窺管》曰：“如顔説，是答問禮，非答禮也。劉説近是。”案，“以”，連詞，表示目的。“應聘諸侯”的目的是“荅禮行宜”，“荅禮行宜”與上文“以聖德遭季世，知言之不用而道不行”相應，表示孔子答以禮、行以宜，“明知不可爲而爲之”。《論語·衛靈公》：“衛靈公問陳於孔子。孔子對曰：‘俎豆之事，則嘗聞之矣。軍旅之事，未之學也。’明日遂行。在陳絶糧，從者病，莫能興。子路愠見曰：‘君子亦有窮乎？’子曰：‘君子固窮，小人窮斯濫矣。’”可爲孔子“荅禮行宜”的佐證。劉、楊忽略了“應聘諸侯”與“荅禮行宜”的關係，而以顔、王爲增字爲訓，非。荅，殿本作“答”。

[3]【顔注】師古曰：匡，邑名，即陳留匡城縣。孔子皃類陽貨(皃，蔡琪本、殿本作“貌”，本卷“皃”字，他本多作

"貌", 不再出校), 陽貨嘗有怨於匡, 匡人見孔子, 以爲陽貨也, 故圍而欲害之, 後得免耳。戹陳, 謂在陳絶糧也。【今注】匡: 春秋時衛國城邑。在今河南長垣縣西南。 戹: 同"厄"。 陳: 西周、春秋時諸侯國。都宛丘(今河南淮陽縣)。

[4]【顔注】師古曰: 奸, 音"干"。【今注】奸: 通"干"。猶干謁, 對人有所求而拜訪。

[5]【顔注】師古曰: 美舜樂之善(蔡琪本、大德本、殿本句末有"也"字)。【今注】案, 語見《論語·述而》。

[6]【顔注】師古曰: 自衛反魯, 謂哀十一年也。是時道衰樂廢, 孔子還修正之, 故雅頌各得其所。【今注】案, 《論語·子罕》: "子曰: '吾自衛反魯, 然後樂正, 雅頌各得其所。'"

[7]【今注】案, 蔡琪本、大德本、殿本"今"後有"之"字。

[8]【顔注】師古曰: 言堯所行皆法天。【今注】則: 效法。

[9]【顔注】師古曰: 巍巍者, 高皃。焕, 明也。【今注】案, 語見《論語·泰伯》。蔡琪本、殿本句末有"也"字。

[10]【顔注】師古曰: 言周追視夏殷之制而損益之(殿本"殷"後有"二代"二字), 故禮文大備也。郁郁, 文章盛皃。自此以上, 孔子之言, 皆見《論語》。【今注】案, 語見《論語·八佾》。代, 蔡琪本、殿本作"世"。

於是叙《書》則斷《堯典》,[1]稱樂則法《韶舞》,[2]論《詩》則首《周南》。[3]綴周之禮, 因魯《春秋》, 舉十二公行事, 繩之以文武之道, 成一王法,[4]至獲麟而止。蓋晚而好《易》, 讀之韋編三絶, 而爲之傳。[5]皆因近聖之事, 㠯[6]立先王之教, 故曰"述而不作, 信而好古", "下學而上達, 知我者其天乎”。[7]

［1］【顔注】師古曰：謂《尚書》起自《堯典》也。【今注】叙：排列次序。　斷：截斷。這裏指孔子删《書》，斷自堯時，也就是顔師古所説的以《堯典》爲始。

［2］【顔注】師古曰：《論語》云顔回問爲邦（回，殿本作“淵”），子曰：“行夏之時，乘殷之輅，服周之冕，樂則《韶舞》，放鄭聲。”《韶》，舜樂也，孔子歎其盡善盡美，故欲用之。【今注】韶舞：舜時樂舞名。

［3］【顔注】師古曰：以《關雎》爲始也。【今注】論：通“倫”。倫次。

［4］【顔注】師古曰：繩，謂治正之。【今注】一王法：一代之法。

［5］【顔注】師古曰：編，聯次簡也（蔡琪本、大德本、殿本“聯”前有“所以”二字）。言愛玩之甚，故編簡之韋爲之三絶也。傳，謂《彖》《象》《繫辭》《文言》《説卦》之屬。

［6］【顔注】音“以”（王先謙《漢書補注》以爲，二字後人妄增，殿本無。案，蔡琪本亦無）。

［7］【顔注】師古曰：皆《論語》載孔子之言也。作者之謂聖，述者之謂明。故孔子自謙，言我但述者耳。下學上達，謂下學人事，上達天命也。行不違天，故唯天知我也。【今注】案，語見《論語·述而》與《憲問》。

仲尼既没，七十子之徒散遊諸侯，[1]大者爲卿相師傅，小者友教士大夫，或隱而不見。故子張居陳，[2]澹臺子羽居楚，[3]子夏居西河，[4]子貢終於齊。[5]如田子方、段干木、吴起、禽滑氂之屬，皆受業於子夏之倫，爲王者師。[6]是時，獨魏文侯好學。[7]天下竝爭於戰國，儒術既黜焉，然齊魯之間學者猶弗廢，於威、宣之際，孟子、孫卿之列咸遵夫子之業而潤色之，吕學顯於當世。[8]

[1]【顔注】師古曰：七十子，謂弟子者七十七人也。稱七十者，但言其成數也。

[2]【顔注】師古曰：子張姓顓孫，名師。【今注】子張：與下文俱孔子弟子，事迹俱見《史記》卷六七《仲尼弟子列傳》。沈欽韓《漢書疏證》以爲《史記》卷一二一《儒林傳》於上有“子路居衛”，班固以子路先孔子死，削之。

[3]【顔注】師古曰：子羽姓澹臺，名滅明。澹，徒甘反（蔡琪本、大德本、殿本“徒”前有“音”字）。【今注】居楚：王先謙《漢書補注》以爲，《史記·仲尼弟子列傳》稱其“南游至江”。

[4]【顔注】師古曰：子夏姓卜，名商。【今注】西河：戰國魏地。一説在今山西、陝西間黄河左右；一説在今河南安陽市，子夏時黄河流經安陽東，西河即河西。王先謙《漢書補注》引《史記·仲尼弟子列傳》司馬貞《索隱》：“在河東郡之西界，蓋近龍門。”

[5]【顔注】師古曰：子貢姓端木，名賜。【今注】子貢：《漢書考正》宋祁載，“子貢”，蕭該本作“贛”，淳化本、景祐本作“子貢”。《刊誤》改作“贛”，又云：“‘子貢’當爲‘子夏’。”錢大昕《三史拾遺》卷三以爲《説文》：“贛，賜也，從貝竷聲。貢，獻功也，從貝工聲。”二字音同義異。古人字與名相應，端木子名賜，則非貢獻之貢明。蕭該本最爲近古，《禮記·樂記》亦作“子贛”。

[6]【顔注】師古曰：子方以下皆魏人也。滑，于拔反（蔡

琪本、大德本、殿本“于”前有“音”字)。釐，音“離”。【今注】案，沈欽韓《漢書疏證》引《吕氏春秋·重言》注：“田子方學於子貢。”《尊師》：“段干木，晉國之大駔也，學於子夏。”《史記》卷六五《孫子吴起列傳》：“吴起嘗學於曾子。”又《吕氏春秋·當染篇》“禽滑釐學於墨子”，與《墨子》合，《列子·湯問》《楊朱》與《莊子·天下》並同，是禽滑釐非儒家學者。案，段于木，蔡琪本、大德本作“段干”；殿本作“叚干”，是。

[7]【今注】魏文侯：戰國時魏君，名斯，一作都魏桓子之孫。周威烈王時被列爲諸侯。嘗從子夏受經學。敬賢禮士，先後任魏成子、翟璜、李悝爲相，樂羊、吴起爲將，使西門豹治鄴，實行變法，改革政治，獎勵耕戰，制定“法經”，興修水利。西攻秦，取西河之地，北攻中山，滅其國。爲戰國初期强國。在位三十八年。

[8]【顔注】鄧展曰：威、宣，齊二王。【今注】案，蔡琪本、大德本、殿本“於威宣”前有“至”字。　孫卿：荀子。

及至秦始皇兼天下，燔《詩》《書》，殺術士，[1]六學從此缺矣。[2]陳涉之王也，魯諸儒持孔氏禮器往歸之，[3]於是孔甲爲涉博士，卒與俱死。[4]陳涉起匹夫，歐適戍𠀉立號，[5]不滿歲而滅亡，其事至微淺，然而搢紳先生負禮器往委質爲臣者何也？[6]𠀉秦禁其業，積怨而發憤於陳王也。及高皇帝誅項籍，引兵圍魯，魯中諸儒尚講誦習禮，弦歌之音不絶，豈非聖人遺化好學之國哉？[7]

[1]【顔注】師古曰：燔，焚也。今新豐縣温湯之處號愍儒鄉，温湯西南三里有馬谷，谷之西岸有阬，古老相傳以爲秦阬儒

處也。衞宏詔定古文官書序云：“秦既焚書，患苦天下不從所改更法，而諸生到者拜爲郎，前後七百人，迺密令冬種瓜於驪山阬谷中溫處。瓜實成，詔博士諸生說之，人人不同，乃命就視之。爲伏機，諸生賢儒皆至焉，方相難不決，因發機，從上填之以土，皆壓，終乃無聲。”此則閔儒之地，其不謬矣。燔，扶元反（蔡琪本、大德本、殿本“扶”前有“音”字）。【今注】術士：周壽昌《漢書注校補》以爲，經術之士稱術士，猶如有道之人稱道人。

［2］【今注】六學：周壽昌《漢書注校補》以爲《史記》卷一二一《儒林列傳》作“六藝”，本書卷六《武紀》敘云“憲章六學，統壹聖真”，述《藝文志》敘云“六學急登，遭世罔宏”，及該卷“漢存其業，六學析分”，皆稱“六學”。

［3］【今注】案，《漢書疏證》錢大昭指出一本作“而歸”，南監本、閩本並作“往歸”。

［4］【顔注】師古曰：《孔光傳》云：“鮒爲陳涉博士，死陳下。”今此云孔甲，將名鮒而字甲也。【今注】孔甲：孔鮒，字甲。孔子八世孫。陳勝起義，鮒從軍反秦，爲博士。不久與陳勝俱死於陳。錢大昭《漢書辨疑》：“自‘陳涉之王也’至‘發憤於陳王’，大約皆本於《鹽鐵論》之《褒賢篇》。《孔子世家》云：‘慎年五十七生鮒，爲陳王涉博士。’《孔叢·荅問篇》：‘子魚名鮒甲，陳人，或謂之子鮒，或稱孔甲。獨樂先王之道，講習不倦。陳勝起兵於陳，陳餘以鮒賢，説陳王往聘之。陳王乃譴使者齎千金加束帛以車三乘聘焉。張耳亦謂子魚宜速來，以佐王業。子魚遂往，至陳，王郊迎而執其手，與議世務。子魚以霸王之業勸之，王悦其言，遂尊爲博士，爲太傅，凡仕六旬，老於陳。’又載其將没戒弟子語。據此，《孔叢》謬也。”楊樹達《漢書窺管》：“鮒字子魚，名字相應，無緣更字甲，顔説非也。蓋班於此偶失其名，而以甲字爲代，猶《石奮傳》之次甲次乙也。至孔叢謂名鮒甲，尤謬。蓋作僞書者見《孔光傳》稱鮒死陳下，而此傳稱甲，遂合之爲鮒甲之名以爲彌

縫耳。”

［5］【顔注】師古曰：“敺”與“驅”同。“適”讀曰“讁”（讁，蔡琪本、殿本作“謫”）。

［6］【今注】搢紳先生：服儒服的讀書人。《莊子·天下》：“其在於《詩》《書》《禮》《樂》者，鄒魯之士，搢紳先生多能明之。”　委質：向君主獻禮，表示獻身。《國語·晉語九》：“臣委質於狄之鼓，未委質於晉之鼓也。臣聞之：委質爲臣，無有二心，委質而策死，古之法也。”韋昭注：“言委質於君，書名於册，示必死也。”

［7］【今注】案，王先謙《漢書補注》指出《史記·儒林列傳》“遺”上有“之”字，“學”作“禮樂”。

於是諸儒始得修其經學，講習大射、鄉飲之禮。[1]叔孫通作漢禮儀，[2]因爲奉常，[3]諸弟子共定者，咸爲選首，[4]然後喟然興於學。[5]然尚有干戈，平定四海，[6]亦未皇庠序之事也。[7]孝惠、高后時，公卿皆武力功臣。孝文時頗登用，[8]然孝文本好刑名之言。及至孝景，不任儒，竇太后又好黄老術，[9]故諸博士具官待問，未有進者。[10]

［1］【今注】大射：爲祭祀擇士而舉行的射禮。　鄉飲：周時鄉學三年業成大比，考其德行道藝優異者，薦於諸侯。將行之時，由鄉大夫設酒宴以賓禮相待，謂之“鄉飲酒禮”。

［2］【今注】叔孫通：傳見本書卷四三。

［3］【今注】奉常：秦置，漢景帝時改名“太常”。掌宗廟禮儀。位列九卿之首，秩中二千石。

［4］【今注】選首：被選中的最佳者。

［5］【顔注】師古曰：喟然，歎息皃，音丘位反。

［6］【顔注】師古曰：言陳豨（豨，殿本作“狶”）、盧綰、韓信、黥布之徒相次反叛征伐也。

［7］【顔注】師古曰：皇，暇也。【今注】庠序：先秦地方學校。後亦泛稱學校。

［8］【顔注】師古曰：言少用文學之士（學，蔡琪本作“李”）。

［9］【今注】竇太后：事迹見本書卷九七上《外戚傳上》。

［10］【顔注】師古曰：具官，謂備具而已（具，蔡琪本、大德本、殿本作“員”）。

漢興，言《易》自淄川田生；[1]言《書》自濟南伏生；[2]言《詩》，於魯則申培公，於齊則轅固生，[3]燕則韓大傅；[4]言《禮》，則魯高堂生；[5]言《春秋》，於齊則胡母生，於趙則董仲舒。及竇太后崩，武安君田蚡爲丞相，[6]黜黄老、刑名百家之言，延文學儒者以百數，而公孫弘以治《春秋》爲丞相封侯，天下學士靡然鄉風矣。[7]弘爲學官，悼道之鬱滯，[8]迺請曰：[9]

［1］【今注】淄川：諸侯王國名。西漢文帝分臨淄郡置，封齊悼王子賢爲菑川王，治劇縣（今山東壽光市南）。

［2］【今注】濟南：郡名。治東平陵（今山東濟南市章丘區）。

［3］【顔注】師古曰：培、固者，其人名；生者（蔡琪本、大德本、殿本“生”前有“公”字），其號也。它皆類此。培，音“陪”（殿本此下有“韋昭曰培公之名也”八字，蔡琪本則在《漢書考正》中）。

［4］【顔注】師古曰：名嬰也。

［5］【今注】高堂生：王先謙《漢書補注》引《史記》卷一二一《儒林傳》司馬貞《索隱》："謝承云'秦氏季代有魯人高堂伯'，則'伯'其字。"

［6］【今注】田蚡：傳見本書卷五二。

［7］【顔注】師古曰："鄉"讀曰"嚮"。

［8］【今注】鬱滯：鬱積阻滯。案，《漢書考正》宋祁指出景德本無"悼"字，《刊誤》據《史記》作"悼道"，據南本作"以道"。

［9］【今注】案，曰，蔡琪本、殿本作"白"。

丞相、御史言：[1]制曰："蓋聞導民以禮，風之以樂。[2]婚姻者，居室之大倫也。[3]今禮廢樂崩，朕甚愍焉，故詳延天下方聞之士，咸登諸朝。[4]其令禮官勸學，講議洽聞，[5]舉遺興禮，以爲天下先。[6]太常議，予博士弟子，崇鄉里之化，以厲賢材焉。"[7]

［1］【顔注】師古曰：此以下皆弘奏請之辭（蔡琪本、大德本、殿本"此"前有"自"字）。

［2］【顔注】師古曰：風，化也。

［3］【顔注】師古曰：倫，理也。

［4］【顔注】師古曰：詳，悉也。方，道也。有道及博聞之士也。【今注】案，《漢書考正》宋祁指出，"延"字爲《漢書刊誤》據史館本添入。《漢書考證》齊召南以爲《史記》作"詳延天下方正博聞之士"，當是《漢書》脱"正""博"二字。沈欽韓《漢書疏證》以爲"方""旁"古今字。旁，廣也。於義亦通。

［5］【今注】洽聞：多聞博識。

［6］【顔注】師古曰：舉遺，謂經典遺逸者求而舉之。

[7]【顔注】師古曰：厲，勸勉之也，一曰，砥厲也。自此以上，弘所引詔文。

謹與太常臧、博士平等議，[1]曰：聞三代之道，鄉里有教，夏曰校，殷曰庠，周曰序。[2]其勸善也，顯之朝廷；其懲惡也，加之刑罰。故教化之行也，建首善自京師始，繇内及外。[3]今陛下昭至德，開大明，配天地，本人倫，勸學興禮，崇化厲賢，以風四方，太平之原也。[4]古者政教未洽，不備其禮，請因舊官而興焉。爲博士官置弟子五十人，復其身。[5]太常擇民年十八以上儀狀端正者，[6]補博士弟子。郡國縣官有好文學，[7]敬長上，肅政教，順鄉里，出入不悖，[8]所聞，令相長丞上屬所二千石。[9]二千石謹察可者，常與計偕，[10]詣太常，得受業如弟子。一歲皆課，[11]能通一蓺以上，補文學掌故缺；[12]其高弟可以爲郎中，[13]太常籍奏。[14]即有秀才異等，輒以名聞。其不事學若下材，及不能通一蓺，罷之，[15]而請諸能稱者。[16]

[1]【顔注】師古曰：臧，孔臧也。【今注】臧：孔臧，孔安國從兄。漢文帝時嗣父爵蓼侯。武帝時官太常。與博士等議勸學勵賢之法，請著功令。後以南陵橋壞，衣冠道絶，坐罪免。周壽昌《漢書注校補》引《文選·兩都賦》李善注引《孔臧集》補證："臧，仲尼之後，少以才博知名，稍遷御史大夫。辭曰：臣代以經學爲家，乞爲太常，專修家業，武帝遂用之。"又指明《資治通

鑑》於武帝元朔二年（前127）載此條，並云臧辭御史大夫，乞爲太常，典成家業，與從弟侍中孔安國綱紀古訓，使永垂來嗣。上乃以臧爲太常，其禮賜如三公。

［2］【顏注】師古曰：教，效也。言可效道蓺也。

［3］【顏注】師古曰：繇，音“由”。由，從也。

［4］【顏注】師古曰：風，化也。【今注】原：源頭，開始。

［5］【顏注】師古曰：復，方目反（蔡琪本、大德本、殿本“方”前有“音”字）。【今注】復：免除徭役或賦稅。

［6］【今注】儀狀端正：周壽昌《漢書注校補》以爲《漢官儀》舉博士狀有身無金痍痼疾一條可參證。

［7］【今注】郡國縣官：《漢書考證》齊召南以爲此文有脱誤。縣有蠻夷曰道，列侯、公主所食曰邑。漢時稱朝廷曰縣官，縣令、縣長不曰縣官。此句當謂屬於郡或國的縣、道與邑。《史記》作“郡國縣道邑”，是。

［8］【顏注】師古曰：悖，乖也，音布内反。

［9］【顏注】師古曰：聞，謂聞其部屬有此人也。令，縣令；相，侯相；長，縣長；丞，縣丞也。二千石，謂郡守及諸王相也。【今注】所聞：《漢書考正》劉攽以爲“所聞”當屬上句讀之，顏説非。何焯《義門讀書記》卷二〇據《史記》卷一二一《儒林列傳》“聞”下有一“者”字，以爲“所聞”屬上“出入不悖”爲句是。　上屬所二千石：王鳴盛《十七史商榷》卷二七以爲當作“上所屬二千石”。王先謙《漢書補注》據《史記·儒林傳》亦作“屬所二千石”，以爲自二千石下言之，則曰“所屬”；自令相長丞上言之，則曰“屬所”。“屬所”與在所義同。王鳴盛説非。陳直《漢書新證》：“上屬所二千石，爲兩漢公牘中之習俗語。《居延漢簡釋文》八頁，有‘□屬所二千石’可證。”

［10］【顏注】師古曰：隨上計吏俱至京師。【今注】案，王先謙《漢書補注》以爲《史記》“常”作“當”，是。

［11］【今注】案，蔡琪本、大德本、殿本“課”前有“輒”字。

［12］【今注】文學掌故：西漢置，掌典章故事，備諮詢。陳直《漢書新證》據《史記》卷一一七《司馬相如列傳》裴駰《集解》引《漢書音義》：“掌故太史屬官，主故事也。”以爲太史令屬於太常，故稱爲太常掌故。

［13］【今注】高弟：成績優良者。弟，蔡琪本、大德本、殿本作“第”。 郎中：官名。漢九卿之一郎中令屬官。内充侍衛，外從作戰。比三百石。

［14］【顔注】師古曰：爲名籍而奏。

［15］【今注】案，蔡琪本、大德本、殿本“罷”前有“輒”字。

［16］【顔注】師古曰：謂列其能通蓺業而稱任者（稱任，大德本作“相稱其任”，蔡琪本、殿本作“稱其任”），奏請補用之也。【今注】案，《漢書考證》齊召南以爲《史記·儒林傳》作“而請諸不稱者罰”，此文换一“不”字，省一“罰”字，義遂不同。《史記》言懲戒濫舉，此文言登進賢才。沈欽韓《漢書疏證》以爲《史記》所云，當是兼坐舉薦者。並引《文獻通考》卷四〇云：“諸不稱者，謂太常之謬選，博士之失教，及郡國之爛以充賦也。”本書《景武昭宣元成功臣表》載山陽侯張當居“坐爲太常擇博士弟子故不以實，完爲城旦”，則其罰可知。王先謙《漢書補注》以爲此文依《史記》義自貫串。疑本書傳寫脱誤，非班氏改《史記》。

臣謹案詔書律令下者，[1]明天人分際，通古今之誼，[2]文章爾雅，訓辭深厚，[3]恩施甚美。小吏淺聞，弗能究宣，亡以明布諭下。[4]以治禮掌故以文學禮義爲官，遷留滯。[5]請選擇其秩比二百石以上及吏百石通一蓺以上補左右内史、大行卒史，[6]比百石以下補郡太守卒史，皆各二人，[7]邊郡一人。先用誦多者，不足，擇掌故以補中二千石屬，[8]文學掌故補郡屬，備員。[9]請著《功令》。[10]它如律令。[11]

[1]【顔注】師古曰：下，謂班行也。【今注】下：王先謙《漢書補注》曰："謂平時所班下者。不蒙上言。"

[2]【顔注】師古曰：分，扶問反（蔡琪本、大德本、殿本"扶"前有"音"字。又此注殿本位於"天人分際下"）。

[3]【顔注】師古曰：爾雅，近正也。言詔辭雅正而深厚也。

[4]【今注】案，王先謙《漢書補注》曰："明通宣布，使下論其意，非俗吏所能。"

[5]【顔注】師古曰：言治禮掌故之官本以有文學習禮義而爲之，又所以遷擢留滯之人。【今注】案，《漢書考正》劉敞以爲下"以"字衍。言治禮掌故其遷常留滯，故請特選用以勸之。王先謙《漢書補注》則以爲上"以"字衍。删下"以"字，則義不可通。《史記》卷一二一《儒林列傳》亦止有下"以"字。

[6]【顔注】師古曰：言左右内史後爲左馮翊、右扶風（蔡琪本、大德本、殿本無"言"字），而大行後爲大鴻臚也。【今注】左右内史：漢初内史轄故渭南、河上、中地三郡之地。據張家山漢簡《二年律令·秩律》，漢初内史轄縣有櫟陽、長安、頻陽、臨晉、杜、高陵、虢、郿、新豐、槐里、雍、好畤、郃陽、胡、夏陽、下邽、斄、鄭、雲陽、重泉、華陰、衙、藍田、池陽、汧、杜陽、沫、上雒、商、武城、翟道、鄜、美陽、壞德等（詳見周振鶴《中國行政區劃通史·秦漢卷》，復旦大學出版社 2017 版，第 236 頁）。後分内史爲左、右内史。分置時間，本書《地理志》記爲武帝建元六年（前 135），但本書《百官公卿表》記爲"景帝二年，

分置左右内史”。顔師古注以爲《表》是而《志》誤。周振鶴推斷分立時間當在文帝後元年間（詳見周振鶴《西漢政區地理》，商務印書館 2017 年版，第 143 頁）。這裏指左右内史卒史。　大行：即大行令。掌接待賓客。秦及漢初的典客，漢景帝時更名大行令，簡稱大行。武帝又改大行令爲大鴻臚，並將其屬官行人改稱大行令。　案，卒，蔡琪本、大德本、殿本作“卒”。

［7］【顔注】師古曰：内地之郡，郡各補太守卒史二人也。【今注】案，楊樹達《漢書窺管》：“强汝詢云：郡諸曹卒史，皆太守自辟署，未有由尚書調補者。弘所言郡太守卒史，必文學掾也。匡衡爲太常掌故，調補平原文學，是其明證。”

［8］【顔注】蘇林曰：屬亦曹史（曹，蔡琪本、殿本作“禮”），令縣令文書解言屬某甲也。【今注】案，王先謙《漢書補注》以爲《史記·儒林列傳》“不足”上有“若”字，下有“乃”字，文義尤晰。

［9］【顔注】師古曰：云備員者，示以升擢之非籍其實用也。【今注】案，《漢書考正》劉攽以爲案文意，本緣小吏不能明晰詔書，故使文學士宣布州郡。顔解未能説明。區别言之，“治禮掌故以文學禮義爲官，遷留滯”者，言故治禮掌故令在它官而遷常留滯者，今遷之。“請選擇其秩比二百石以上及吏百石通一藝以上補左右内史、大行卒史”，言文學掌故留滯在比二百石以上，又百石通一藝，皆補爲左右内史、大行卒史。吏乃以百石用者，爲其曉事優之。“比百石以下補郡太守卒史，皆各二人，邊郡一人”，言故文學掌故在留滯及吏比百石皆補郡卒史也。不言文學掌故之在百石者，與吏百石同。“先用誦多者”，此數品先用誦多者。“不足，擇掌故”，言此數品不足，則擇見方爲掌故也。“以補中二千石屬”，“以”與“已”同，言自比二百石至比百石爲卒史者，已而臨二千石屬。有掾有屬，卒史遷而爲屬。文學掌故補郡者，即不足所擇用，故但得爲郡屬也。備員者，總言此二者皆備員。錢大昕《廿二

史考異·漢書三》以爲師注非。公孫弘本意以爲詔書非俗吏能解，故選文學掌故補卒史，所謂"以儒術緣飾吏事"。"備員"蒙上"不足"之文，謂如有不足，當以文學掌故充之，毋使缺額。中二千石屬，即謂内史、大行卒史。郡屬，即謂郡卒史。劉謂"卒史遷爲屬"，亦非。

[10]【顔注】師古曰：新立此條，請以著於《功令》。《功令》，篇名，若今《選舉令》。

[11]【顔注】師古曰：此外竝如舊律令。

制曰："可。"

自此以來，公卿大夫士吏彬彬多文學之士矣。[1]昭帝時舉賢良文學，增博士弟子員滿百人，宣帝末增倍之。[2]元帝好儒，能通一經者復。[3]數年，以用度不足，更爲設員千人，郡國置五經百石卒史。成帝末，或言孔子布衣養徒三千人，今天子太學弟子少，於是增弟子員三千人。歲餘，復如故。平帝時王莽秉政，增元士之子得受業如弟子，勿以爲員，[4]歲課甲科四十人爲郎中，乙科二十人爲太子舍人，[5]丙科四十人補文學掌故云。

[1]【顔注】師古曰：彬彬，文章皃，音"斌"。

[2]【今注】案，沈欽韓《漢書疏證》曰："并增博士秩六百石，員二十人。"本爲四百石。

[3]【顔注】師古曰：蠲其役賦也（役，蔡琪本、大德本、殿本作"傜"）。復，方目反（大德本、殿本"方"前有"音"字）。【今注】案，大德本、殿本"者"後有"皆"字。

[4]【顔注】師古曰：常員之外，更開此路。

[5]【今注】太子舍人：秦始置，兩漢因之。掌行令書、表啓，輪流宿衛，如三署郎中。秩二百石，無員額。

自魯商瞿子木受《易》孔子，[1]以授魯橋庇子庸。[2]子庸授江東馯臂子弓。[3]子弓授燕周醜子家。子家授東武孫虞子乘。子乘授齊田何子裝。[4]及秦禁學，《易》爲筮卜之書，獨不禁，故傳受者不絕。[5]漢興，田何以齊田徙杜陵，號杜田生，[6]授東武王同子中、雒陽周王孫、丁寬、齊服生，皆著《易傳》數篇。[7]同授淄川楊何，字叔元，[8]元光中徵爲大中大夫。[9]齊即墨成，至城陽相。[10]廣川孟但，[11]爲太子門大夫。[12]魯周霸、莒衡胡、[13]臨淄主父偃，[14]皆以《易》至大官。[15]要言《易》者本之田何。[16]

[1]【顔注】師古曰：商瞿，姓也。瞿，音“衢”。【今注】商瞿子木：沈欽韓《漢書疏證》以爲商瞿字子木。《史記》卷一二一《儒林列傳》司馬貞《索隱》：“商，姓；瞿，名。”又引《廣韻》“商”字下注云：“姓，《家語》有商瞿。”以爲未有以”商瞿“爲複姓者。

[2]【顔注】師古曰：姓橋，名庇，字子庸。它皆類此。庇，音必寐反。【今注】橋庇：《漢書考正》宋祁引蕭該曰：“《史記》‘橋’音‘矯’。”

[3]【顔注】師古曰：馯，姓也，音“韓”。【今注】馯臂子弓：楊樹達《漢書窺管》曰：“黄生云：弓，《史記》作弘，弘當讀爲肱。弘字從厶，古肱字。以其名臂，故字爲肱。肱與弓音相近，故或爲子弓耳。”王先謙《漢書補注》引《史記》卷六七《仲尼弟子列傳》作“瞿傳楚人馯臂子弘，弘傳江東人矯子庸疵”。

［4］【今注】田何子裝：《漢書考證》齊召南以爲《史記·儒林列傳》作“子莊”，班固當避漢明帝諱而改曰“裝”。又《史記》衹云“商瞿傳《易》，六世至田何”，未嘗詳六世姓字。自橋庇子庸至孫虞子乘，皆班氏所補。王先謙《漢書補注》引《史記·仲尼弟子列傳》作“庇傳燕人周子家豎，豎傳淳于人光子乘羽，羽傳齊人田子莊何”。

［5］【今注】案，蔡琪本、大德本、殿本句有“也”字。

［6］【顔注】師古曰：高祖用婁敬之言徙關東大族，故何以舊齊田氏見徙也。初徙時未爲杜陵，蓋史家本其地追言也（蔡琪本、大德本、殿本“言”後有“之”字）。【今注】杜陵：漢宣帝陵墓，位於今陝西西安市三兆村南，漢代舊名“鴻固原”。宣帝少時好游於原上，繼位後，遂在此築陵（參見中國社會科學院考古研究所《漢杜陵陵園遺址》，科學出版社1993年版）。漢宣帝元康元年（前65）置縣。治所在今陝西西安市東南。案，楊樹達《漢書窺管》：“徙諸田高祖九年事，見《高紀》。吴承仕云：田何授丁寬，寬授田王孫，田王孫亦稱田生，後人恐其相亂，故以地望别之，若《尚書》之有大小夏侯，《禮》之有大小戴矣。”

［7］【顔注】師古曰：田生授王同、周王孫、丁寬、服生四人，而四人皆著《易傳》也。子中，王同字也。“中”讀曰“仲”。【今注】齊服生：朱一新《漢書管見》曰：“《藝文志》注，服生名光。”

［8］【今注】案，王先謙《漢書補注》引王文彬以爲“字”字當衍。通傳前後附入者字直綴名下，皆不以“字”表出。

［9］【今注】元光：漢武帝年號（前134—前129）。　大中大夫：太中大夫。秦始置。侍從皇帝左右，掌顧問應對、參謀議政、奉詔出使，多以寵臣貴戚充任。秩比千石，無員額。郎中令屬官。王先謙《漢書補注》據《史記·儒林列傳》以爲楊何任中大夫，前一“大”字當衍。中大夫，秦、漢時置。掌論議，侍從皇帝左

右。屬郎中令，無定員，秩比二千石。

［10］【顔注】師古曰：姓即墨，名成。【今注】城陽：諸侯王國名。楚漢之際分秦琅邪郡置城陽郡，漢沿置。文帝時以城陽郡置城陽國，封朱虚侯劉章。治莒縣（今山東莒縣）。

［11］【今注】廣川：縣名。治所在今河北景縣西南。

［12］【今注】太子門大夫：王先謙《漢書補注》引《續漢書·百官志》："職比郎將。"劉昭注引《漢官》云"門大夫二人，選四府掾屬"，以爲與此注微異。陳直《漢書新證》曰："《再續封泥考略》卷三、九頁，有'門淺'封泥，疑爲太子門大夫所用。八頁，有'使馬'封泥，疑即洗馬。"

［13］【顔注】師古曰：莒人，姓衡，名胡也。【今注】周霸：周壽昌《漢書注校補》曰："霸與議封禪，見《郊祀志》；以議郎在軍中，見《衛青傳》；後官至膠西内史。"　莒：縣名。治所在今山東莒縣。漢封泥有"筥丞""筥丞之印"，筥即"莒"。　衡胡：錢大昭《漢書辨疑》引《廣韻》："衡，姓，《風俗通》云，阿衡，伊尹之後，又云，衡，魯公字，後乃氏焉。"又《隸釋》有衞尉衡方。

［14］【今注】臨淄：又作"臨菑"。縣名。治所在今山東淄博市臨淄區。　主父偃：傳見本書卷六四上。

［15］【今注】案，大官，周壽昌《漢書注校補》指出《史記·儒林傳》作"二千石"。

［16］【今注】案，王先謙《漢書補注》指出《史記·儒林傳》作"然要言《易》者本於楊何之家"。

丁寬字子襄，梁人也。[1]初梁項生從田何受《易》，時寬爲項生從者，讀《易》精敏，材過項生，遂事何。學成，何謝寬。[2]寬東歸，何謂門人曰："《易》以東矣。"[3]寬至雒陽，復從周王孫受古義，號

《周氏傳》。[4]景帝時，寬爲梁孝王將軍距吴楚，[5]號丁將軍，作《易》説三萬言，訓故舉大誼而已，[6]今《小章句》是也。寬授同郡碭田王孫。[7]王孫授施讎、孟喜、梁丘賀。繇是《易》有施、孟、梁丘之學。[8]

[1]【今注】梁：諸侯王國名。西漢時以碭郡改，都定陶（今山東菏澤市定陶區西北）。

[2]【顔注】師古曰：告令罷去。

[3]【顔注】師古曰：言丁寬得其法術以去。

[4]【今注】案，周壽昌《漢書注校補》指出周王孫故與寬同學，是轉相師授。本書《藝文志》載"《易傳周氏》二篇"。楊樹達《漢書窺管》據本書《藝文志》曰："《易》有《蔡公》二篇。班固注：'衛人，事周王孫。'是王孫弟子除寬外尚有人。"

[5]【今注】梁孝王：傳見本書卷四七。　吴楚：指吴楚七國之亂。七國王爲吴王劉濞、楚王劉戊、膠西王劉卬、膠東王劉雄渠、淄川王劉賢、濟南王劉辟光、趙王劉遂。

[6]【顔注】師古曰：故謂經之旨趣也。它皆類此。【今注】故：同"詁"。

[7]【顔注】師古曰：碭者，梁郡之縣也，音"唐"，又音"宕"。【今注】同郡：周壽昌《漢書注校補》以爲梁國未爲郡，顔注誤。傳稱"同郡"者，是因便稱"同國"，故變文書之。又《越絶書》云"吴西城屬小城到平門，丁將軍築治之"，亦丁寬逸事。　碭：縣名。治所在今河南永城市東北。

[8]【顔注】師古曰："繇"與"由"同。後類此。

施讎字長卿，沛人也。[1]沛與碭相近。讎爲童子，從田王孫受《易》。後讎徙長陵，[2]田王孫爲博士，復從卒業，[3]與孟喜、梁丘賀竝爲人，[4]謙讓，常稱學廢，不教授。及梁丘賀爲少府，[5]事多，迺遣子臨分將門人張禹等從讎問。讎自匿不肯見，賀固請，不得已乃授臨等。於是賀薦讎："結髮事師數十年，[6]賀不能及。"詔拜讎爲博士。甘露中與五經諸儒雜論同異於石渠閣。[7]讎授張禹、琅邪魯伯。[8]伯爲會稽太守，[9]禹至丞相。禹授淮陽彭宣、沛戴崇子平。[10]崇爲九卿，[11]宣大司空。[12]禹、宣皆有傳。魯伯授太山毛莫如少路、[13]琅邪邴丹曼容，著清名。莫如至常山守。[14]此其知名者也。繇是施家有張、彭之學。

[1]【今注】沛：郡名。西漢高帝改泗水郡置，治相縣（今安徽濉溪縣西北）。

[2]【今注】長陵：漢高祖劉邦陵墓。在今陝西咸陽市東北。

[3]【顔注】師古曰：卒，終也。

[4]【今注】案，蔡琪本、大德本、殿本"人"前有"門"字，是。

[5]【今注】少府：秦、西漢置。掌山海池澤之税，帝室財政。列位九卿，秩中二千石。

[6]【顔注】師古曰：從結髮爲童丱（蔡琪本、大德本、殿本"從"前有"言"字），即從師學，著其早也。

[7]【顔注】師古曰：《三輔故事》云，石渠閣在未央殿北，以藏祕書也。【今注】甘露：漢宣帝年號（前53—前50）。

[8]【今注】琅邪：郡名。秦置，西漢時治東武縣（今山東諸城市）。

[9]【今注】會稽：郡名。治吴縣（今江蘇蘇州市）。

[10]【今注】淮陽：諸侯王國名。治陳縣（今河南淮陽縣）。

［11］【今注】九卿：錢大昕《廿二史考異·漢書三》據本書卷八一《張禹傳》，崇任少府也。

［12］【今注】大司空：西漢成帝時由御史大夫改名，秩萬石。

［13］【顔注】師古曰：姓毛，名莫如，字少路。【今注】太山：郡名。治博縣（今山東泰安市東南）。　毛莫如少路：《漢書考正》宋祁引蕭該："《漢書》衆本悉作'毛'字。《風俗通·姓氏篇》'渾屯氏，太昊之良佐，漢有屯莫如，爲常山太守'，又有毛姓，云'毛伯，文王之子也，見《左傳》，漢有毛樗之，爲壽張令'。案，此莫如非姓毛，乃應作'屯'字，音徒本反。今人相承呼爲'毛'，忽聞爲'屯'，驚怪者多。'毛''屯'相似，容是傳寫誤矣。應劭解《漢書》，世人皆用，何爲在《風俗通》而不信！"錢大昭《漢書辨疑》曰："據此，則顔注非矣。顔采集注《漢書》家，獨未見蕭該《音義》，故有此失。"沈欽韓《漢書疏證》引《廣韻》"屯姓，後蜀有法部尚書屯度"。又引《隋書·地理志》補證："館陶縣舊置毛州，乃'屯氏河'誤爲'毛'，因置州與此同誤。"

［14］【今注】常山：郡名。治東垣縣（今河北石家莊市長安區東古城村東垣故城遺址）。原作"恒山"，避漢文帝劉恒諱而改爲常山。案，蔡琪本、殿本"山"後有"太"字。

孟喜字長卿，東海蘭陵人也。[1]父號孟卿，[2]善爲《禮》《春秋》，授后蒼、疏廣。世所傳《后氏禮》《疏氏春秋》，皆出孟卿。孟卿以《禮經》多，《春秋》煩雜，乃使喜從田王孫受《易》。喜好自稱譽，[3]得《易》家候陰陽灾變書，[4]詐言師田生且死時枕喜厀，[5]獨傳喜，諸儒以此耀之。[6]同門梁丘賀疏通證明之，[7]曰："田生絶於施讎手中，時喜歸東海，安得此事！"又蜀人趙賓好小數書，後爲《易》，飾《易》

文，以爲“箕子明夷，陰陽氣亡箕子；箕子者，萬物方荄兹也”。[8]賓持論巧慧，《易》家不能難，皆曰“非古法也”。[9]云受孟喜，喜爲名之。[10]後賓死，莫能持其説。喜因不肯仞，[11]以此不見信。喜舉孝廉爲郎，[12]曲臺署長，[13]病免，爲丞相掾。[14]博士缺，衆人薦喜。上聞喜改師法，遂不用喜。喜授同郡白光少子、沛翟牧子兄，[15]皆爲博士。繇是有翟、孟、白之學。[16]

[1]【今注】東海：郡名。治郯縣（今山東郯城縣北）。　蘭陵：縣名。治所在今山東蘭陵縣西南。

[2]【顔注】師古曰：時人以卿呼之，若言公矣。【今注】卿：陳直《漢書新證》引劉向《孫卿子書録》云：“蘭陵人喜字爲卿，蓋以法荀卿也。”以爲與本文正合。

[3]【今注】稱譽：楊樹達以爲經傳通假用“稱”字。《漢書窺管》引《説文·人部》云：“偁，揚也。”

[4]【今注】候：伺望。

[5]【今注】厀：同“膝”。

[6]【顔注】師古曰：用爲光榮也。【今注】耀：吴恂《漢書注商》以爲是炫惑之意。此言諸儒因此爲其所惑。故下文有梁丘賀疏通證明之辭，爲釋衆惑。

[7]【顔注】師古曰：同門，同師學者也。疏通猶言分别也。證明，明其僞也。【今注】同門：沈欽韓《漢書疏證》引《論語集解》包咸注：“同門曰朋。”《周禮·司徒》鄭玄注：“同師爲朋。”以爲“同門”者，同師之謂。

[8]【顔注】師古曰：《易·明夷卦》彖曰：“内文明而外柔順，以蒙大難。文王以之，利艱貞，晦其明也。内難而能正其志，

箕子以之。”而六五爻辭曰：“箕子之明夷，利貞。”此箕子者，謂殷父師説《洪範》者也，而賓妄爲説耳。荄兹，言其根荄方滋茂也。荄，音“該”，又音“皆”。【今注】箕子：商代人，名胥餘。紂之叔父，一説爲紂庶兄。封子爵，國於箕。紂暴虐，箕子諫而不聽。箕子懼，披髮佯狂爲奴，爲紂所囚。周武王滅商，釋放箕子。　明夷：指賢者艱難守志。《易·明夷》：“明夷，利艱貞。”《彖》曰：“明入地中，‘明夷’。内文明而外柔順，以蒙大難，文王以之。‘利艱貞’，晦其明也，内難而能正其志，箕子以之。”　荄(gāi)：草根。案，沈欽韓《漢書疏證》以爲此説在當時爲怪異，班固亦以爲非。陸德明《經典釋文》：“蜀才‘箕’作‘其’。劉向云：‘今《易》“箕子”作“荄滋”。’鄒湛云：‘訓“箕”爲“荄”，詁“子”爲“滋”，漫衍無經，不可致詰，以譏荀爽。’”是《荀氏易》仍同趙賓。

[9]【顔注】師古曰：心不服。

[10]【顔注】師古曰：名之者，承取其名，云實授也。

[11]【顔注】師古曰：仞亦名也。仞，音“刃”。【今注】仞：古“認”字。錢大昕《廿二史考異·漢書三》指出《説文》無“認”。沈欽韓《漢書疏證》據《列子·天瑞》“認而有之，皆惑也”，唐盧重元本作“仞”；《淮南子·人間訓》“非其事者勿仞也。仞人之事者敗”，以爲今俗通作“認”。

[12]【今注】孝廉：漢朝選拔舉薦人才的專案之一。孝指孝悌，廉指廉潔。漢制規定，每年郡國從所屬吏民中推舉孝、廉各一人。

[13]【顔注】師古曰：曲臺，殿名。署者，主供其事也（主供，大德本作“供主”）。【今注】曲臺：古宫殿名。漢時爲天子射宫。故址在今陝西西安市西北漢長安城未央宫區。俞樾《湖樓筆談》卷四云：“曲臺有二。鄒陽《上吴王書》曰‘秦倚曲臺之宫’，應劭曰‘秦皇帝所治之處，若漢之未央宫’，此一曲臺也。《翼奉

傳》‘孝文皇帝時，未央無高門、武臺、麒麟、鳳皇、白虎、玉堂、金華之殿，獨有前殿、曲臺、宣室、温室、承明耳’，此又一曲臺也。蓋漢之曲臺在未央宫中，《三輔黄圖》所謂‘未央宫東有曲臺殿’，《長門賦》所謂‘覽曲臺之央央’也。秦之曲臺别在一處，枚乘《上吴王書》‘游曲臺，臨上路’，張晏注‘曲臺，長安臺，臨道上’，《王尊傳》‘正月中行幸曲臺’，當即此也。使即未央宫之曲臺，不得言‘行幸’矣。后蒼爲記亦必在此。蓋即秦之故宫而習射，故以爲天子射宫也。”

［14］【今注】丞相掾：漢置，爲丞相屬吏。丞相府分曹辦公，每曹長官爲掾，掌曹事，副長官爲屬，佐掾掌曹事。

［15］【顔注】師古曰："兄"讀曰"況"。

［16］【今注】案，錢大昕《三史拾遺》卷三以爲文有脱誤。當云"孟家有白、翟之學"。

梁丘賀字長翁，琅邪諸人也。[1]以能心計，[2]爲武騎。[3]從太中大夫京房受《易》。房者，淄川楊何弟子也。[4]房出爲齊郡太守，[5]賀更事田王孫。宣帝時，聞京房爲《易》明，求其門人，得賀。賀時爲都司空令，[6]坐事，論免爲庶人。待詔黄門數入説教侍中，[7]以召賀。賀入説，上善之，[8]以賀爲郎。會八月飲酎，[9]行祠孝昭廟，[10]先敺旄頭劍挺墮墜，首垂泥中，[11]刃鄉乘輿車，[12]馬驚。於是召賀筮之，有兵謀，不吉。上還，使有司侍祠。是時霍氏外孫代郡太守任宣坐謀反誅，[13]宣子章爲公車丞，[14]亡在渭城界中，[15]夜玄服入廟，居郎間，[16]執戟立廟門，待上至，欲爲逆。發覺，伏誅。故事，[17]上常夜入廟，其後待明而入，自此始也。賀以筮有應，繇是近幸，爲太中大夫，給事中，[18]至少府。爲人小心周密，上信重之。年老終官。傳子臨，亦入説，爲黄門郎。[19]甘露中，奉使問諸儒於石渠。臨學精孰，[20]專行京房法。琅邪王吉通五經，[21]聞臨説，善之。時宣帝選高材郎十人從臨講，吉乃使其子郎中駿上疏從臨受《易》。臨代五鹿充宗君孟爲少府，[22]駿御史大夫，自有傳。充宗授平陵士孫張仲方、[23]沛鄧彭祖子夏、齊衡咸長賓。[24]張爲博士，至楊州牧，[25]光禄大夫給事中，家世傳業；彭祖，真定大傅；[26]咸，王莽講學大夫。[27]繇是梁丘有士孫、鄧、衡之學。

[1]【今注】諸：縣名。治所在今山東諸城市西南。

[2]【今注】心計：計算的才能。

[3]【今注】武騎：或爲常侍武騎，皇帝近侍護衛之一，多以郎官爲之，車駕游獵，常侍左右。

[4]【顔注】師古曰：自别一京房，非焦延壽弟子爲課吏法者；或書字誤耳，不當爲“京房”。【今注】京房：周壽昌《漢書注校補》以爲漢時同名姓者多，不必是書字誤。

[5]【今注】齊郡：治臨淄縣（今山東淄博市臨淄區）。

[6]【今注】都司空令：掌土木工程，製作修建宫殿官署所需磚瓦等，又設囚繫宗族外戚之監獄。西漢屬宗正。

[7]【顔注】師古曰：爲諸侍中説經爲教授。【今注】黄門：官署名。漢朝設黄門官，給事於黄門之内。

[8]【顔注】師古曰：説於天子之前。

[9]【今注】飲酎（zhòu）：一種正尊卑之禮。喝反覆多次釀成的醇酒。《禮記·月令》：“天子飲酎，用禮樂。”鄭玄注：“酎之言醇也，謂重釀之酒也。春酒至此始成，與群臣以禮樂飲之於朝，

正尊卑也。”

［10］【顔注】師古曰：行，謂天子出。

［11］【顔注】師古曰：挺，引也，劍自然拔出也（蔡琪本、大德本、殿本“然”後有“引”字）。墬，古“地”字。【今注】先毆：先驅。 旄：竿頂用犛牛尾裝飾的旗子。 挺：楊樹達《漢書窺管》以爲顔訓“挺”爲“引”，於義不明，又云引爲“拔出”以足其義。按《説文·手部》云：“挺，拔也。”《廣雅·釋詁》一云：“挺，出也。”《史記》卷四〇《陳涉世家》云：“尉劍挺。”徐廣注云：“挺猶脱也。” 垂：《漢書考正》宋祁以爲“垂”字當作“臿”字，即“插”。本書卷三六《劉向傳》：“根垂地中。”殿本《漢書考證》引宋祁曰：“‘垂’作‘臿’，一作‘臿’。”王念孫《讀書雜志·漢書第八》云：“《通鑑·漢紀二十二》作‘臿’。司馬康云：‘臿，測洽切。’胡三省云：‘字書測洽之臿從千、從臼，與今“臿”字不同。《漢書》作“根埀地中”，意“臿”即“埀”字也。’念孫案，《漢書》作‘埀’，乃‘臿’字之誤。《淮南·要略》‘禹身執虆臿，以爲民先’，今本‘臿’誤作‘埀’。‘埀’即‘臿’之俗體。司馬音及宋校皆是也。梓柱得地氣而復生，故其根臿入地中。地中非空虚之處，不可以言‘埀’。則作‘臿’者是也。《廣韻》‘臿’俗作‘臿’，《周官·典瑞》注‘插之於紳帶之閒’，《釋文》‘插’作‘臿’，初洽反。胡以‘臿’爲‘埀’字，誤矣。《漢紀·孝成紀》作‘根插地中’，‘插’‘臿’古字通，則《漢書》作‘臿’明矣。又《儒林傳》‘先毆旄頭劍挺墮墬，首埀泥中’，宋祁曰‘“埀”字當是“臿”字’，亦是也。泥中可言‘臿’，不可言‘埀’。《御覽·儀式部一》引此正作‘臿’。又舊本《北堂書鈔·儀飾部》《御覽·禮儀部四》《方術部八》引此竝作‘插’。”

［12］【顔注】師古曰：“鄉”讀曰“嚮”。【今注】乘輿車：天子所乘之車。

［13］【顔注】師古曰：《霍光傳》云，任宣，霍氏之壻；此

云外孫，誤（蔡琪本、大德本、殿本句末有“也”字）。【今注】霍氏外孫代：周壽昌《漢書注校補》以爲顔注是。但此以“外孫”直貫下“宣子章”。如本書卷九〇《酷吏傳》“捕案太后外孫修成子中”。修成，太后女。其子中，爲太后外孫。《左傳》僖公二十四年“得罪於母弟之寵子帶”，與此文法微同。楊樹達《漢書窺管》以爲周説近是，但義未盡。案此爲班固《漢書》自注之例。本文當云：“是時霍氏外孫代郡太守任宣子章爲公車丞。”“坐謀反誅”四字，是自注之文。下“宣”字乃後人不得其解而妄增者。參考他傳，類例頗多。如本書卷七二《鮑宣傳》云：“上感大異，納宣言，征何武、彭宣，旬月皆復爲三公，拜宣爲司隸。時哀帝改司隸校尉但爲司隸，官比司直。”“時哀帝”以下二句，班氏自注，申明“司隸”二字者。上文云“上”，此忽稱“哀帝”，其爲注文甚明。本書卷七六《王尊傳》云：“守京兆尹，後爲真，凡三歲，坐遇使者無禮，司隸遣假佐放奉詔書白尊吏捕人，放謂尊：詔書所捕，宜密。尊曰：治所公正，京兆善漏泄人事。放曰：所捕宜今發吏！尊又曰：詔書無京兆文，不當發吏。及長安系者三月間千人以上云云，尊坐免。”“司隸遣假佐”以下至“不當發吏”凡十句，亦文中自注，所以説明過使者無禮者，又如《史記》卷一〇四《田叔列傳》云：“月餘，上遷拜爲司直。數歲，坐太子事，時左丞相自將兵，令司直田仁主閉城門，坐縱太子，下吏誅死。”“時左丞相”以下三句，乃司馬遷自注，所以釋太子事者。又《史記》卷九九《劉敬叔孫通列傳》云：“於是二世令御史案諸生言反者下吏，非所宜言，諸言盜者，皆罷之。”“非所宜言”四字係注文，所以説明言反者下吏之罪名。《史記》卷七《項羽本紀》云：“項王、項伯東向坐，亞父南向坐，亞父者，范增也。沛公北向坐，張良西向侍。”“亞父者、范增也”六字乃注文。又本書卷九五《兩粤傳》云：“乃爲佗親冢在真定置守邑，歲時奉祀。”“在真定”三字乃注文。又本書卷九四上《匈奴傳上》云：“於是漢悉兵，多步兵，三十二萬，北逐之。”“多步兵”三字乃注文。本書卷九五《兩粤傳》

云：“及諸侯畔秦，無諸摇率越歸鄱陽令吴芮，所謂鄱君者也，從諸侯滅秦。”“所謂鄱君者也”一句乃注文。《後漢書》卷七二《董卓列傳》云：“君觀我方略士衆足辦郭多不？多又劫質公卿，所爲如是，而君苟欲左右之邪？汜一名多。酈曰：今汜質公卿，而將軍脅主，誰輕重乎？”“汜一名多”四字乃注文。凡此之類，以在文中插注，故直讀之皆覺不聯貫。在當時必有標乙之號，而後亡失，於是有不能通其讀而妄增字或致疑者矣。　代郡：治代縣（今河北蔚縣代王城）。

［14］【今注】公車丞：西漢置，爲公車司馬丞的省稱，佐令掌宫司馬門守衛巡邏及天下臣民奏章等。

［15］【今注】渭城：縣名。屬右扶風，治所在今陝西咸陽市東北。

［16］【顔注】師古曰：郎皆皁衣（皆，蔡琪本、殿本作“著”），故章玄服以厠也。【今注】玄服：黑色禮服。《後漢書·輿服志下》：“秦以戰國即天子位，滅去禮學，郊祀之服皆以袀玄。”沈欽韓《漢書疏證》曰：“祭服皆袀玄也。”

［17］【今注】故事：先例，舊日的典章制度。

［18］【今注】給事中：秦置。西漢因之。爲加官，加此號得給事宫禁中，常侍皇帝左右，備顧問應對，每日上朝謁見，分平尚書奏事，負責實際政務，爲中朝要職，多以名儒國親充任。位次中常侍，無定員。

［19］【今注】黄門郎：秦、西漢郎官給事於黄闥宫門之内者，稱黄門郎或黄門侍郎。掌侍從左右，秩六百石。

［20］【今注】案，沈欽韓《漢書疏證》引《通典》卷七七：“漢石渠議：‘宣帝甘露三年三月，黄門侍郎臨奏：“經曰，鄉射合樂，大射不合樂，何也？”戴聖、聞人通漢、韋元成各云云。’”以爲此即問諸儒於石渠事。杜氏注云“臨失其姓”，未之考耳。當是梁丘臨。孰，殿本作“熟”。

［21］【今注】王吉：傳見本書卷七二。

［22］【今注】五鹿充宗：字君孟，擅長於梁丘《易》。官至少府，受漢元帝寵信，與宦者中書令石顯結爲黨友。元帝令與諸儒論《易》，充宗恃其貴幸，長於辯口，諸儒莫能抗。後與朱雲辯論，爲雲所折。石顯被黜後，左遷玄菟太守。《漢書考正》劉奉世以爲"臨代五鹿充宗"，"代"當爲"授"，後人誤改之。代充宗者召信臣，亦非臨。沈欽韓《漢書疏證》以爲上不叙充宗《易》所學處，而下云"梁丘有士孫、鄧、衡之學"，則授《易》者梁丘臨，不可言充宗。陸德明《經典釋文序録》云"臨傳少府五鹿充宗及琅邪王駿，充宗授平陵士孫張等"，以本書卷六七《朱雲傳》證之，陸《序》是也。楊樹達《漢書窺管》以爲劉奉世意是，而改"代"爲"授"，則非。"代"乃"傳"之形近壞字，非由誤改。陸氏《釋文序録》云："臨傳少府五鹿充宗。"正用《漢書》文，知唐時本尚未誤。

［23］【顔注】師古曰：姓士孫，名張，字仲方。【今注】平陵：縣名。治所在今陜西咸陽市西北。屬右扶風。

［24］【今注】衡咸：《漢書考正》宋祁引蕭該補證："《風俗通·姓氏篇》云：'衡，阿衡也，伊尹官也，見《詩傳》。漢有衡咸，講學祭酒。'"

［25］【今注】楊州牧：即揚州牧。揚州刺史部行政長官。西漢武帝時分全國爲十三州部，各置刺史監察諸郡，成帝時更名州牧，秩二千石。楊樹達《漢書窺管》以爲五鹿充宗又嘗授《易》於續《史記》之馮商。本書卷五九《張湯傳》顔注引劉歆《七略》云："商，陽陵人，治《易》，事五鹿充宗。"班固不書，是僅舉成爲專家的學者。

［26］【今注】真定：諸侯王國名。西漢武帝時分常山郡置，治真定縣（今河北石家莊市長安區東古城村東垣故城遺址）。

［27］【今注】講學大夫：王莽置，掌講授經學。

京房受《易》梁人焦延壽。[1]延壽云嘗從孟喜問《易》。會喜死，房以爲延壽《易》即孟氏學，翟牧、白生不肯，皆曰非也。至成帝時，劉向校書，考《易》説，以諸《易》家説皆祖田何、楊叔、丁將軍，[2]大誼略同，唯京氏爲異黨，焦延壽獨得隱士之説，[3]託之孟氏，不相與同。房以明灾異得幸，爲石顯所譖誅，[4]自有傳。房授東海殷嘉、河東姚平、河南乘弘，[5]皆爲郎、博士。繇是《易》有京氏之學。

[1]【顔注】師古曰：延壽其字，名贛。

[2]【今注】案，大德本、殿本“以”後有“爲”字。又，王先謙《漢書補注》以爲上文云“楊何字叔元”，本書《藝文志》班固自注同；此“楊叔”後脱“元”字。

[3]【顔注】師古曰：“黨”讀曰“儻”。【今注】案，錢大昕《廿二史考異·漢書三》引惠棟云：“案文義，當以‘黨’字屬上句。異黨尤言異類也。”錢大昭《漢書辨疑》指出荀悦《漢紀》以“黨”字絶句。

[4]【今注】石顯：傳見本書卷九三。

[5]【顔注】師古曰：乘，姓也，音食證反。【今注】殷嘉：王先謙《漢書補注》以爲本書《藝文志》及陸德明《經典釋文序録》作“段嘉”。“殷”字誤。　河東：郡名。治安邑縣（今山西夏縣西北）。　河南：郡名。治洛陽縣（今河南洛陽市東北）。乘弘：《漢書考正》劉敞曰：“今有乘姓，音如乘黎之乘。”錢大昭《漢書辨疑》以爲“《廣韻·十六蒸》言‘乘，又姓’，《四十七證》不言姓”。

費直字長翁，東萊人也。[1]治《易》爲郎，至單父令。[2]長於卦筮，亡章句，徒以《彖》《象》《系辭》十篇文言解說上下經。[3]琅邪王璜平中能傳之。[4]璜又傳《古文尚書》。高相，沛人也。治《易》與費公同時，其學亦亡章句，專說陰陽災異，自言出於丁將軍。傳至相，相授子康及蘭陵毋將永。康以明《易》爲郎，永至豫章都尉。[5]及王莽居攝，東郡太守翟誼謀舉兵誅莽，[6]事未發，康候知東郡有兵，私語門人，門人上書言之。後數月，翟誼兵起，莽召問，對受師高康。莽惡之，以爲惑衆，斬康。繇是《易》有高氏學。高、費皆未嘗立於學官。

[1]【顏注】師古曰：費，扶味反（蔡琪本、大德本、殿本"扶"前有"音"字）。【今注】東萊：郡名。治掖縣（今山東萊州市）。

[2]【顏注】師古曰：單，音"善"。父，音"甫"。【今注】單父：縣名。治所在今山東單縣。

[3]【今注】文言：楊樹達《漢書窺管》引許桂林《易確》云："文言'文'字，爲'之'字傳寫之誤。"楊樹達以爲許説是。《文言》惟乾坤二卦有之，不得言以《文言》解說上下經也。

[4]【顏注】師古曰："中"讀曰"仲"。【今注】王璜：殿本《漢書考證》以爲本書《溝洫志》作"王橫"。

[5]【今注】豫章：郡名。治南昌縣（今江西南昌市東）。都尉：原名郡尉，漢景帝時郡都尉，佐郡太守典武職甲卒，掌治安，防盜賊。俸比二千石。

[6]【今注】翟誼：即翟義。事迹見本書卷八四《翟方進傳》。

伏生，濟南人也，[1]故爲秦博士。孝文時，求能治

《尚書》者，天下亡有，聞伏生治之，欲召。時伏生年九十餘，老不能行，於是詔太常，使掌故朝錯往受之。[2]秦時禁書，伏生壁藏之，其後大兵起，[3]流亡。漢定，伏生求其書，亡數十篇，獨得二十九篇，[4]即以教于齊、魯之間。齊學者由此頗能言《尚書》，[5]山東大師亡不涉《尚書》以教。伏生教濟南張生及歐陽生。張生爲博士，而伏生孫以治《尚書》徵，弗能明定。是後魯周霸、雒陽賈嘉頗能言《尚書》云。[6]

[1]【顔注】張晏曰：名勝，《伏生碑》云也。【今注】伏生：錢大昭《漢書辨疑》據《後漢書》卷二六《伏湛傳》云："九世祖勝，字子賤，所謂濟南伏生者也。"

[2]【顔注】師古曰：衞宏《定古文尚書序》云："伏生老，不能正言，言不可曉也，使其女傳言教錯。齊人語多與潁川異，錯所不知者凡十二三，略以其意屬讀而已。"【今注】朝錯：傳見本書卷四九。劉台拱《漢學拾遺》曰："伏女，傳言所謂受讀也。漢初音讀訓詁，學者以口相傳。'周田觀文王之德'，讀爲'厥亂勸寧王之德'，其一事也。鄭、賈受《周禮》讀，馬融受《漢書》讀，東京尤然。馬、鄭後就經爲注，口説絶矣。"

[3]【今注】案，大兵起，王先謙《漢書補注》以爲《史記》作"兵大起"，是。

[4]【今注】案，二十九篇，王先謙《漢書補注》曰："此《藝文志》所云'經二十九卷'也。今文本有《太誓》，董仲舒、司馬相如所引是也；馬、鄭諸人以爲民間後得《太誓》者，非。"

[5]【今注】案，《漢書考證》齊召南以爲《史記》但云"學者由此頗能言《尚書》"，此文似衍"齊"字。然推求上下文，又似"齊"字下脱"魯"字，如云"齊魯學者"，於文較順。

［6］【顔注】師古曰：嘉者，賈誼之孫也。【今注】案，王先謙《漢書補注》引閻若璩《尚書古文疏證》卷二云："《史記》云'自此之後，魯周霸、孔安國，洛陽賈嘉，頗能言《尚書》事'，此指安國通今文；下别叙孔氏有古文，起自安國。班於三人，去孔安國專歸古文，則安國非伏生一派，而《史》及之爲贅，甚失遷意。兒寬事歐陽生，又事孔安國，則安國先通今文明矣。古文不列學官，若安國不通今文，無由爲博士教授也。"

歐陽生字和伯，[1]千乘人也。[2]事伏生，授倪寬。[3]寬又受業孔安國，[4]至御史大夫，自有傳。寬有俊材，[5]初見武帝，語經學。上曰："吾始以《尚書》爲樸學，弗好，及聞寬説，可觀。"乃從寬問一篇。歐陽、大小夏侯氏學皆出於寬。寬授歐陽生子，世世相傳，至曾孫高子陽，爲博士。[6]高孫地餘長賓以太子中庶子授太子，[7]後爲博士，論石渠。元帝即位，地餘侍中，貴幸，至少府。戒其子曰："我死，官屬即送汝財物，慎毋受。汝九卿儒者子孫，以廉絜著，[8]可以自成。"及地餘死，少府官屬共送百萬，[9]其子不受。天子聞而嘉之，賜錢百萬。地餘少子政爲王莽講學大夫。由是尚書世有歐陽氏學。

［1］【今注】案，楊樹達《漢書窺管》引惠棟言《歐陽氏譜》云："歐陽欽字子敬，生三子，曰容，曰述，曰興，同受業於伏生。容爲博士，生子曰巨，巨生遠，遠生高，高生仲仁，仲仁生地餘，地餘生政，政生歙。"引歐陽修云："漢世以歙爲和伯八世孫，今譜無生而有容。疑漢世所謂歐陽生者，以其經師謂之生，如伏生之類，而其實名容。容字和伯，於義爲通。"楊樹達據《論衡·書

解》作“歐陽公孫”，與此字“和伯”不同，疑公孫爲歐陽生子之字。

[2]【今注】千乘：縣名。治所在今山東高青縣東南。

[3]【今注】倪寬：傳見本書卷五八。案，倪，蔡琪本、殿本作“兒”。

[4]【今注】案，何焯《義門讀書記》卷二〇曰：“倪寬受今文於安國，其古文之學自授都尉朝也。”

[5]【今注】案，《漢書考正》宋祁以爲“俊材”當作“雋材”。

[6]【顔注】師古曰：名高，字子陽。

[7]【今注】太子中庶子：漢置，爲太子侍從。西漢時屬太子太傅、少傅。東漢時屬太子少傅，秩六百石，員五人，職如侍中。

[8]【今注】案，絜，殿本作“潔”，同。

[9]【今注】案，蔡琪本、大德本、殿本“送”後有“數”字。

林尊字長賓，濟南人也。事歐陽高，爲博士，論石渠。後至少府、太子太傅，[1]授平陵平當、梁陳翁生。[2]當至丞相，自有傳。翁生信都大傅，[3]家世傳業。由是歐陽有平、陳之學。翁生授琅邪殷崇、楚國龔勝。[4]崇爲博士，勝右扶風，[5]自有傳。而平當授九江朱普公文、上黨鮑宣。[6]普爲博士。宣司隸校尉，[7]自有傳。徒衆尤盛，知名者也。夏侯勝，[8]其先夏侯都尉，[9]從濟南張生受《尚書》，以傳族子始昌。始昌傳勝，勝又事同郡蔄卿。[10]蔄卿者，倪寬門人。[11]勝傳從兄子建，[12]又事歐陽高。[13]勝至長信少府，建太子太傅，[14]自有傳。由是《尚書》有大小夏侯之學。

［1］【今注】少府：王先謙《漢書補注》曰："尊爲少府，不見《公卿表》，蓋長信少府。"長信少府，漢景帝時更名長信詹事置，掌皇太后宫中事務，秩二千石。　太子太傅：與太子少傅並稱太子二傅。西漢初掌保養、監護、輔翼太子，昭、宣以後兼掌教諭訓導。秩二千石。與太子少傅同領太子門大夫、庶子、洗馬、舍人等東宫官屬。新莽改名太子師。

［2］【今注】平當：傳見本書卷七一。

［3］【今注】信都：諸侯王國名。西漢高帝置，治信都縣（今河北衡水市冀州區）。　大傅：即太傅，指諸侯王太傅。掌導王以善，禮如師，不臣。秩二千石。

［4］【今注】龔勝：傳見本書卷七二。

［5］【今注】右扶風：秦及漢初稱主爵中尉，武帝時改名"右扶風"，治内史右地，與左馮翊、京兆尹合稱三輔。

［6］【今注】九江：郡名。治壽春縣（今安徽壽縣）。　上黨：郡名。治長子縣（今山西長子縣西南）。　鮑宣：傳見本書卷七二。

［7］【今注】司隸校尉：西漢武帝時始置，掌察舉京師及京師近郡犯法者，並領京師所在之州。秩二千石。

［8］【今注】夏侯勝：傳見本書卷七五。

［9］【今注】夏侯都尉：朱一新《漢書管見》以爲史失其名，曾爲都尉之官。本書《百官公卿表》："郡尉，秦官，景帝中二年更名都尉。"

［10］【顔注】師古曰：蕳（蔡琪本、殿本作"蕑"），音"姦"。【今注】案，蕳，蔡琪本、殿本作"蕑"，下同。周壽昌《漢書注校補》指出，明淩氏本作"蕳"。作"簡"者誤。《史記》卷一一八《淮南衡山列傳》"中尉蕳忌"，司馬貞《索隱》："蕳，姓也。"與此同。朱一新《漢書管見》曰："'簡'，《兩夏侯傳》作'蕑'。蕳，從艸，監本正作'蕳'，案，古人從竹從艸多通用，《急就章》凡從竹之字多從艸，《詩·鄭風》'秉蕳'，《釋文》云：

‘本作簡。’”

［11］【今注】案，倪，蔡琪本、殿本作“兒”。

［12］【今注】從兄子建：即夏侯建。傳見本書卷七五。周壽昌《漢書注校補》以爲《夏侯勝傳》作“從父子建”，非。夏侯勝稱大夏侯，夏侯建稱小夏侯，疑建爲勝從子，《儒林傳》是。

［13］【今注】案，蔡琪本、大德本、殿本“又”前有“建”字。

［14］【今注】案，錢大昭《漢書辨疑》以爲“建”當作“遷”。本書《夏侯勝傳》云“爲長信少府，遷太子太傅”，本書卷三六《劉向傳》同。若建，官至太子少傅，非太子太傅。且建事附《夏侯勝傳》，不得云“自有傳”。楊樹達《漢書窺管》以爲此文“長信少府”四字當作“太子太傅”，“建太子太傅”當作“建太子少傅”。“建”下當有“至”字，蒙上文而省。曹襄附本書卷三九《曹參傳》，韓説附本書卷三三《韓王信傳》，然本書卷五五《霍去病傳》末稱襄、説自有傳。下文云：“玄成及兄子賞以《詩》授哀帝，至大司馬車騎將軍，自有傳。”按官至大司馬車騎將軍者是韋賞，賞附見本書卷七三《韋賢傳》。錢謂建不得云“自有傳”，誤。

周堪字少卿，齊人也。與孔霸俱事大夏侯勝。[1]霸爲博士。堪譯官令，[2]論於石渠，經爲最高，後爲太子少傅，[3]而孔霸以太中大夫授太子。及元帝即位，堪爲光禄大夫，與蕭望之並領尚書事，[4]爲石顯所譖，[5]皆免官。望之自殺，上愍之，迺擢堪爲光禄勳，[6]語在《劉向傳》。堪授牟卿及長安許商長伯。[7]牟卿爲博士。霸以帝師賜爵號褒成君，傳子光，[8]亦事牟卿，至丞相，自有傳。由是大夏侯有孔、許之學。商善爲算，著《五行論歷》，[9]四至九卿，[10]號其門人沛唐林子高爲德行，平陵吴章偉君爲言語，重泉王吉少音爲政事，齊炔欽幼卿爲文學。[11]王莽時，林、吉爲九卿，自表上師冢，[12]大夫博士郎吏爲許氏學者，各從門人，會車數百兩，儒者榮之。欽、章皆爲博士，徒衆尤盛。章爲王莽所誅也。[13]

[1]【今注】孔霸：事迹見本書卷八一《孔光傳》。

[2]【今注】譯官令：西漢置，屬大鴻臚。掌翻譯官。

[3]【今注】太子少傅：與太子太傅並稱太子二傅。西漢協助太子太傅監護、輔翼、教導太子，秩二千石。

[4]【今注】蕭望之：傳見本書卷七八。　領尚書事：即以他官兼領尚書政事。秦置，西漢因之。設令、僕射、丞、尚書吏，掌收發文書、傳達記録詔命章奏，隸少府。漢武帝時，職權漸重，參與國家機密、議政決策、宣示詔命、裁決百官奏事，百官選舉任用考察詰責彈劾之責亦歸之。

[5]【今注】案，蔡琪本、大德本、殿本“所”前有“等”字。

[6]【今注】光禄勳：西漢武帝時改郎中令置。掌宫殿掖門户。位列九卿，秩中二千石。

[7]【今注】案，鄉，蔡琪本、大德本、殿本作“卿”。下同。

[8]【今注】光：孔光。傳見本書卷八一。

[9]【今注】歷：通“曆”。又朱一新《漢書管見》據王應麟《漢藝文志考證》引此作“五行論”，以爲“歷”字屬下讀。本書《藝文志》載許商《五行傳記》一篇、《算術》二十六卷。

[10]【今注】案，錢大昕《廿二史考異·漢書三》曰：“以《公卿表》考之，永始三年詹事許商爲少府，綏和元年又由侍中光禄大夫爲大司農，其年又遷光禄勳，當云‘三至九卿’也。又據《溝洫志》，商嘗爲博士、將作大匠、河隄都尉，皆在未爲詹事

之前。”

［11］【顔注】師古曰：依孔子弟子顔回以下爲四科也（大德本“弟”前有“曰”字）。炔，音“桂”。【今注】重泉：縣名。治所在今陝西蒲城縣東南。秦簡公六年（前409）築城於重泉。秦封泥有“重泉丞印”，爲秦設縣佐證。今蒲城縣鈐鉺鄉重泉村有戰國秦漢故城遺址。

［12］【今注】案，冢，蔡琪本、殿本作“家”，大德本作“冢”。

［13］【今注】案，蔡琪本、大德本、殿本句末無“也”字。

張山拊字長賓，平陵人也。[1]事小夏侯建，爲博士，論石渠，至少府。授同縣李尋、鄭寬中少君、山陽張無故子儒、信都秦恭延君、陳留假倉子驕。[2]無故善脩章句，爲廣陵太傅，[3]小夏侯説文，恭增師法至百萬言，[4]爲城陽内史。[5]倉以謁者論石渠，[6]至膠東相。[7]尋善説灾異，爲騎都尉，[8]自有傳。寬中有儁材，[9]以博士授太子，成帝即位，賜爵關内侯，[10]食邑八百户，遷光禄大夫，領尚書事，甚尊重。會疾卒，谷永上疏曰：“臣聞聖王尊師傅，褒賢儁，顯有功，生則致其爵禄，死則異其禮謚。昔周公薨，成王葬以變禮，而當天心。[11]公叔文子卒，衛侯加以美謚，箸爲後法。[12]近事，大司空朱邑、右扶風翁歸德茂夭年，[13]孝宣皇帝愍册厚賜，贊命之臣靡不激揚。[14]關内侯鄭寬中有顔子之美質，包商、偃之文學，[15]嚴然總五經之眇論，立師傅之顯位，[16]入則鄉唐虞之閎道，王法納乎聖聽，[17]出則參冢宰之重職，[18]功烈施乎政事，[19]退食自公，私門不開，[20]散賜九族，田畝不益，德配周召，忠合《羔羊》，未得登司徒，有家臣，[21]卒然早終，尤可悼痛！[22]臣愚以爲宜加其葬禮，賜之令謚，[23]以章尊師褒賢顯功之德。”上弔贈寬中甚厚。由是小夏侯有鄭、張、秦、假、李氏之學。寬中授東郡趙玄無故，無故授沛唐尊，恭授魯馮賓。[24]賓爲博士，尊王莽太傅，玄哀帝御史大夫，至大官，知名者也。

［1］【顏注】師古曰：拊，音“膚”（殿本下有“韋昭音抔又音甫尤反”九字，蔡琪本在《漢書考正》中，“抔”作“不”）。【今注】張山拊：陳直《漢書新證》指出《十鐘山房印舉》有“張山拊”印，應即此人。

［2］【今注】山陽：郡名。治昌邑縣（今山東鉅野縣南）。陳留：郡名。治陳留縣（今河南開封市東南）。

［3］【今注】廣陵：諸侯王國名。治廣陵縣（今江蘇揚州市西北）。

［4］【顏注】師古曰：言小夏侯本所說之文不多，而秦恭又更增益，故至百萬言（蔡琪本、大德本、殿本“言”後有“也”字）。【今注】案，蔡琪本、大德本、殿本“小夏侯”前有“守”字，是。沈欽韓《漢書疏證》引《太平御覽·學部》補證：“桓譚《新論》曰：‘秦延君說“曰若稽古”，至二萬言。’”引《文心雕龍·論說》補證：“秦延君注《堯典》十餘萬字。”

［5］【今注】城陽：諸侯王國名。漢文帝時以城陽郡置，治莒縣（今山東莒縣）。　内史：王國内史。漢初置，因其爲王國自署，治國如郡太守、都尉職事。秩二千石。

［6］【今注】謁者：春秋戰國已有，西漢時掌賓贊受事。員七十人，俸比六百石。

［7］【今注】膠東：諸侯王國名。治即墨縣（今山東平度市東南）。

［8］【今注】騎都尉：漢置，掌領騎兵，位次將軍，無定員。宣帝時以一人監羽林騎，又一人領西域都護。秩比二千石。

［9］【今注】案，僞，大德本、殿本作“雋”。

［10］【今注】關内侯：爵名。秦漢二十等爵的第十九級，次於列侯。有侯號、封户而無封土，居京畿，有徵收租稅之權。也有特殊者，在關内有封土，食其租稅。

［11］【顔注】師古曰：周公死，成王欲葬之於成周，天乃雷雨以風，禾盡偃，大木斯拔。國大恐（蔡琪本、大德本、殿本“國”後有“人”字）。王乃葬周公於畢，示不敢臣也。事見《尚書大傳》，而與《古文尚書》不同（殿本無“而”字）。

［12］【顔注】師古曰：公叔文子，衛大夫公叔發也。文子卒，其子請謚於君。君曰：“昔者衛國凶饑，夫子爲粥與國之餓者，不亦惠乎？衛國有難，夫子以其死衛寡人，不亦貞乎？夫子聽衛國之政，修其班制，以與四鄰交，衛國社稷不辱，不亦文乎？謂夫子貞惠文子。”事見《禮記·檀弓》。【今注】案，箸，大德本、蔡琪本、殿本作“著”，是。

［13］【今注】大司空：《漢書考正》劉敞以爲“空”當爲“農”。大司農，西漢武帝改大農令置。掌管全國租賦收入和國家財政開支。秩中二千石，列位九卿。

［14］【顔注】師古曰：賛，佐也。

［15］【顔注】師古曰：《論語》云“文學子游、子夏”。商，子夏名。偃，子游名。

［16］【顔注】師古曰：“嚴”與“儼”同。“眇”讀曰“妙”。【今注】嚴：通“儼”。錢大昭《漢書辨疑》指出《禮記·曲禮》“儼若思”，陸德明《經典釋文》云：“‘儼’，本又作‘嚴’。”《尚書·無逸》“嚴恭寅畏”，馬融本作“儼”。　眇：同“妙”。

［17］【顔注】師古曰："鄉"讀曰"嚮"。閎，大也。言陳聖王之法，聞於天子。

［18］【今注】冢宰：《周禮》六卿之首，後指宰輔高官。

［19］【今注】案，烈，蔡琪本、大德本、殿本作"列"。

［20］【顔注】師古曰："退食自公"，《召南·羔羊》詩之辭，言貶退所食之禄，而從至公之道也。

［21］【顔注】師古曰：司徒，掌禮教之官，言寬中學行堪爲之也。家臣，若今諸公國官及府佐也。【今注】家臣：王先謙《漢書補注》引王文彬以爲，家臣以治喪葬具。《論語》："子疾病，子路使門人爲臣子。曰：'由之行詐也！無臣而爲有臣。'"

［22］【顔注】師古曰："卒"讀曰"猝"。

［23］【顔注】師古曰：令，善也。

［24］【今注】案，蔡琪本、大德本、殿本無"無故"二字。《漢書考正》宋祁指出淳化本、越本"無故"下更有"無故"二字，"馮賓"下更有一"馮"字。《漢書刊誤》謂當去"無故"二字，添一"賓"字。

孔氏有古文《尚書》，孔安國以今文字讀之，因以起其家逸《書》，[1]得十餘篇，蓋《尚書》兹多於是矣。遭巫蠱，[2]未立於學官。安國爲諫大夫，[3]授都尉朝，[4]而司馬遷亦從安國問故。遷書載《堯典》《禹貢》《洪範》《微子》《金縢》諸篇，多古文説。都尉朝授膠東庸生。[5]庸生授清河胡常少子，[6]以明《穀梁春秋》爲博士、部刺史，又傳《左氏》。常授虢徐敖。敖爲右扶風掾，又傳《毛詩》，授王璜、平陵塗惲子真。[7]子真授河南桑欽君長。王莽時，論學皆立。[8]劉歆爲國師，[9]璜、惲等皆貴顯。世所傳《百兩篇》者，出東萊張霸，分析合二十九篇以爲數十，[10]又采《左氏傳》《書叙》爲作首尾，凡百二篇。篇或數簡，文意淺陋。成帝時求其古文者，霸以能爲《百兩》徵，以中書校之，非是。[11]霸辭受父，父有弟子尉氏樊竝。時太中大夫平當、侍御史周敞勸上存之。[12]後樊竝謀反，迺黜其書。

[1]【今注】起其家：何焯《義門讀書記》卷二〇以爲，"起其家"或指别起家法。《史記》卷一二一《儒林列傳》司馬貞《索隱》云"起者，謂起發以出也"，則當屬下"逸《書》"讀。楊樹達《漢書窺管》引孫楷第，以爲《尚書序》孔穎達《正義》引劉向《别録》云："武帝末，民有得《泰誓》書於壁内者，獻之于博士，使讀之，數月皆起。"即此"起"字。凡人病困而愈謂之起，義有滯礙隱蔽，通達之，亦謂之起。《論語·八佾》"起予者商也"，包咸云："言子夏能發明我意。"《後漢書》卷三七《桓郁傳》李賢注引華嶠《後漢書》云："問郁曰：子幾人能傳學？郁曰：臣子皆未能傳學，孤兄子一人學方起。上曰：努力教之！有起者，即白之。"亦足證此"起"字之義。

[2]【今注】巫蠱：即漢武帝時巫蠱之禍。詳見本書卷六《武紀》、卷六三《戾太子傳》、卷四五《江充傳》。

[3]【今注】諫大夫：漢武帝置，掌諫争、顧問應對，議論朝政，無定員，秩比八百石。

[4]【顔注】服虔曰：朝，名；都尉，姓。【今注】都尉朝：周壽昌《漢書注校補》疑"都尉"爲官名，亡失其姓。傳中以都尉傳經者不少。

[5]【今注】案，周壽昌《漢書注校補》據《後漢書》卷七九上《儒林傳上》"朝授膠東庸譚"，以爲譚爲庸生名。

[6]【顔注】師古曰：少子，亦常字也。【今注】清河：諸侯

王國名。治清陽縣（今河北清河縣東南）。

［7］【今注】案，周壽昌《漢書注校補》以爲《經典釋文》本“王璜”上有“琅邪”二字。

［8］【今注】案，論學，蔡琪本、大德本、殿本作“諸學”，是。

［9］【今注】劉歆：事迹見本書卷三六《劉向傳》、卷九九《王莽傳》。

［10］【今注】案，王念孫《讀書雜志·漢書第十四》引王引之，以爲“合”字與上下文意不相屬，當是“今”字之誤。今，謂伏生所傳之書也。分析今之二十九篇以爲數十。

［11］【顔注】師古曰：以霸加增私分析（加增私，蔡琪本、大德本、殿本作“私增加”，是），故與中書之文不同也。中書，天子所藏之書也。

［12］【顔注】師古曰：存者，立其學。【今注】案，沈欽韓《漢書疏證》引《論衡·佚文》補證云：“孝成皇帝讀百篇《尚書》，博士郎吏莫能曉知，徵天下能爲《尚書》者。東海張霸通《左氏春秋》，案《百兩》序，以《左氏》訓詁，造作百二篇，具成奏上。成帝出祕《尚書》以校考之，無一字相應者，下霸於吏。吏當器辜大不敬。成帝奇霸之才，赦其辜，亦不滅其經，故百二篇書傳在民間。”

申公，[1]魯人也。少與楚元王交俱事齊人浮丘伯受《詩》。[2]漢興，高祖過魯，申公以弟子從師入見于魯南宫。[3]吕太后時，浮丘伯在長安，楚元王遣子郢與申公俱卒學。[4]元王薨，郢嗣立爲楚王，令申公傅太子戊。戊不好學，病申公。[5]及戊立爲王，胥靡申公。[6]申公愧之，歸魯退居家教，終身不出門。復謝賓客，[7]獨王命召之乃往。[8]弟子自遠方至受業者千餘人，[9]申公獨以《詩經》爲訓故以教，亡傳，[10]疑者則闕弗傳。

[1]【今注】申公：名培。

[2]【今注】楚元王交：即劉交。傳見本書卷三六。　浮丘伯：複姓浮丘，又作“包丘”“鮑丘”等，名伯。戰國秦漢之際儒生。

[3]【今注】魯南宫：王先謙《漢書補注》引《史記正義》載《括地志》：“泮宫在兗州曲阜縣西南二百里魯城内宫之内。”

[4]【顏注】師古曰：郢，即郢客也。

[5]【顏注】師古曰：患苦也（患，蔡琪本、殿本作“病”）。

[6]【顏注】師古曰：胥靡，相係而作役。解具在《楚元王傳》也。【今注】胥靡：一種刑罰，將罪人繫在一起，使服勞役。本書卷三六《楚元王傳》應劭注曰：“《詩》云‘若此無罪，淪胥以鋪’。胥靡，刑名也。”晉灼注曰：“胥，相也。靡，隨也。古者相隨坐輕刑之名。”顏師古曰：“聯繫使相隨而服役之，故謂之胥靡，猶今之役囚徒以鎖聯綴耳。晉説近之，而云隨坐輕刑，非也。”《漢書考正》劉敞以爲《説文》作“縃縻”，謂拘縛之。陳直《漢書新證》指出《史記》卷一二一《儒林申公傳》徐廣解“胥靡”爲腐刑。而《隸釋》卷一〇《朱龜碑》云：“胥靡於家。”足證不作“腐刑”解，晉灼注解爲古者相隨坐輕刑之名，是。

[7]【顏注】師古曰：身既不出門，非受業弟子，其它賓客來者又謝遣之，不與相見也。

[8]【今注】王：指魯恭王。傳見本書卷五三。

[9]【今注】案，《漢書考證》齊召南謂，“千餘人”《史記》作“百餘人”。下文言“申公弟子爲博士者十餘人，大夫、郎、掌故以百數”，則此文作“千餘人”是。楊樹達《漢書窺管》以爲下文言“其學官弟子行雖不備，而至於大夫、郎、掌故以百數”，指

申公弟子爲博士者之學官弟子而言，非謂申公之弟子。齊説誤。

[10]【顔注】師古曰：口説其指，不爲解説之傳。

蘭陵王臧既從受《詩》，已通，事景帝爲太子少傅，免去。武帝初即位，臧乃上書宿衛，[1]累遷，一歲至郎中令。[2]及代趙綰亦嘗受《詩》申公，爲御史大夫。綰、臧請立明堂以朝諸侯，[3]不能就其事，[4]乃言師申公。於是上使使束帛加璧，安車以蒲裹輪，駕駟迎申公，弟子二人乘軺傳從。[5]至，見上，上問治亂之事。申公已八十餘，[6]老，對曰："爲治者不至多言，[7]顧力行何如耳。"[8]是時上方好文辭，見申公對，默然。然已招致，既以爲太中大夫，舍魯邸，[9]議明堂事。太皇竇太后喜老子言，不説儒術，[10]得綰、臧之過，以讓上曰："此欲復爲新垣平也！"[11]上因廢明堂事，下綰、臧吏，皆自殺。申公亦病免歸，數年卒。

[1]【今注】宿衛：在宮禁中值宿，擔任警衛。

[2]【今注】郎中令：掌管宿衛殿内門户。漢武帝時改爲光禄勳。九卿之一，秩中二千石。

[3]【今注】明堂：古代帝王宣明政教的地方。凡朝會、祭祀、慶賞、選士、養老、教學等大典，都在此舉行。

[4]【顔注】師古曰：就，成也。

[5]【顔注】師古曰：傳，音張戀反。【今注】乘軺（yáo）傳從：乘傳，乘坐傳舍提供的馬車。漢初除非遇到緊急情況需要報告，一般衹有郡守和秩在二千石的高級官吏可以乘傳。張家山漢簡《二年律令·置吏律》："郡守二千石官、縣道官言邊變事急者，及吏遷徙、新爲官，屬尉、佐以上毋乘馬者，皆得爲駕傳。"〔參見張

家山二四七號漢墓竹簡整理小組《張家山漢墓竹簡［二四七號墓］（釋文修訂本）》，文物出版社 2006 年版，第 37 頁〕軺，輕便的小馬車。

［6］【今注】案，蔡琪本、大德本、殿本“申公”後有“時”字。

［7］【今注】案，至，殿本作“在”。王念孫《讀書雜志·漢書第十四》以爲景祐本作“不至”，是。今作“不在”者，後人以意改之。本書卷五五《霍去病傳》云：“上嘗欲教之吴、孫兵法，對曰：‘顧方略何如耳，不至學古兵法。’”桓寬《鹽鐵論·水旱》云：“議者貴其辭約而指明，可於衆人之聽，不至繁文稠辭。”文義並與此相似。舊本《北堂書鈔·設官》《太平御覽·人事部》引此並作“不至”，《史記》《資治通鑑》同。荀悦《漢紀》作“不致”。

［8］【顔注】師古曰：顧，念也。力行，謂勉力爲行也。

［9］【顔注】師古曰：舍，止息也。

［10］【顔注】師古曰：喜，音許既反。“説”讀曰“悦”。

［11］【顔注】師古曰：讓，責也。【今注】新垣平：西漢趙國人。漢文帝時以望氣見文帝，官至上大夫。後使人獻玉杯，刻“人主延壽”四字。文帝因以十七年爲元年，令天下大酺。後人上書告其所言皆詐。下吏治，處以參夷之罪。事詳見本書《郊祀志》。

弟子爲博士十餘人，孔安國至臨淮太守，[1]周霸膠西内史，[2]夏寬城陽内史，碭魯賜東海太守，蘭陵繆生長沙内史，[3]徐偃膠西中尉，[4]鄒人闕門慶忌膠東内史，[5]其治官民皆有廉節稱。其學官弟子行雖不備，而至於大夫、郎、掌故以百數。申公卒以《詩》《春秋》授，而瑕丘江公盡能傳之，[6]徒衆最盛。及魯許生、免中徐公，[7]皆守學教授。韋賢治《詩》，[8]事大江公及許生，[9]又治《禮》，至丞相。傳子玄成，以淮陽中尉論石渠，後亦至丞相。玄成及兄子賞以《詩》授哀帝，至大司馬車騎將軍，[10]自有傳。由是《魯詩》有韋氏學。

[1]【今注】臨淮：郡名。治徐縣（今江蘇泗洪縣南）。

[2]【今注】膠西：諸侯王國名。治高密縣（今山東高密市西南）。

[3]【今注】長沙：諸侯王國名。治臨湘縣（今湖南長沙市）。

[4]【今注】中尉：王國中尉。典武職，備盜賊。

[5]【顔注】李奇曰：姓闕門，名慶忌。【今注】闕門：陳直《漢書新證》指出《漢印文字徵》第十二、十三頁，有"闕門到"印，此兩漢闕門姓之可考者。

[6]【今注】瑕丘：縣名。治所在今山東兖州市東北。

[7]【顔注】蘇林曰：免中，縣名也。李奇曰：邑名也。師古曰：李説是也。【今注】免中：吴恂《漢書注商》以爲是"冤句"之誤，可備一説。

[8]【今注】韋賢：傳見本書卷七三。

[9]【顔注】晉灼曰：大江公，即瑕丘江公也。以異下博士江公，故稱"大"。【今注】案，蔡琪本、大德本、殿本"大江公"上有"博士"二字。王念孫《讀書雜志·漢書第十四》以爲，景祐本無"博士"二字，是。據晉注，此文但作"大江公"，而無"博士"二字。今本有者，即涉注内"博士江公"而誤。陸德明《經典釋文·敘録》云"韋賢受《詩》於江公及許生"，即本此傳，亦無"博士"二字。

[10]【今注】車騎將軍：西漢置，初掌領車騎士。武帝後常典京城、皇宫禁衛軍隊，出征時常總領諸將軍。文官輔政者亦或加此銜，領尚書政務，成爲中朝重要官員。

王式字翁思，東平新桃人也。[1]事免中徐公及許生。式爲昌邑王師。[2]昭帝崩，昌邑王嗣立，以行淫亂廢，昌邑群臣皆下獄誅，唯中尉王吉、郎中令龔遂以數諫減死論。[3]式繫獄當死，治事使者責問曰："師何以亡諫書?"式對曰："臣以《詩》三百五篇朝夕授王，至於忠臣孝子之篇，未嘗不爲王反復誦之也;[4]至於危亡失道之君，未嘗不流涕爲王深陳之也。臣以三百五篇諫，是以亡諫書。"使者以聞，亦得減死論，歸家不教授。山陽張長安幼君[5]先事式，後東平唐長賓、沛褚少孫亦來事式，[6]問經數篇，式謝曰："聞之於師具是矣，自潤色之。"[7]不肯復授。唐生、褚生應博士弟子選，詣博士，摳衣登堂，頌禮甚嚴，[8]試誦説，有法，疑者丘蓋不言。[9]諸博士驚問何師，對曰事式。皆素聞其賢，共薦式。詔除下爲博士。[10]式徵來，衣博士衣而不冠，曰："刑餘之人，何宜復充禮官?"既至，舍中會，[11]諸大夫博士共持酒肉勞式，皆注意高仰之。[12]博士江公世爲《魯詩》宗，[13]至江公著《孝經》説，心嫉式，謂歌吹諸生曰:[14]"歌《驪駒》。"[15]式曰："聞之於師：客歌《驪駒》，主人歌《客毋庸歸》。[16]今日諸君爲主人，日尚早，未可也。"[17]江翁曰："經何以言之?"[18]式曰："在《曲禮》。"江翁曰："何狗曲也!"[19]式恥之，陽醉遏墜。[20]式客罷，讓諸生曰："我本不欲來，[21]諸生彊勸我，竟爲豎子所辱!"遂謝病免歸，終於家。張生、唐生、褚生皆爲博士。張生論石渠，至淮陽中尉。唐生楚太傅。由是《魯詩》有張、唐、褚氏之學。張生兄子游卿爲諫大夫，以《詩》授元帝。其門人琅邪王扶爲泗水中尉，[22]陳留許晏爲博士。由是張家有許氏學。初，薛廣德亦事王式，以博士論石渠，授龔舍。[23]廣德至御史大夫，舍泰山太守，[24]皆有傳。

[1]【今注】東平：諸侯王國名。西漢宣帝時改大河郡置，治無鹽縣（今山東東平縣東）。　新桃：錢大昕《廿二史考異·漢書三》以爲本書《地理志》東平國無新桃縣。《後漢書》卷一《光武帝紀上》"龐萌、蘇茂圍桃城"，李賢注："任城國有桃聚，故城在今兖州任城縣北"；又《後漢書》卷一二《劉永列傳》"龐萌自號東平王，屯桃鄉之北"，李賢注："桃鄉故城在今兖州龔邱縣西北。"錢大昕以爲此即東平之新桃。沈欽韓《漢書疏證》引《讀史方輿紀要》："桃城在東平州東阿縣西南四十里。"周壽昌《漢書注校補》以爲本書《王子侯表》載有東平思王子桃鄉頃侯宣，則新桃即桃鄉。桃鄉，治所在今山東汶上縣東北。

[2]【今注】昌邑王：劉賀。傳見本書卷六三。

[3]【今注】龔遂：傳見本書卷八九。

[4]【顔注】師古曰：復，方目反（蔡琪本、大德本、殿本"方"前有"音"字）。

[5]【顔注】李奇曰：長安，名。

[6]【今注】褚少孫：潁川人，寓居沛。事王式，曾補司馬遷《史記》。《史記》卷一二《孝武本紀》司馬貞《索隱》引張晏云"褚先生潁川人，仕元成閒"；引韋稜云"《褚顗家傳》：褚少孫，梁相褚大弟之孫，宣帝代爲博士，寓居于沛，事大儒王式，號爲'先生'，續《太史公書》"。周壽昌《漢書注校補》以爲宣帝末距元成閒不過二十年，時足相及，所傳微有異耳。

[7]【顔注】師古曰：言所聞師説具盡於此，若嫌簡略，任

更潤色。

［8］【顔注】師古曰：摳衣，謂以手内舉之，令離地也。摳，口侯反（蔡琪本、大德本、殿本“口”前有“音”字）。“頌”讀曰“容”。

［9］【顔注】蘇林曰：丘蓋不言，不知之意也。如淳曰：齊俗以不知爲丘。師古曰：二説皆非也。《論語》載孔子曰：“蓋有不知而作之者，我無是也。”欲遵此意，故效孔子自稱丘耳。蓋者，發語之辭也。【今注】丘蓋：《漢書考正》劉敞以爲與《荀子》“區蓋之間，疑則不言”之“區蓋”近意。“丘”“區”聲相變。錢大昭《漢書辨疑》據《荀子·大略篇》云“言之信者，在乎區蓋之間”，楊倞注：“區，藏物處；蓋，所以覆物者。凡言之可信者，如物在器皿之閒，言有分限，不流溢也。”以爲“區”與“丘”以聲近，義亦同。洪頤煊《讀書叢録》卷二一據《文選》陳孔璋《爲曹洪與魏文書》云“恐猶未信丘言”，《廣雅》“丘，空也”，以爲丘言爲空言。蓋者，發語詞。空蓋不言，即闕疑之意。楊樹達《漢書窺管》曰：“段玉裁云：‘蓋，舊音如割。丘蓋，《荀子》作區蓋，《論語》作蓋闕，丘、區、闕三字雙聲。’李慈銘云：‘段説是也。丘蓋者，闕之切音，讀闕爲丘蓋，亦作區蓋。如説當云齊俗以不知爲丘蓋，傳寫脱一蓋字。’吴承仁云：‘丘、蓋二字義同，此乃雙聲連語。《月令》：“句者畢達”，蔡邕《章句》作“區者畢達”。並云：區，蓋也。可知“區”“丘”“句”三字音同，故與“蓋”爲雙聲，匡亦訓蓋，知“區蓋”“丘蓋”爲連語也。顔洪以蓋爲語辭，失之。’樹達按：李説甚巧，然解荀則不可通，吴説是也。”

［10］【顔注】師古曰：下除官之書也。下，胡嫁反（蔡琪本、大德本、殿本“胡”前有“音”字）。

［11］【今注】案，蔡琪本、大德本、殿本“舍”前有“止”字。

［12］【顔注】師古曰：勞，來到反（蔡琪本、大德本、殿本

“來”前有“音”字)。【今注】注意：重視，關注。

[13]【顔注】師古曰：爲《魯詩》者所宗師也。

[14]【顔注】如淳曰：其學官自有此法，酒坐歌吹以相樂也。

[15]【顔注】服虔曰：逸《詩》篇名也，見《大戴禮》。客欲去歌之。文穎曰：其辭云“驪駒在門，僕夫具存；驪駒在路，僕夫整駕”也。

[16]【顔注】文穎曰：庸，用也。主人禮未畢，且無用歸也。【今注】案，客歌驪駒，《漢書考正》劉敞疑衍一“客”字。《驪駒》者，客將歸之歌，主人無所歸，不當歌。　客毋庸歸：陳直《漢書新證》曰：“《客毋庸歸》或爲當時歌曲之名，非逸《詩》也。”

[17]【今注】案，楊樹達《漢書窺管》以爲“今日諸君爲主人”者，謂諸君今日爲主人，當歌《客毋庸歸》以留客，不當歌《驪駒》，嫌江翁逐客。“日尚早未可”者，式謂我今爲客，固當歌《驪駒》，然以日尚早，不欲即行，故不歌。

[18]【顔注】師古曰：於經何所有此言？

[19]【顔注】師古曰：意怒，故妄發言。言狗者，輕賤之甚也。今流俗書本云“何曲狗”，妄改之也。【今注】狗曲：王念孫《讀書雜志·漢書第十四》載戴震説，以爲“當作‘何拘曲也’。語含刺譏，不至妄詈，注非”。朱一新《漢書管見》以爲：“若僅刺譏式，何至引爲深恥！且‘狗曲’本承《曲禮》而言，若作‘拘曲’，是别出一義，與上文不相應。仍當以顔注爲長。”楊樹達《漢書窺管》據《禮記·曲禮上》“侍坐於君子，君子欠伸，撰仗屨，視日蚤莫，侍坐者請出矣”，以爲王式所用即此。但《曲禮》言侍坐於君子之禮，非謂客自身之事，故江翁斥其“狗曲”，謂其曲解經義。顔、王、朱説皆非。

[20]【顔注】師古曰：踢，失據而倒也。墬，古“地”字。

踼，音徒浪反。【今注】踼：楊樹達《漢書窺管》引《説文·足部》云："踼，跌也。"

［21］【顔注】師古曰：讓，責也。

［22］【今注】泗水：諸侯王國名。治淩縣（今江蘇宿遷市東南）。

［23］【今注】龔舍：傳見本書卷七二。

［24］【今注】泰山：郡名。治奉高（今山東泰安市東）。

轅固，[1]齊人也。以治《詩》孝景時爲博士，與黄生爭論於上前。黄生曰："湯武非受命，迺殺也。"[2]固曰："不然。夫桀紂荒亂，天下之心皆歸湯武，湯武因天下之心而誅桀紂，桀紂之民弗爲使而歸湯武，湯武不得已而立，非受命爲何？"[3]黄生曰："'冠雖敝必加於首，履雖新必貫於足。'[4]何者？上下之分也。[5]今桀紂雖失道，然君上也；湯武雖聖，臣下也。夫主有失行，臣不正言匡過以尊天子，反因過而誅之，代立南面，非殺而何？"固曰："必若云，[6]是高皇帝代秦即天子之位，非邪？"於是上曰："食肉毋食馬肝，未爲不知味也；言學者毋言湯武受命，不爲愚。"[7]遂罷。竇太后好《老子書》，召問固。固曰："此家人言矣。"[8]太后怒曰："安得司空城旦書乎！"[9]迺使固入圈擊彘。上知太后怒，而固直言無辠，迺假固利兵。[10]下固刺彘正中其心，[11]彘應手而倒。太后默然，亡以復辠。後上以固廉直，拜爲清河太傅，疾免。武帝初即位，復以賢良徵。諸儒多嫉毁曰固老，罷歸之。時固已九十餘矣。公孫弘亦徵，仄目而事固。[12]固曰：

“公孫子，務正學以言，無曲學以阿世！”諸齊以《詩》顯貴，皆固之弟子也。昌邑大傅夏侯始昌最明，[13]自有傳。

[1]【今注】轅固：《漢書考正》宋祁以爲“固”字下當有“生”字。周壽昌《漢書注校補》以爲“生”即先生也。

[2]【今注】案，殺，《史記》卷一二一《儒林列傳》作“弑”。

[3]【顔注】師古曰：此非受命更何爲？

[4]【顔注】師古曰：語見《太公六韜》也。【今注】貫：殿本《漢書考證》云：“案，‘貫’字，《史記》作‘關’。”錢大昭《漢書辨疑》：“‘關’‘貫’古字通。《鄉射禮》云‘不貫不釋’，鄭注：‘古文“貫”作“關”。’”案，《六韜》恐六朝僞書，沈欽韓《漢書疏證》指出《太平御覽》引《六韜》作崇侯虎語，《韓非子·外儲説》以爲費仲語。

[5]【顔注】師古曰：分，扶問反（蔡琪本、大德本、殿本“扶”前有“音”字）。

[6]【顔注】師古曰：謂必如黄生之言。【今注】案，必若云，楊樹達《漢書窺管》以爲《史記·儒林列傳》作“必若所云”，是顔據以爲説。然班固删“所”字，義自不同。“若”猶如此也。《尚書·大誥》：“爾知甯王若勤哉！”本書卷八四《翟方進傳》載王莽誥書“若勤”作“若此勤”，是“若”有如此義，“必若云”即必如此云。

[7]【顔注】師古曰：馬肝有毒，食之憙殺人，幸得無食。言湯武爲殺，是背經義，故以爲喻也。【今注】案，《漢書考正》劉敞曰：“知味者不必須食馬肝，言學者不必須論湯武。此欲令學者皆置之耳。”楊樹達《漢書窺管》據《史記》卷一〇五《扁鵲倉公列傳》云：“淳于司馬曰：我之王家食馬肝。”以爲馬肝未嘗不可食。顔説似誤。

［8］【顏注】師古曰：家人言僮隸之屬。【今注】家人：平民，平民之家。王先謙《漢書補注》引《史記·儒林列傳》司馬貞《索隱》："服虔云：'如家人言也。'案，老子《道德篇》雖微妙難通，然近而觀之，理國理身而已，故云'此家人之言'也。"案，矣，蔡琪本、殿本作"耳"。《漢書考正》宋祁謂，越本"耳"作"矣"。

［9］【顏注】服虔曰：道家以儒法爲急，比之於律令也。【今注】司空城旦：沈欽韓《漢書疏證》據《説文》："獄，司空也。"《太平御覽》卷六四三引《風俗通》曰："《詩》云'宜犴宜獄'。犴，司空也。"以爲漢以司空主罪人。

［10］【顏注】師古曰：假，給與也。利兵，兵刃之利者。

［11］【今注】案，王念孫《讀書雜志·漢書第十四》以爲上已言"假固利兵"，則"下固"當依《史記》作"下圈"。"圈""固"字相似又涉上下文"固"字而誤。

［12］【顏注】師古曰：言深憚之。【今注】案，事，王先謙《漢書補注》謂，《史記》作"視"。

［13］【今注】夏侯始昌：傳見本書卷七五。

后蒼字近君，東海郯人也。[1]事夏侯始昌。始昌通五經，蒼亦通《詩》《禮》，爲博士，至少府，[2]授翼奉、蕭望之、匡衡。[3]奉爲諫大夫，望之前將軍，[4]衡丞相，皆有傳。衡授琅邪師丹、伏理斿君、潁川滿昌君都。[5]君都爲詹事，[6]理高密太傅，[7]家世傳業。丹大司空，自有傳。由是《齊詩》有翼、匡、師、伏之學。滿昌授九江張邯、琅邪皮容，皆至大官，徒衆尤盛。

［1］【今注】郯：縣名。治所在今山東郯城縣北。

［2］【今注】案，至少府，王先謙《漢書補注》曰：“《公卿表》在宣帝本始二年。”

［3］【今注】翼奉：傳見本書卷七五。　蕭望之：王先謙《漢書補注》引王先慎據本書卷七八《蕭望之傳》“望之以令詣太常受業，復事同學博士白奇”，指出白奇亦從事后蒼，而傳不載。　匡衡：傳見本書卷八一。

［4］【今注】前將軍：漢朝爲重號將軍，與後、左、右將軍並位上卿。有兵事則典掌禁兵，戍衛京師，或任征伐。常兼任他官，加加官號，爲中朝官，參與朝議。

［5］【今注】師丹：傳見本書卷八六。　斿君：伏理字。　滿昌：周壽昌《漢書注校補》指出本書卷八六《王嘉傳》“薦儒者滿昌”、本書卷九九中《王莽傳中》“潁川滿昌爲講《詩》”，即此人。《東觀漢記·馬援傳》“受《齊詩》，師事潁川蒲昌”，作“蒲”，不作“滿”。《廣韻》“蒲”字下引《風俗通》云“漢有詹事蒲昌”。

［6］【今注】詹事：掌皇后、太子家事。秩二千石。

［7］【今注】高密：諸侯王國名。西漢宣帝時改膠西郡置，治高密縣（今山東高密市西南）。朱一新《漢書管見》引《後漢書》卷二六《伏湛傳》“理以《詩》授成帝，爲高密太傅”，李賢注云：“爲高密王寬傅也。”

韓嬰，燕人也。孝文時爲博士，景帝時至常山太傅。[1]嬰推詩人之意，而作《外傳》數萬言，[2]其語頗與齊、魯間殊，然歸一也。淮南賁生受之。[3]燕趙閒言《詩》者由韓生。韓生亦以《易》授人，推《易》意而爲之《傳》。燕趙閒好《詩》，故其《易》微，唯韓氏自傳之。武帝時，嬰嘗與董仲舒論於上前，其人精悍，處事分明，[4]仲舒不能難也。後其孫商爲博士。孝宣時，涿郡韓生其後也，[5]以《易》徵，待詔殿中，曰："所受《易》即先太傅所傳也。嘗受《韓詩》，不如《韓氏易》深，太傅故專傳之。"司隸校尉蓋寬饒本受《易》於孟喜，[6]見涿韓生説《易》而好之，即更從受焉。趙子，河内人也。[7]事燕韓生，授同郡蔡誼。[8]誼至丞相，自有傳。誼授同郡食子公與王吉。[9]吉爲昌邑王中尉，自有傳。食生爲博士，授泰山栗豐。吉授淄川長孫順。順爲博士，豐部刺史。由是《韓詩》有王、食、長孫之學。豐授山陽張就，順授東海髮福，[10]皆至大官，徒衆尤盛。

[1]【今注】常山：諸侯王國名。西漢景帝時改常山郡置，治真定縣（今河北石家莊市長安區東古城村東垣故城遺址）。

[2]【今注】案，蔡琪本、大德本、殿本"外"前有"内"字。

[3]【顔注】師古曰：賁，音"肥"。【今注】淮南：諸侯王國名。治壽春（今安徽壽縣）。

[4]【顔注】師古曰：悍，勇鋭。

[5]【今注】涿郡：治涿縣（今河北涿州市）。

[6]【今注】蓋寬饒：傳見本書卷七七。

[7]【今注】河内：郡名。治懷縣（今河南武陟縣）。

[8]【今注】蔡誼：即蔡義。傳見本書卷六六。

[9]【今注】食子公：《漢書考正》宋祁引蕭該《音義》曰："案《風俗通》曰：'食我，韓公子也。'見《戰國策》。漢有食子公，爲博士。食，音'嗣'。"沈欽韓《漢書疏證》指出《韓非·説林上》有"公子食我"。《戰國策》作"司馬食其"，當是以司馬

爲氏。蕭該誤。陳直《漢書新證》引《隸釋》卷七《馮緄碑》云："治《春秋》嚴，《韓詩》食氏。"據此以爲食子公亦有《韓詩》章句，本書《藝文志》不載。

[10]【今注】髮福：王先謙《漢書補注》引王先慎曰，《經典釋文·叙録》引"髮福"作"段福"。

毛公，趙人也。[1]治《詩》，爲河間獻王博士，[2]授同國貫長卿。長卿授解延年。延年爲阿武令，[3]授徐敖。敖授九江陳俠，爲王莽講學大夫。由是言《毛詩》者，本之徐敖。

[1]【今注】趙：諸侯王國名。西漢高帝曾封張耳爲趙王，治襄國縣（今河北邢臺市），後廢張氏，徙代王劉如意爲趙王，治邯鄲縣（今河北邯鄲市西南）。

[2]【今注】河間獻王：劉德。傳見本書卷五三。錢大昭《漢書辨疑》引鄭玄《詩譜》云："魯人大毛公爲《故訓》傳於其家，河間獻王得而獻之，以小毛公爲博士。"

[3]【今注】阿武：縣名。治所在今河北獻縣西北。

漢興，魯高堂生傳《士禮》十七篇，[1]而魯徐生善爲頌。[2]孝文時，徐生以頌爲禮官大夫，[3]傳子至孫延、襄。[4]襄，其資性善爲頌，不能通經；延頗能，未善也。襄亦以頌爲大夫，至廣陵内史。延及徐氏弟子公户滿意、桓生、單次皆爲禮官大夫。[5]而瑕丘蕭奮以禮至淮陽太守。諸、言《禮》爲頌者由徐氏。

[1]【今注】士禮：今《儀禮》。

［2］【顔注】蘇林曰：《漢舊儀》有二郎爲此頌皃威儀事。有徐氏，徐氏後有張氏，不知經，但能盤辟爲禮容。天下郡國有容史，皆詣魯學之。師古曰："頌"讀與"容"同。下皆類此。【今注】善爲頌：沈欽韓《漢書疏證》以爲賈誼《新書》卷六之《容經》，即爲容者所誦習。《禮記》中《玉藻》《少儀》亦有説容。陳直《漢書新證》以爲《隸釋》卷七《楊統碑》云："庶考斯之頌儀。""頌"讀爲"容"，與本文同。

［3］【今注】禮官大夫：沈欽韓《漢書疏證》曰："博士、大夫皆禮官。"

［4］【顔注】師古曰：延及襄二人。

［5］【顔注】師古曰：姓公户，名滿意也。與桓生及單次凡三人。單，音"善"。【今注】桓生：沈欽韓《漢書疏證》曰："劉歆移太常書所謂'魯國桓公'也。"陳直《漢書新證》指出公户滿意亦見《史記》卷六〇《三王世家》中褚先生補《史記》叙燕王旦事。

孟卿，東海人也。事蕭奮，以授后倉、魯閭丘卿。倉説《禮》數萬言，號曰《后氏曲臺記》，[1]授沛聞人通漢子方、[2]梁戴德延君、戴聖次君、沛慶普孝公。孝公爲東平太傅。德號大戴，爲信都太傅；聖號小戴，以博士論石渠，至九江太守。由是《禮》有大戴、小戴、慶氏之學。通漢以太子舍人論石渠，至中山中尉。[3]普授魯夏侯敬，又傳族子咸，爲豫章太守。大戴授琅邪徐良斿卿，爲博士、州牧、郡守，家世傳業。小戴授梁人橋仁季卿、楊子榮子孫。[4]仁爲大鴻臚，[5]家世傳業，榮琅邪太守。由是大戴有徐氏，小戴有橋、楊氏之學。

［1］【顏注】服虔曰：在曲臺校書著記（記，殿本作“説”），因以爲名。師古曰：曲臺殿在未央宫。

［2］【顏注】如淳曰：聞人，姓也，名通漢，字子方。

［3］【今注】中山：諸侯王國名。西漢景帝改中山郡置，治盧奴縣（今河北定州市）。

［4］【顏注】師古曰：子孫子（蔡琪本、大德本、殿本“孫”後無“子”字），榮之字也。【今注】案，蔡琪本、大德本、殿本“楊”後無“子”字。

［5］【今注】大鴻臚：秦稱典客，西漢景帝改名大行令，武帝時改大鴻臚。掌諸侯和四方歸降的少數民族。另郊廟祭祀行禮時掌贊導，請求行事；諸王入朝郊迎時掌禮儀；皇子封王，掌贊授印綬；諸侯之子繼位和四方少數民族頭領受封，掌召拜。王死，負責吊祭及拜王嗣。秩中二千石。

胡母生字子都，齊人也。治《公羊春秋》，爲景帝博士。與董仲舒同業，仲舒著書稱其德。年老，歸教於齊，齊之言《春秋》者宗事之，公孫弘亦頗受焉。而董生爲江都相，[1]自有傳。弟子遂之者，蘭陵褚大、東平嬴公、廣川段仲、温吕步舒。[2]大至梁相，步舒丞相長史，[3]唯嬴公守學不失師法，爲昭帝諫大夫，授東海孟卿、魯眭孟。[4]孟爲符節令，[5]坐説灾異誅，自有傳。

［1］【今注】江都：諸侯王國名。治廣陵縣（今江蘇揚州市北）。

［2］【顏注】師古曰：遂，謂名位成達者。【今注】遂之者：《漢書考正》宋祁以爲當删“之”字。劉敞亦以爲“之”字衍。楊

樹達《漢書窺管》引吴承仕以爲“遂之”疑當作“之遂”，傳寫誤倒。楊樹達以爲《左傳》哀公二年云：“庶人工商遂。”杜預注云：“得遂進仕。”是班固此語所本。　段仲：《史記》卷一二一《儒林列傳》作“殷忠”，徐廣注：“‘殷’，一作‘段’。”則“段”字是。　温：縣名。治在今河南温縣西南。　吕步舒：《史記·儒林列傳》：“步舒至長史，持節使決淮南獄，於諸侯擅專斷，不報，以《春秋》之義正之，天子皆以爲是。弟子通者，至於命大夫；爲郎、謁者、掌故者以百數。”

［3］【今注】丞相長史：漢置，掌佐丞相行施職事。爲丞相府諸吏之長，員二人，秩千石。

［4］【今注】眭孟：傳見本書卷七五。

［5］【今注】符節令：秦時稱符璽令，掌管皇帝璽印。西漢時改名符節令，兼保管銅虎符、竹使符，遣使掌授節，職任頗重。有丞，又領尚符璽郎，隸少府。

嚴彭祖字公子，[1]東海下邳人也。[2]與顔安樂俱事眭孟。孟弟子百餘人，唯彭祖、安樂爲明，質問疑誼，各持所見。孟曰：“《春秋》之意，在二子矣！”孟死，彭祖、安樂各顓門教授。[3]由是《公羊春秋》有顔、嚴之學。[4]彭祖爲宣帝博士，至河南、東郡太守。[5]以高弟入爲左馮翊，[6]遷太子太傅，廉直不事權貴。或説曰：“天時不勝人事，君以不修小禮曲意，亡貴人左右之助，經誼雖高，不至宰相。願少自勉强！”彭祖曰：“凡通經術，固當修行先王之道，何可委曲從俗，苟求富貴乎！”彭祖竟以太傅官終。授琅邪王中，爲元帝少府，[7]家世傳業。中授同郡公孫文、東門雲。雲爲荆州刺史，[8]文東平太傅，徒衆尤盛。雲坐爲江賊拜辱命，下獄誅。[9]

［1］【今注】嚴彭祖：周壽昌《漢書注校補》曰："即酷吏嚴延年之次弟，萬石嚴嫗之子也。"陳直《漢書新證》曰："鄭康成《六藝論》云'治《公羊》者眭孟弟子莊彭祖及顔安樂'。《公羊序疏》引足證彭祖本姓莊，因避漢諱而改。準此例嚴延年亦當作莊延年。"

［2］【今注】下邳：縣名。治所在今江蘇睢寧縣西北。

［3］【顔注】師古曰："顓"與"專"同。專門，言各自名家。

［4］【今注】案，周壽昌《漢書注校補》曰："《漢嚴訢碑》，宋政和中出於下邳，云：'訢字少通，治《嚴氏馮君章句》。'《通典》引《公羊説》有高堂隆曰'昔馮君八萬言章句'云云，足徵嚴氏有書，并馮君爲之章句，而志不録馮君名。"

［5］【今注】案，《漢書考正》宋祁謂，或無"東"字。

［6］【今注】案，弟，蔡琪本、大德本、殿本作"第"。 左馮翊：秦置内史，掌治京師。漢景帝時分置左、右。武帝時左内史更名左馮翊，掌内史左地。

［7］【顔注】師古曰："中"讀爲"仲"。

［8］【今注】荆州：西漢武帝時爲"十三刺史部"之一。轄境約當今湖北、湖南二省及河南、貴州、廣西、廣東等省區部分地區。

［9］【顔注】師古曰：逢見賊而拜也。【今注】江賊：周壽昌《漢書注校補》以爲即本書卷九〇《酷吏傳》所云"江湖中多盜賊，以賞爲江夏太守，捕格江賊及所誅吏民甚多，坐殘賊免"。荆州與江夏接壤。

顔安樂字公孫，[1]魯國薛人，[2]眭孟姊子也。[3]家貧，爲學積力，[4]官至齊郡太守丞，後爲仇家所殺。安樂授淮陽泠豐次君、[5]淄川任公。公爲少府，豐淄川太守。由是顔家有泠、任之學。始貢禹事嬴公，[6]成於眭孟，至御史大夫，疎廣事孟卿，[7]至太子太傅，皆自有傳。廣授琅邪筦路，[8]路爲御史中丞。[9]禹授潁川堂谿惠，[10]惠授泰山冥都，[11]都爲丞相史。都與路又事顔安樂，故顔氏復有筦、冥之學。路授孫寶，[12]爲大司農，自有傳。豐授馬宫、琅邪左咸。咸爲郡守九卿，[13]徒衆尤盛。官至大司徒，自有傳。

[1]【今注】案，公孫，《漢書考正》宋祁謂，一作“翁孫”。“公孫”與“翁孫”同。

[2]【今注】薛：縣名。治所在今山東滕州市張汪鎮皇殿崗故城。

[3]【今注】案，姊，蔡琪本作“姉”，同。

[4]【今注】案，積，蔡琪本、大德本、殿本作“精”。

[5]【顔注】師古曰：泠，音“零”。【今注】泠豐：沈欽韓《漢書疏證》指出今本徐彦《公羊疏》誤作“陰豐”。

[6]【今注】貢禹：傳見本書卷七二。

[7]【今注】疎廣：殿本“疎”作“疏”，同。然字當作“疎”。本書卷七一《疏廣傳》，陳直《漢書新證》據《太平御覽》卷三六二引《文士傳》曰：“束晳字廣微，疎廣後也。王莽末廣曾孫孟達，自東海避難，徙居元城，改姓去疎之足爲束氏。”《晉書》本傳亦同。以爲兩漢時期，“疎”字隸體多寫作“踈”，如《漢晉西陲木簡彙編》二編、二頁，《急就章》“疎比”之作“踈比”，《居延漢簡釋文》三九二頁，“器疎”之作“器踈”皆可證，故去足成束。

［8］【顔注】師古曰：“筦”亦“管”字也。【今注】筦：《漢書考正》宋祁引蕭該《音義》：“案，草下完，音丸，又音官。今《漢書》本卻作草下完。《風俗通·姓氏篇》有管、莞二姓，云‘莞蘇，楚大夫，見《吕氏春秋》。漢有莞路，爲御史中丞’，即此是也；又有管姓，云‘管夷吾，齊桓佐也，見《論語》。漢有管號，爲西河太守’。今莞路是草下完，非竹下完；及竹下官由來，讀者多惑，檢《風俗通》乃知。”

［9］【今注】御史中丞：西漢始置，爲御史大夫副貳，主掌爲監察、執法；兼管蘭臺所藏圖籍秘書、文書檔案；外則督諸監郡御史，監察考核郡國行政；内領侍御史，監督殿庭、典禮威儀，受公卿奏事，關通中外朝；考核四方文書計簿，劾按公卿章奏，監察、糾劾百官；參治刑獄，收捕罪犯等。秩千石。

［10］【顔注】師古曰：姓堂谿也。【今注】堂谿：周壽昌《漢書注校補》曰：“後漢有堂谿典，熹平朝與蔡邕等同校刊石經，蓋世儒族也。”

［11］【顔注】師古曰：冥，莫零反（蔡琪本、大德本、殿本“莫”前有“音”字）。【今注】冥：《漢書考正》宋祁引蕭該云：“《周禮·冥氏》鄭司農云：‘讀如《冥氏春秋》之冥。’劉昌宗莫歷反。案，都治《公羊春秋》，當是有所注述，解釋《公羊》，故司農云‘《冥氏春秋》之冥’。《風俗通·姓氏篇》‘冥，侯國，姒姓，禹後，見《史記》。《漢書》有冥都，爲丞相史。”

［12］【今注】孫寶：傳見本書卷七七。

［13］【今注】咸爲郡守九卿：錢大昕《廿二史考異·漢書三》據本書《百官公卿表》指出漢哀帝建平元年（前6），左咸爲大司農，三年爲左馮翊。元壽二年（前1），復由復土將軍爲大鴻臚。平帝元始五年（5），又爲大鴻臚。蓋四至九卿。

瑕丘江公受《穀梁春秋》及《詩》於魯申公，[1]

傳子至孫爲博士。武帝時，江公與董仲舒竝。仲舒通五經，能持論，善屬文。江公吶於口，[2]上使與仲舒議，不如仲舒。而丞相公孫弘本爲《公羊》學，比輯其議，卒用董生。[3]於是上因尊《公羊》家，詔太子受《公羊春秋》，[4]由是《公羊》大興。太子既通，復私問《穀梁》而善之。[5]其後浸微，[6]唯魯榮廣王孫、皓星公二人受焉。[7]廣盡能傳其《詩》《春秋》，高材捷敏，與《公羊》大師眭孟等論，數困之，[8]故好學者頗復受《穀梁》。沛蔡千秋少君、梁周慶幼君、丁姓子孫[9]皆從廣受。千秋又事皓星公，爲學最篤。

[1]【今注】案，沈欽韓《漢書疏證》以爲申公《穀梁》學於浮丘伯。傳不言申公《穀梁》所授。楊士勛《穀梁序》疏云“《穀梁》傳孫卿，孫卿傳魯人申公”。申公之年，不能逮荀卿，是荀卿傳浮丘伯，浮丘伯傳申公。又，受，殿本誤作“授”。

[2]【顔注】師古曰：屬，之欲反（蔡琪本、大德本、殿本“之”前有“音”字）。吶，古“訥”字。

[3]【顔注】師古曰：比，次也。輯，合也。比，頻寐反（蔡琪本、大德本、殿本“頻”前有“音”字）。“輯”與“集”同。【今注】比輯：王先謙《漢書補注》指出《史記》卷一二一《儒林列傳》作“集比其義”。

[4]【今注】太子：指戾太子。傳見本書卷六三。

[5]【今注】私問：楊樹達《漢書窺管》據《後漢書》卷三六《陳元傳》云：“孝武皇帝好《公羊》，衛太子好《穀梁》。有詔，詔太子受《公羊》，不得受《穀梁》。”以爲詔不得受，故私問之。據本書卷六三《戾太子傳》，即從江公問。

[6]【顔注】師古曰：浸，漸也。

［7］【今注】皓星：錢大昭《漢書辨疑》以爲是姓，亦作“浩星”。

［8］【顔注】師古曰：孟等窮屈也。

［9］【顔注】師古曰：姓丁，名姓，字子孫。

宣帝即位，聞衞太子好《穀梁春秋》，以問丞相韋賢、長信少府夏侯勝及侍中樂陵侯史高，[1]皆魯人也，言穀梁子本魯學，公羊氏迺齊學也，宜興《穀梁》。時千秋爲郎，召見，與《公羊》家竝説，上善《穀梁》説，擢千秋爲諫大夫給事中，後有過，左遷平陵令。迺求能爲《穀梁》者，莫及千秋。上愍其學且絶，迺以千秋爲郎中户將，[2]選郎十人從受。汝南尹更始翁君本自事千秋，[3]能説矣，會千秋病死，徵江公孫爲博士。劉向以故諫大夫通達待詔，受《穀梁》，欲令助之。江博士復死，迺徵周慶、丁姓待詔保宫，[4]使卒授十人。自元康中始講，[5]至甘露元年，積十餘歲，皆明習。迺召五經名儒太子太傅蕭望之等大議殿中，平《公羊》《穀梁》同異，各以經處是非。時《公羊》博士嚴彭祖、侍郎申輓、伊推、宋顯，[6]《穀梁》議郎尹更始、待詔劉向、周慶、丁姓竝論。《公羊》家多不見從，願請内侍郎許廣，使者亦竝内《穀梁》家中郎王亥，各五人，[7]議三十餘事。望之等十一人各以經誼對，多從《穀梁》。由是《穀梁》之學大盛。慶、姓皆爲博士。[8]姓至中山傅，[9]授楚申章昌曼君，[10]爲博士，至長沙太傅，徒衆尤盛。尹更始爲諫大夫、長樂户將，[11]又受《左氏傳》，取其變理合者以爲章句，傳子咸及翟方進、琅邪房鳳。咸至大司農，方進丞相，自有傳。

［1］【今注】史高：西漢魯國（今山東曲阜市）人。宣帝祖母史良娣兄史恭子。宣帝即位，以外戚侍中貴幸，因發舉霍禹謀反事，封樂陵侯。宣帝病，任爲大司馬車騎將軍，領尚書事。元帝即位，輔政五年，告老乞歸。死謚安侯。

［2］【顔注】師古曰：户將，官名，解在《楊惲》《蓋寬饒傳》。【今注】郎中户將：西漢置，屬郎中令，掌護衛宫殿門户，分左右。王先謙《漢書補注》據本書《百官公卿表上》以爲郎中有車、户、騎三將。

［3］【今注】汝南：郡名。治上蔡縣（今河南上蔡縣西南）。案，周壽昌《漢書注校補》據孔穎達《春秋正義》"徐邈引尹更始云'所者，俠之氏'"，以爲尹更始之書至晉猶存，而班固未録。

［4］【顔注】師古曰：保宫，少府之屬官也，本名居室。【今注】保宫：陳直《漢書新證》據本書《百官公卿表上》指出，少府屬官居室令，漢武帝太初元年（前104）更名保宫。有詔獄，主鞫二千石及將相大臣。灌夫因罵坐繫居室，李陵母妻繫保宫。居室雖設有詔獄，僅爲一方面，其職掌疑另主管一部分太子家事，故周慶、丁姓二人以善説《穀梁》待詔保宫。

［5］【今注】元康：漢宣帝年號（前65—前61）。

［6］【顔注】師古曰：輓，音"晚"。

［7］【顔注】師古曰：使者，謂當時詔遣監議者也。内謂引入議所也。《公羊》家既請内許廣，而使者因竝内王亥也。【今注】王亥：王先謙《漢書補注》引王先慎以爲《後漢書》卷三六《賈逵傳》李賢注作"王彦"。

［8］【顔注】師古曰：周慶、丁姓，二人也。

［9］【今注】案，蔡琪本、大德本、殿本"山"後有"太"字。

［10］【顏注】李奇曰：姓申章，名昌，字曼君。【今注】申章：《漢書考正》宋祁引蕭該《音義》曰："晉灼作'由章'。予案，《風俗通·姓氏篇》云'由余，秦相也，見《史記》，漢有由章，至長沙太傅'。今宜作'由章'。"

［11］【今注】長樂户將：錢大昭《三史拾遺》卷三曰："長樂户將不見表。長樂者，太后宫也。太后宫不置光禄勳，蓋統於長樂衛尉矣。"

房鳳字子元，不其人也。[1]以射策乙科爲大夫掌故。[2]太常舉方正，[3]爲縣令都尉，失官。大司馬票騎將軍王根奏除補長史，[4]薦鳳明經通達，擢爲光禄大夫，遷五官中郎將。[5]時光禄勳王龔以外屬内卿，[6]與奉車都尉劉歆共校書，[7]三人皆侍中。歆白《左氏春秋》可立，哀帝納之，以問諸儒，皆不對。歆於是數見丞相孔光，爲言《左氏》以求助，光卒不肯。唯鳳、龔許歆，遂共移書責讓太常博士，[8]語在《歆傳》。大司空師丹奏歆非毁先帝所立，上於是以龔等補吏，龔爲弘農，[9]歆河内，鳳九江太守，至青州牧。[10]始江博士授胡常，常授梁蕭秉君房，王莽時爲講學大夫。由是《穀梁春秋》有尹、胡、申章、房氏之學。

［1］【顏注】師古曰：琅邪之縣也。其，音"基"。【今注】不其：縣名。治所在今山東即墨市西南。

［2］【今注】射策乙科：本書卷七八《蕭望之傳》顏師古注曰："射策者，謂爲難問疑義書之於策，量其大小署爲甲乙之科，列而置之，不使彰顯。有欲射者，隨其所取得而釋之，以知優劣。射之，言投射也。對策者，顯問以政事經義，令各對之，而觀其文

辭定高下也。” 案，夫，蔡琪本、殿本作“史”。

[3]【今注】方正：漢朝選舉科目之一。始於漢文帝，多與“賢良”合稱“賢良方正”。

[4]【今注】票騎將軍：即驃騎將軍。西漢武帝時置爲重號將軍，僅次於大將軍，秩萬石。 王根：字稚卿，西漢東平陵（今山東濟南市東）人。元帝皇后王政君弟。成帝時以帝舅封曲陽侯。後爲大司馬驃騎將軍，繼其兄王商輔政。歷五歲，以老辭職。哀帝立，遣就國。

[5]【今注】五官中郎將：秦置。西漢時隸光禄勳。掌五官郎持戟值班，宿衛殿門，出充車騎。秩比二千石。

[6]【顔注】如淳曰：邛成太后親也。内卿光禄勳治宫中。【今注】案，王，大德本誤作“三”。

[7]【今注】奉車都尉：西漢武帝始置。職掌皇帝車輿，入侍左右，多由皇帝親信充任。秩比二千石。

[8]【今注】移書：致書。 讓：責。

[9]【今注】弘農：縣名。治所在今河南靈寶市北。

[10]【今注】青州：西漢武帝所置十三刺史部之一。轄境約當今山東德州市、平原縣、高唐縣以東，河北吴橋縣及山東馬頰河以南，濟南、安丘、高密、萊陽、棲霞、乳山等市以北地。

漢興，北平侯張蒼及梁太傅賈誼、京兆尹張敞、太中大夫劉公子皆修《春秋左氏傳》。[1]誼爲《左氏傳》訓故，授趙人貫公，爲河閒獻王博士，子長卿爲蕩陰令，[2]授清河張禹長子。[3]禹與蕭望之同時爲御史，數爲望之言《左氏》，望之善之，上書數以稱説。後望之爲太子太傅，薦禹於宣帝，徵禹待詔，未及問，會疾死。授尹更始，[4]更始傳子咸及翟方進、胡常。常授黎陽賈護季君，哀帝時待詔爲郎，授蒼梧陳欽子佚，[5]以《左氏》授王莽，至將軍。而劉歆從尹咸及翟方進受。由是言《左氏》者本之賈護、劉歆。

［1］【今注】張蒼：傳見本書卷四二。　賈誼：傳見本書卷四八。　京兆尹：漢武帝時改右内史置，掌治京師，又得參與朝政。位列九卿，秩中二千石。　張敞：傳見本書卷七六。

［2］【顔注】師古曰：蕩陰，河内縣也（蔡琪本、大德本、殿本“内”後有“之”字。蕩，音“湯”。【今注】蕩（tāng）陰：縣名。治所在今河南湯陰縣。

［3］【顔注】如淳曰：非成帝師張禹也。【今注】長子：陳直《漢書新證》據《十鐘山房印舉》舉十七、三十四頁，有“楚廣宗”“楚長子”兩面穿帶印；舉十九、三十七頁，有“魏長子”印，以爲命名與張長子相同。

［4］【顔注】師古曰：禹先授更始。

［5］【今注】蒼梧：郡名。治廣信縣（今廣西梧州市）。

贊曰：自武帝立五經博士，開弟子員，設科射策，勸以官禄，訖於元始，[1]百有餘年，傳業者寖盛，支葉蕃滋，[2]一經説至百餘萬言，大師衆至千餘人，蓋禄利之路然。[3]初，《書》唯有歐陽，《禮》后，《易》楊，[4]《春秋公羊》而已。至孝宣世，復立大小夏侯《尚書》，大小戴《禮》，施、孟、梁丘《易》，穀梁《春秋》。[5]至元帝世，復立京氏《易》。平帝時，又立左氏《春秋》、毛《詩》、逸《禮》、古文《尚書》，[6]所以罔羅遺失，兼而存之，是在其中矣。[7]

［1］【今注】元始：漢平帝年號（1—5）。

［2］【顔注】師古曰：瀸，漸也。蕃，多也。滋，益也。

［3］【顔注】師古曰：言爲經學者則受爵禄而獲其利，所以益勸。【今注】案，蔡琪本、大德本、殿本“然”後有“也”字。

［4］【今注】案，沈欽韓《漢書疏證》以爲其後立學但施、孟、梁丘三家《易》，不言楊何所終。三家之《易》，不出於楊，“《易》楊”當爲“《易》田”之訛。楊本不立博士，漢以來言《易》者皆本田何，三家皆田《易》，猶大小戴仍后倉《禮》。

［5］【今注】案，楊樹達《漢書窺管》引王國維《漢魏博士考》云：“宣帝增置博士事，《紀》《表》《志》《傳》所紀互異。《宣紀》系於甘露三年，《百官公卿表》系於黄龍元年，一不同也。《紀》與《劉歆傳》均言立《梁丘易》、大小夏侯《尚書》、《穀梁春秋》，而《儒林傳贊》復數大小戴《禮》，《藝文志》復數《慶氏禮》，二不同也。又博士員數，表云增足十二人，與傳亦不同。據《劉歆傳》，則合新舊僅得八人，如《儒林傳》，則合新舊得十二人，似與表合矣。然二傳皆不數《詩》博士。案，申公韓嬰均於孝文時爲博士，轅固於孝景時爲博士，則文景之世魯齊韓三家《詩》已立博士，特孝宣時於《詩》無所增置，故劉歆略之。《儒林傳贊》綜計宣帝以前立博士之經，而獨遺《詩》魯、齊、韓三家，疏漏甚矣。又宣帝於《禮》博士亦無所增置，《儒林傳贊》乃謂宣帝立大小戴《禮》，不知戴聖雖於宣帝時爲博士，實爲《后氏禮》博士，尚未自名其家，與大戴分立也。《藝文志》謂慶氏亦立學官者，誤與此同。今參伍考之，則宣帝末所有博士，《易》則施、孟、梁邱，《書》則歐陽大小夏侯，《詩》則齊、魯、韓，《禮》則后氏，《春秋》公羊、穀梁，通得十二人。《儒林傳贊》遺《詩》三家，因劉歆之言而誤。《贊》又數大小戴禮，《藝文志》並數慶氏《禮》，則又因後漢所立而誤也。又宣帝增置博士之年，《紀》《表》雖不同，然皆以爲在論石渠之後。然《儒林傳》言歐陽高孫地餘爲博士，論石渠。又林尊事歐陽高，爲博士，論石渠，張山拊事小夏

侯建，爲博士，論石渠，則論石渠時似歐陽有二博士，小夏侯亦已有博士，與《紀》《傳》均不合。蓋所紀曆官時代有錯誤也。又《易》施孟二博士亦宣帝所立，但在甘露黄龍前，則《儒林傳贊》所言是也。"

［6］【今注】案，朱一新《漢書管見》引趙岐《孟子題辭》云："孝文皇帝欲廣游學之路，《論語》《孝經》《孟子》《爾雅》皆置博士，後罷傳記博士，獨立五經而已。"又引劉歆《移太常博士書》："孝文時，天下衆書往往頗出，皆諸子傳説，猶廣立學官，爲置博士。"以爲趙氏之言是。

［7］【顔注】如淳曰：雖有虚妄之説，是當在其中，故兼而存之。

漢書　卷八九

循吏傳第五十九[1]

[1]【顏注】師古曰：循，順也，上順公法，下順人情也。【今注】案，循吏傳之體例始創於司馬遷。二十四史有十八史設《循吏傳》或《良吏傳》。《史記》卷一三〇《太史公自序》："奉法循理之吏，不伐功矜能，百姓無稱，亦無過行。作《循吏列傳》第五十九。"又在卷五九《循吏列傳》記述循吏公儀休時做出進一步解釋："公儀休者，魯博士也。以高弟爲魯相。奉法循理。無所變更，百官自正。使食禄者不得與下民争利，受大者不得取小。"《史記》所記載循吏皆是先秦人物，無一漢吏。但《漢書》本傳六位循吏，文翁是文景時人，其他五人皆宣帝時人。記述頗重治績，即要求做到"所居民富，所去民思"。"無爲"與"有爲"抑或是司馬遷與班固對循吏的不同看法。

漢興之初，反秦之敝，與民休息，凡事簡易，禁罔疏闊，[1]而相國蕭、曹以寬厚清静爲天下帥，[2]民作畫一之歌。[3]孝惠垂拱，[4]高后女主，不出房闥，[5]而天下晏然，民務稼穡，衣食滋殖。[6]至于文、景，遂移風易俗。是時循吏如河南守吴公、蜀守文翁之屬，[7]皆謹身帥先，居以廉平，[8]不至於嚴，而民從化。

［1］【今注】罔：古同“網”。

［2］【顔注】師古曰：帥，導也。【今注】相國：官名。起源於春秋晉國，稱之爲相邦，春秋戰國時，除楚國外，各國都設相，稱爲相國、相邦或丞相，爲百官之長。秦及漢初，其位尊於丞相。後爲宰相的尊稱。本書《百官公卿表下》：“高帝元年，沛相蕭何爲丞相。九年，丞相遷爲相國。”宋代高承《事物紀原》卷四《師保輔相·相國》：“亦秦置官，始皇帝立，尊吕不韋爲相國。漢初蕭何亦爲之，今人以呼宰輔也。”又秦國東陵器物金文有“八年相邦薛君、丞相殳”記述（參見王輝、尹夏清、王宏《八年相邦薛君、丞相殳漆豆考》文，《考古與文物》2011年第2期）。　蕭曹：即蕭何、曹參。　案，《漢書考證》齊召南説，“帥”是率先之意。顔注非。

［3］【顔注】師古曰：謂歌曰：蕭何爲法，講若畫一；曹参代之，守而勿失。【今注】畫一之歌：漢歌頌蕭何、曹參德政的民謡。《晉書》卷三九《荀勗傳》：“昔蕭曹相漢，載其清静，致畫一之歌，此清心之本也。”案，曹參之“參”當讀cān。曹參字敬伯，“敬”義爲“下見上”，“參”應爲參拜之“參”。

［4］【今注】垂拱：垂衣拱手，不親理專務，多指帝王的無爲而治。《尚書·武成》：“惇信明義，崇德報功，垂拱而天下治。”

［5］【今注】房闥：指宫闈寢室。闥，門，小門。《詩·齊風·東方之日》：“彼姝者子，在我闥兮。”傳曰：“闥，門内也。”

［6］【顔注】師古曰：滋，益也。殖，生也。

［7］【今注】河南守：河南郡守。《史記·高祖本紀》記載，劉邦率軍東入，河南王申陽投降，其地改爲河南郡，與河東郡、河内郡合稱三河，是西漢京畿範圍内的郡級行政區，治所在雒陽。　吴公：漢文帝時，爲河南郡守，曾薦賈誼爲博士。《史記》卷八四《屈原賈生列傳》：“孝文皇帝初立，聞河南守吴公治平爲天下第一，故與李斯同邑而常學事焉，乃徵爲廷尉。”明李本固《汝南遺事》：

"漢河南守吴公墓在邵店東北隅。重興寺，明嘉靖間土人創立。後佛殿掘得墓磚甚多，次獲一碣，上有漢吴公墓字。" 蜀守：蜀郡守。秦國置蜀郡，設郡守，成都爲蜀郡治所，自漢至隋皆因之。文翁：本傳有述。

［8］【今注】廉平：清廉公平。廉指堂屋的側邊，有棱角，借喻品行端方，有氣節；平指不傾斜，無凹凸，如水面狀。

孝武之世，外攘四夷，内改法度，[1]民用彫敝，姦軌不禁。[2]時少能以化治稱者，唯江都相董仲舒、内史公孫弘、兒寬，[3]居官可紀。三人皆儒者，通於世務，明習文法，以經術潤飾吏事，[4]天子器之。仲舒數謝病去，弘、寬至三公。

［1］【顔注】師古曰：攘，卻也。【今注】攘：排斥，消去。《説文解字·手部》："攘，推也。" 四夷：古代對中國周邊各族泛稱，略含輕蔑之意。《禮記·王制》："東曰夷、西曰戎、南曰蠻、北曰狄。"

［2］【顔注】師古曰：不可禁。【今注】案，彫敝，大德本、殿本同，蔡琪本作"雕敝"。 姦軌：犯法作亂。《尚書·舜典》："蠻夷猾夏，寇賊姦宄。" 孔傳："在外曰姦，在内曰宄。" 鄭玄注："由内爲姦，起外爲軌。" 軌，通"宄"。

［3］【今注】江都：郡國名。西漢置。漢景帝三年（前154），封劉非爲江都王，治故吴王所屬之地。都廣陵（今江蘇揚州市西北）。轄境相當於今江蘇淮南地及南京市、溧陽市、句容市、江寧縣、溧水縣和皖南及浙江安吉縣、臨安市西部地。漢武帝元狩二年（前121）國被除，改爲廣陵郡。 内史：官名。西周始置，協助天子管理爵、禄、廢、置等政務。漢初沿置，治長安縣（今陝西西安市北）。漢高帝九年（前198）後内史兼掌全國財經事務與京師

地區，吕后二年至八年（前 186—前 180）始設治粟内史。漢景帝二年時分左、右内史。武帝太初元年（前 104），改右内史分爲京兆尹、右扶風，左内史爲左馮翊。案，董仲舒傳見本書卷五六，公孫弘、兒寬傳見本書卷五八。本書《公孫弘卜式兒寬傳》贊曰："漢之得人，於兹爲盛，儒雅則公孫弘、董仲舒、兒寬。"

［4］【今注】經術：以經書治理天下的方略。術字從行從術，借指思通造化、隨通而行。後人或以經術猶經學，誤。經學應爲以經書爲主要研究物件的學問。本書《兒寬傳》："見上，語經學。上從之。"卷八八《儒林傳序》："於是諸儒始得修其經學，講習大射鄉飲之禮。"《漢書》言經學與經術，或稍有褒貶之意。

孝昭幼冲，霍光秉政，[1]承奢侈師旅之後，海内虚耗，光因循守職，無所改作。至於始元、元鳳之間，[2]匈奴鄉化，百姓益富，[3]舉賢良文學，[4]問民所疾苦，於是罷酒榷而議鹽鐵矣。[5]

［1］【今注】霍光：西漢名臣。傳見本書卷六八。

［2］【今注】始元：漢昭帝年號（前 86—前 81）。　元鳳：漢昭帝年號（前 80—前 75）。

［3］【顔注】師古曰："鄉"讀曰"嚮"（殿本顔注置於上句）。

［4］【今注】賢良文學：漢代選官取士科目之一，與"賢良方正"類同。

［5］【今注】酒榷：古代政府所施行的酒類專賣制度。亦稱"榷酒酤""榷酤"。榷指專營，專賣。酒榷始行於漢武帝天漢三年（前 98），官府控制酒的生産和貿易，獨占酒利，不許私人釀酤。此與武帝對外用兵，國家財政匱乏有關。　議鹽鐵：即鹽鐵會議。漢昭帝時，霍光組織召開的一次討論國政的會議，對武帝時期推行

的各項政策進行總體的評估。取締武帝時國家鹽鐵專營制度是核心議題之一。宣帝時，桓寬根據當時會議的記録，整理爲《鹽鐵論》。

及至孝宣，[1]繇仄陋而登至尊，[2]興于閭閻，[3]知民事之艱難。[4]自霍光薨後始躬萬機，厲精爲治，五日一聽事，自丞相已下各奉職而進。及拜刺史守相，輒親見問，觀其所繇，退而考察所行以質其言，[5]有名實不相應，必知其所以然。常稱曰："庶民所以安其田里而亡歎息愁恨之心者，政平訟理也。[6]與我共此者，其唯良二千石乎！"[7]以爲太守，吏民之本，[8]數變易則下不安，民知其將久，不可欺罔，迺服從其教化。故二千石有治理效，輒以璽書勉厲，增秩賜金，或爵至關内侯，[9]公卿缺則選諸所表以次用之。[10]是故漢世良吏，於是爲盛，稱中興焉。若趙廣漢、韓延壽、尹翁歸、嚴延年、張敞之屬，[11]皆稱其位，然任刑罰，或抵罪誅。[12]王成、黄霸、朱邑、龔遂、鄭弘、召信臣等，[13]所居民富，所去見思，生有榮號，死見奉祀，此廩廩庶幾德讓君子之遺風矣。[14]

[1]【今注】孝宣：漢孝宣帝，原名劉病已，漢武帝劉徹曾孫，巫蠱之禍發生時，襁褓中的劉病已被收繫郡邸獄。後元二年（前87）遭赦，被祖母史家撫養。

[2]【顔注】師古曰：仄，古"側"字。仄陋，言非正統，而身經微賤也。"繇"與"由"同。次下類此（次，大德本、殿本作"以"）。

[3]【顔注】師古曰：閭，里門也。閻，里中門也。言從里

巷而即大位也。【今注】閭閻：指里巷内外的門，亦泛指平民。漢宣帝幼年住尚冠里。尚冠，長安城里名，位於長安城南，里中有京兆尹治所，西漢貴族聚居區之一。據《三輔黄圖校釋》，尚冠里位於未央宫與長樂宫之間，北鄰京兆尹，南有霍光第。尚冠里是宗室成員朝會後休憩之處，漢宣帝微時居於此中，常有神迹。

[4]【今注】囏："艱"之異體字。

[5]【顔注】師古曰：質，正也。

[6]【顔注】師古曰：訟理，言所訟見理而無冤滯也。

[7]【顔注】師古曰：謂郡守、諸侯相。【今注】二千石：漢官秩，轉爲郡守之通稱。漢郡守俸禄爲兩千石，即月俸百二十斛，因有此稱。

[8]【今注】案，蔡琪本、大德本、殿本句末有"也"字。《漢書考正》宋祁謂，越本無"也"字，姚本删。

[9]【今注】關内侯：爵位名。秦制漢因。秦漢二十等爵位中第十九級，僅低於徹侯（即列侯，亦稱通侯）。有名號，無封國。一般作爲對立有軍功將領的獎勵，封有食邑户數不等。參見師彬彬《兩漢關内侯問題研究綜述》（《中國史研究動態》2015年第2期）。

[10]【顔注】師古曰：所表，謂增秩賜金爵也。

[11]【今注】趙廣漢韓延壽尹翁歸：傳均見本書卷七六。嚴延年：傳見本書卷九〇。　張敞：傳見本書卷七六。

[12]【顔注】師古曰：抵，至也，音丁禮反（禮，蔡琪本、殿本同，大德本作"礼"）。

[13]【顔注】師古曰："召"讀曰"邵"。【今注】案，王成諸人，本卷下文有述。鄭弘，傳見本書卷六六。

[14]【顔注】師古曰：庳庳，言有風采也。【今注】案，王念孫《讀書雜志·漢書第十四》謂，顔以序言"君子之遺風"，故云"庳庳，有風采"，所謂望文生義者也。今案，庳庳者，漸近之意，即所謂庶幾也。言此數人者，庳庳乎幾於德讓君子矣。《史記》

卷一〇《孝文本紀》贊曰“漢興至孝文四十有餘載，德至盛也，廪廪鄉改正服封禪矣”，《公羊傳》襄公二十三年注曰“廪廪近升平”，並與此“廪廪”同義。

文翁，[1]廬江舒人也。[2]少好學，通《春秋》，以郡縣吏察舉。[3]景帝末，爲蜀郡守，[4]仁愛好教化。見蜀地辟陋有蠻夷風，[5]文翁欲誘進之，乃選郡縣小吏開敏有材者張叔等十餘人，親自飭厲，[6]遣詣京師，受業博士，或學律令。減省少府用度，買刀布蜀物，齎計吏以遺博士。[7]數歲，蜀生皆成就還歸，文翁以爲右職，[8]用次察舉，官有至郡守刺史者。

［1］【今注】文翁：沈欽韓《漢書疏證》説，《太平寰宇記》卷一二六載《廬州人物》云：“文翁名黨，字仲翁。”《廣博物志》卷二九引《廬江七賢傳》載，文黨字翁仲。未學之時，與人俱入叢木，謂侶人曰：“吾欲遠學，先試投吾斧高木上，斧當挂。”乃仰投之斧，果上挂，因之長安授經。

［2］【今注】廬江舒人：廬江，即廬江郡，郡治舒（今安徽六安市舒城縣）。漢武帝元狩二年（前121）廢江南廬江郡，分衡山東部、九江郡南部置新廬江郡，舒縣屬廬江郡。

［3］【今注】察舉：漢代選官制度，即考察推舉。始於漢高祖，至漢武帝時成爲定制，即由高級官吏推舉人才，再經考核分科，授予官職。

［4］【今注】案，《華陽國志》卷三《蜀志》曰：“廬江文翁爲蜀守，穿湔江口，溉灌繁田千七百頃。”《水經注·江水》曰：“江北則左對繁田，文翁又穿湔溲以溉灌繁田一千七百頃。”

［5］【顔注】師古曰：“辟”讀曰“僻”。

［6］【顏注】師古曰："飭"與"敕"同。　【今注】飭厲：勉勵。

［7］【顏注】如淳曰：金馬書刀，今賜計吏是也。作馬形刀環内（蔡琪本、大德本、殿本"刀"前有"於"字），以金鏤之。晉灼曰：刀，書刀；布，布刀也。舊時蜀郡工官作金馬書刀，似佩刀形，金錯其拊。布刀，謂婦人割裂財布刀也。師古曰：少府，郡掌財物之府，以供太守者也。刀，凡蜀刀有環者也。布，蜀布細密也（蔡琪本、大德本、殿本"密"後有"環"字）。二者蜀人作之皆善，故賫以爲貨（賫，大德本同，蔡琪本、殿本作"齎"），無限於書刀布刀也。如、晉二説皆煩而不當也。【今注】齎：以物送人。《周禮·天官·掌皮》："歲終則會其財齎。"注："予人以物曰齎。今時詔書，或曰齎計吏。"疏："漢時考使謂之計吏，有詔賜與之則曰齎。"　計吏：郡國委派負責遞交本地人口等統計計簿的官員。參見侯旭東《丞相、皇帝與郡國計吏：兩漢上計制度變遷探微》（《中國史研究》2014年第4期）。

［8］【顏注】師古曰：郡中高職也。【今注】右職：重要職位。《後漢書》卷六〇下《蔡邕傳》："宜擢文右職，以勸忠謇。"李賢注："右，用事之便，謂樞要之官。"

又修起學官於成都市中，[1]招下縣子弟以爲學官弟子，[2]爲除更繇，[3]高者以補郡縣吏，次爲孝弟力田。[4]常選學官僮子，使在便坐受事。[5]每出行縣，益從學官諸生明經飭行者與俱，[6]使傳教令，出入閨閤。[7]縣邑吏民見而榮之，數年，争欲爲學官弟子，富人至出錢以求之。繇是大化，[8]蜀地學於京師者比齊魯焉。至武帝時，乃令天下郡國皆立學校官，自文翁爲之始云。文翁終於蜀，吏民爲立祠堂，歲時祭祀不絶。

至今巴蜀好文雅，文翁之化也。[9]

[1]【顔注】師古曰：學官，學之官舍（蔡琪本、大德本、殿本“舍”後有“也”字）。【今注】成都：時爲漢蜀郡治所，即今四川成都市。

[2]【顔注】師古曰：下縣，四郊之縣，非郡所治也。

[3]【顔注】師古曰：不令從役也。更，工衡反。“繇”讀曰“傜”（傜，大德本同，蔡琪本、殿本作“徭”）。【今注】更繇：“繇”同“徭”。秦漢稱徭役爲“更”“更徭”“更役”。服徭役者稱“更卒”。廣義的徭役包括兵役在内，狹義的徭役則是指兵役之外的無償勞役。雲夢出土秦簡的《厩苑律》規定：“以四月、七月、十月、正月膚田牛。卒歲，以正月大課之，最，賜田嗇夫壺酒束脯，爲皂者除一更，賜牛長日三旬；殿者，誶田嗇夫，罰冗皂者二月。”這是通過考核對“牛長”“皂者”（即飼牛者）實行奬懲的規定。

[4]【今注】孝弟力田：亦作“孝悌力田”。漢代奬勵孝行和努力耕作者的科目，或爲鄉官一種。後人誤作爲漢代察舉科目之一（即選拔官吏的科目）。惠帝四年（前191）春正月詔“舉民孝弟力田者，復其身”（本書卷二《惠紀》）。被舉者或免除徭役，或加賞賜，不授以官職或升遷，主要使其爲民表率，以示提倡孝悌和以農爲本。至於高后朝，“初置孝弟力田二千石者一人”（本書卷三《高后紀》），僅有象徵意義，未被後代因循。

[5]【顔注】師古曰：便坐，别坐，可以視事，非正廷也。坐，財卧反（蔡琪本、大德本、殿本“財”前有“音”字）。【今注】僮：古同“童”。

[6]【顔注】師古曰：益，多也。飭，整也，讀與“敕”同。

[7]【顔注】師古曰：閨閤，内中小門也。

[8]【顔注】師古曰：“繇”讀曰“由”。

［9］【顔注】師古曰：文翁學堂于今猶在益州城内。【今注】案，《漢書考證》齊召南説，文翁學堂即石室講堂也。《水經注·江水》："文翁爲蜀守，立講堂，作石室於南城。後守更增二石室。"顔有意《益州學館記》曰："《華陽國志》，文翁講堂石室一名玉堂，安帝初間烈火爲災，惟石室獨存。至獻帝興平元年，太守高朕於玉堂東更造一石室，爲周公禮殿。"兩《唐志》有《益州文翁學堂圖》一卷。又案，班固記述文翁略簡。在四川古文獻中，文翁治水之功，比肩李冰。《華陽國志》記述文翁"穿湔江口，灌繁田千七百頃"。又據明代曹學佺《蜀中廣記·成都守·灌縣》引《永康軍志》稱："漢文翁爲守，穿湔江水，堰流以灌平陸，春耕之際，需水如金，號曰金灌口也。"

王成，不知何郡人也。爲膠東相，［1］治甚有聲。宣帝最先褒之，地節三年下詔曰：［2］"蓋聞有功不賞，有罪不誅，雖唐虞不能以化天下。［3］今膠東相成，勞來不怠，［4］流民自占八萬餘口，［5］治有異等之效。［6］其賜成爵關内侯，秩中二千石。"［7］未及徵用，會病卒官。後詔使丞相御史，問郡國上計長吏守丞以政令得失，［8］或對言前膠東相成僞自增加，以蒙顯賞，是後俗吏多爲虚名云。

［1］【今注】膠東：秦時有膠東郡，漢時有膠東國，治即墨（今山東平度市東南，非今即墨城址）。案，周壽昌《漢書注校補》説，成爲國相，在膠東頃王二十三、二十四年間。

［2］【今注】地節：漢宣帝年號（前69—前66）。

［3］【今注】唐虞：是唐堯與虞舜的並稱。亦爲太平盛世的代稱。《論語·泰伯》："唐虞之際，於斯爲盛。"

［4］【顔注】師古曰：謂勸勉招懷百姓也。勞，郎到反（蔡琪本、大德本、殿本“郎”前有“音”字）。來，郎代反（蔡琪本、大德本、殿本“郎”前有“音”字）。

［5］【顔注】師古曰：隱度名數而來附業也。占，之贍反（蔡琪本、大德本、殿本“之”前有“音”字）。

［6］【顔注】師古曰：異於常等。

［7］【今注】中二千石：漢官吏秩禄等級。中爲滿之意。中二千石即實得二千石，月俸一百八十斛。其地位在真二千石、二千石、比二千石之上。

［8］【今注】上計長吏守丞："吏"當作"史"。慶元本所録劉攽："'長吏守丞'，'吏'當作'史'。郡使守丞、國使長史，皆一物也，故總言'郡國上計長史守丞'。"又參見韓連琪《漢代的户籍和上計制度》（《文史哲》1978年第3期）。

黄霸字次公，淮陽陽夏人也，[1]以豪桀役使徙雲陵。[2]霸少學律令，喜爲吏，[3]武帝末以待詔入錢賞官，補侍郎謁者，[4]坐同産有劾免。[5]後復入穀沈黎郡，[6]補左馮翊二百石卒史。[7]馮翊以霸入財爲官，不署右職，[8]使領郡錢穀計。[9]簿書正，以廉稱，[10]察補河東均輸長，[11]復察廉爲河南太守丞。[12]霸爲人明察内敏，[13]又習文法，然温良有讓，足知，善御衆。爲丞，[14]處議當於法，合人心，太守甚任之，吏民愛敬焉。

［1］【顔注】師古曰：夏，工雅反。【今注】淮陽：漢郡國名。治陳縣（今河南淮陽縣）。 陽夏：縣名。治所在今河南太康縣。

［2］【顔注】師古曰：身爲豪桀而役鄉里人也（役鄉里人也，

蔡琪本、大德本、殿本作“役使鄉里人”）。【今注】雲陵：陵名。在今陝西淳化市東南。漢昭帝劉弗陵之生母鉤弋夫人趙婕妤葬於雲陽，被追封爲皇太后，發卒二萬人建陵，邑三千户守護。案，黄霸徙雲陵，據本書卷六《武紀》記載應是太始元年（前96）事。此雲陵當是“陽陵”之訛。雲陵又被稱爲“陽陵”“女陵”。

［3］【顔注】師古曰：喜謂愛好也，音許吏反。

［4］【顔注】孟康曰：賞官，主賞賜之官也。師古曰：此説非也，因入錢而見賞官（蔡琪本、大德本、殿本“賞”後有“以”字）。【今注】待詔：漢以才技徵仕，謂之待詔，其特優者待詔金馬門，以備顧問。　侍郎謁者：侍郎，漢代郎官的一種，本爲宫廷的近侍。謁者，秦、漢掌接待賓客的屬官。屬郎中令（漢改光禄勳）。案，沈欽韓《漢書疏證》引本書《食貨志》“令民得買爵，置賞官，名曰武功爵”，則霸由武功爵補官。

［5］【顔注】師古曰：同産謂兄弟也。【今注】同産：一母所生者。　案，蔡琪本、大德本、殿本作“有”後有“罪”字。

［6］【今注】沈黎郡：治所在今四川漢源縣東北。本書《武紀》臣瓚注引茂陵書：“沈黎治筰都，去長安三千三百三十五里，領縣二十一。”此處二十一縣之數有誤。王先謙《漢書補注》説，據《武紀》《西南夷傳》，元鼎六年定莋都爲沈黎郡。《後漢書》卷八六《西南夷傳》載，“天漢四年，併蜀郡爲西部”。此爲郡時，或以振救荒貧例得入穀補官。

［7］【顔注】如淳曰：三輔郡得仕用它郡人，而卒史獨二百石，所謂尤異者（蔡琪本、大德本、殿本句末有“也”字）。【今注】左馮翊：官名兼行政區名。治長安（今陝西西安市東北）。漢代三輔之一。漢時將京兆尹、左馮翊、右扶風稱三輔。　卒史：秦、漢官署中的屬吏。《史記》卷一二一《儒林列傳》：“比百石已下，補郡太守卒史。”唯三輔卒史稱二百石。如黄霸入穀沈黎郡，補左馮翊二百石卒史。或參見楊天宇《談漢代卒史》（《新鄉師範

高等專科學校學報》2003 年第 1 期)。

[8]【顔注】師古曰：輕其爲人也。右職，高職也。

[9]【顔注】師古曰：計謂出入之數也。

[10]【顔注】師古曰：言無所侵隱，故簿書皆正，不虚謬(蔡琪本、大德本、殿本句末有“也”字)。

[11]【顔注】師古曰：以廉見察而遷補。【今注】河東：郡名。治安邑（今山西夏縣西北）。 均輸長：官名。西漢置，爲郡國屬吏，掌均輸事務。均輸是漢官府利用各地貢輸收入爲資本，進行販運貿易，謀取財政收入的一種經濟措施。

[12]【今注】河南：郡名。治雒陽（今河南洛陽市東北）。

[13]【顔注】師古曰：内敏，言心思捷疾也。

[14]【今注】丞：官名。秦漢郡置，爲郡守副貳，佐郡守掌衆事。

自武帝末，用法深。昭帝立，幼，大將軍霍光秉政，大臣争權，上官桀等與燕王謀作亂，[1]光既誅之，遂遵武帝法度，以刑罰痛繩群下，繇是俗吏上嚴酷以爲能，[2]而霸獨用寬和爲名。

[1]【今注】上官桀：字少叔，西漢隴西上邽（今甘肅天水市麥積區）人。西漢大臣、外戚，漢昭帝劉弗陵的皇后上官氏的祖父。事迹見本書卷六八《霍光傳》、卷九七《外戚傳》、卷七《昭紀》。

[2]【顔注】師古曰：“繇”讀與“由”同。【今注】案，上，蔡琪本、大德本同，殿本作“尚”。

會宣帝即位，在民間時知百姓苦吏急也，聞霸持法平，召以爲廷尉正，[1]數決疑獄，庭中稱平。[2]守丞相長史，[3]坐公卿大議庭中，[4]知長信少府夏侯勝非議詔書大不敬，[5]霸阿從不舉劾，皆下廷尉，[6]繫獄當死。霸因從勝受《尚書》獄中。再隃冬，[7]積三歲迺出，語在勝傳。勝出，復爲諫大夫，[8]令左馮翊宋畸舉霸賢良。[9]勝又口薦霸於上，上擢霸爲揚州刺史。[10]三歲，宣帝下詔曰："制詔御史：其以賢良高弟揚州刺史霸爲潁川太守，[11]秩比二千石，居官。"[12]

[1]【今注】廷尉正：官名。廷尉屬官。秦置，漢沿置。秩千石，東漢減爲六百石。

[2]【顔注】師古曰：此廷中謂廷尉之中（廷，蔡琪本、大德本同，殿本作"庭"）。

[3]【今注】守：試職。　丞相長史：官名。丞相高級屬官。協助丞相管理文書等事物。秩千石。

[4]【顔注】師古曰：大議，總會議也。此廷中謂朝廷之中（廷，蔡琪本、大德本同，殿本作"庭"）。

[5]【今注】長信少府：官名。漢有長信詹事，主皇太后宮，由宦者任職。景帝改爲長信少府。平帝又改長樂少府。　夏侯勝：傳見本書卷七五。

[6]【顔注】師古曰：勝及霸俱下廷尉。

[7]【顔注】師古曰："隃"與"踰"同。

[8]【今注】諫大夫：官名。漢武帝元狩五年（前118）始置。或以爲秦已有，武帝因秦而置之。秩比八百石，無定員。掌顧問應對，多以名儒宿德爲之。

[9]【今注】案，宋畸，本書《百官公卿表》作"宋疇"。

[10]【今注】揚州刺史：揚州刺史部行政長官。西漢武帝元封五年（前106）始置，爲全國十三部（州）刺史之一，秩六百

石。負責監察郡守等人的行政事務，巡行郡縣，以“六條”問事。轄境當今江蘇、浙江、江西、福建、皖南等地區。

[11]【今注】案，高弟，蔡琪本、大德本、殿本作“高第”。潁川：郡名。秦置。以潁水得名，治陽翟（今河南禹州市）。轄境包括今河南登封市、寶豐以東，尉氏、郾城以西，新密市以南，葉縣、舞陽以北地。潁川爲大郡，自立郡後一直是京師之外人口最多、最爲繁華之地。

[12]【今注】案，蔡琪本、白鷺洲本、大德本、慶元本、中華本“居官”二字後有“賜車蓋，特高一丈，别駕主簿車，緹油屏泥於軾前，以章有德”一句。

時上垂意於治，數下恩澤詔書，吏不奉宣。[1]太守霸爲選擇良吏，分部宣布詔令，[2]令民咸知上意。使郵亭、鄉官皆畜雞豚，[3]以贍鰥寡貧窮者，然後爲條教，置父老師帥伍長，[4]班行之於民間，勸以爲善防姦之意，及務耕桑，節用殖財，種樹畜養，去食穀馬。米鹽靡密，初若煩碎，[5]然霸精力能推行之。吏民見者，語次尋繹，[6]問它陰伏，[7]以相參考。嘗欲有所司察，擇長年廉吏遣行，屬令周密。[8]吏出，不敢舍郵亭，[9]食於道旁，烏攫其肉。[10]民有欲詣府口言事者適見之，霸與語道此。後日吏還謁霸，霸見迎勞之，曰：“甚苦！食於道旁，乃爲烏所盜肉。”吏大驚，以霸具知其起居，所問豪氂不敢有所隱。[11]鰥寡孤獨有死無以葬者，鄉部書言，霸具爲區處，[12]某所大木可以爲棺，某亭豬子可以祭，吏往皆如言。其識事聰明如此，[13]吏民不知所出，[14]咸稱神明。姦人去入它郡，盜賊日少。

［1］【顔注】師古曰：不令百姓皆知也。【今注】恩澤詔書：指皇帝所下的帶有恩勉、惠澤内容的詔書，如赦免罪犯、撫恤鰥寡孤獨、減租免算的詔令等。尹灣漢墓簡牘《君兄繒方緹中物疏》提及恩澤詔書。參見馬怡《一個漢代郡吏和他的書囊——讀尹灣漢墓簡牘〈君兄繒方緹中物疏〉》（《中國社會科學院歷史研究所學刊》第九輯，商務印書館2015年版）。

［2］【顔注】師古曰：分，扶問反（蔡琪本、大德本、殿本“扶”前有“音”字）。

［3］【顔注】師古曰：郵行書舍（行，大德本同，蔡琪本、殿本作“亭”），謂傳送文書所止處，亦如今之驛館矣。鄉官者，鄉所治處也。【今注】郵亭：古代沿途設置、供送文書的人和旅客歇宿的館舍。《説文解字·木部》：“桓，亭郵表也。”徐鍇《繫傳》：“亭郵立木爲表……古者十里一長亭，五里一短亭。郵，過也，所以止過客也。”漢代有完整的郵驛制度，細分爲“郵”“亭”“驛”“傳”，具體劃分爲五里設一郵、十里設一亭、三十里設一驛（傳）。“驛”和“傳”級别相同，所不同者“傳”用車，“驛”用馬。近年出土的漢簡可以清楚説明，郵亭與鄉里是不同性質、不同系統的機構。郵亭機構規模比鄉大，但其吏員數却比鄉級機構少。見楊際平《漢代内郡的吏員構成與鄉、亭、里關係——東海郡尹灣漢簡研究》（《廈門大學學報》1998年第4期）、朱紹侯《〈尹灣漢墓簡牘〉解決了漢代官制中幾個疑難問題》（《許昌師專學報》1999年第1期）。

［4］【今注】父老：鄉里協調公共事務的尊者，或云與三老同，或云有别。參見高小强《淺析漢代三老、父老、長老》（《甘肅高師學報》2013年第6期）。　帥：同“率”。　伍長：古代户籍以五户爲伍，五户之長，稱爲“伍長”。亦稱爲“五百”“伍伯”。

［5］【顔注】師古曰：米鹽，言雜而且細。

［6］【顔注】師古曰：繹謂抽引而出也（抽引，大德本、殿本同，蔡琪本作“指引”）。【今注】尋繹：反復探索，推求。

［7］【今注】陰伏：是指隱秘爲人所不知的壞事。本書卷六六《楊敞傳》：“又性刻害，好發人陰伏。”

［8］【顔注】師古曰：屬，戒也。周密，不泄陋也。屬，之欲反（大德本同，蔡琪本、殿本“之”前有“音”字）。

［9］【顔注】師古曰：舍，止也。【今注】舍：休息。

［10］【顔注】師古曰：攫，搏持之也。攫，音“钁”（大德本同，蔡琪本、殿本作“攫音厥縛反”）。【今注】攫：抓取。

［11］【今注】案，豪氂，大德本同，蔡琪本、殿本作“豪釐”。

［12］【顔注】師古曰：區處謂分别而處置也，音昌汝反（汝，大德本同，蔡琪本、殿本作“女”）。【今注】區處：分别處置。

［13］【顔注】師古曰：識，記也，音式二反。

［14］【顔注】師古曰：不知其用何術也。

霸力行教化而後誅罰，[1]務在成就全安，長吏[2]許丞老，病聾，[3]督郵白欲逐之，[4]霸曰：“許丞廉吏，雖老，尚能拜起送迎，正頗重聽何傷？[5]且善助之，毋失賢者意。”或問其故，霸曰：“數易長吏，送故迎新之費及姦吏緣絶簿書盜財物，[6]公私費耗甚多，皆當出於民，所易新吏又未必賢，或不如其故，徒相益爲亂。凡治道，去其泰甚者耳。”[7]

［1］【顔注】師古曰：力猶勤也。言先以德教化於下，若有弗從，然後用刑罰也。

［2］【顔注】師古曰：不欲易代及損傷（蔡琪本、大德本、殿本句末有“之也”二字）。

［3］【顔注】如淳曰：許縣丞。

［4］【今注】督郵：官名。始置於西漢中期，郡守重要屬吏，掌監屬官。

［5］【今注】正頗：疑爲“正使”之誤。即使。　重聽：听覺遲鈍。

［6］【顔注】師古曰：緣，因也。因交代之際而棄匿簿書以盗官物也。

［7］【今注】泰甚：太甚，過分。

霸以外寬内明得吏民心，户口歲增，治爲天下第一。徵守京兆尹，秩二千石。坐發民治馳道不先聞，又發騎士詣北軍，馬不適士，[1]劾乏軍興，[2]連貶秩。有詔歸潁川太守官，以八百石居，治如其前。[3]前後八年，郡中愈治。是時鳳皇神爵數集郡國，[4]潁川尤多。天子以霸治行終長者，下詔稱揚曰：“潁川太守霸，宣布詔令，百姓鄉化，[5]孝子弟弟貞婦順孫日以衆多，田者讓畔，道不拾遺，養視鰥寡，贍助貧窮，獄或八年亡重罪囚，吏民鄉于教化，興於行誼，可謂賢人君子矣。《書》不云乎：‘股肱良哉！’[6]其賜爵關内侯，黄金百斤，秩中二千石。”而潁川孝弟有行義民、三老、力田，[7]皆以差賜爵及帛。後數月，徵霸爲太子太傅，[8]遷御史大夫。[9]

［1］【顔注】孟康曰：關西人謂補滿爲適。馬少士多，不相補滿也。【今注】北軍：漢代守衛京師的屯衛兵。未央宫在京城西

南，屯住的衛兵稱南軍；長樂宫在京城東北，屯住的衛兵稱北軍。漢文帝時合南北軍，其後宫室日增，南軍名没，而北軍名存。又案，中華本及其他當代標點本作“又發騎士詣北軍馬不適士”，誤。

［2］【今注】軍興：軍需。

［3］【今注】案，此處中華本及當代其他標點本句讀有誤。不當作“以八百石居治，如其前”。“居治”不應連讀，且與上下文義不洽。

［4］【今注】案，鳳皇，大德本同，蔡琪本、殿本作“鳳凰”。神爵：即神雀。瑞鳥。漢揚雄《羽獵賦》：“麒麟臻其囿，神爵棲其林。”

［5］【顔注】師古曰：“鄉”讀曰“嚮”。下亦同。

［6］【顔注】師古曰：《虞書·益稷》之辭，已解於上。【今注】案，語見《尚書·虞書》。股肱，指腿和胳膊。比喻左右輔佐之臣。

［7］【今注】孝弟：亦作“孝悌”。鄉官。爲民表率，以示提倡孝悌。　三老：西漢縣、鄉掌教化的鄉官。　力田：鄉官。爲民表率，勸農耕作。

［8］【今注】太子太傅：官名。爲太子的師傅。西漢時，秩二千石，位次太常。

［9］【今注】御史大夫：官名。先秦時，御史本爲殿中執法官，並兼管文書。秦始置御史大夫，負責監察百官，代朝廷起草詔命文書等，位次左、右丞相。御史大夫雖位列三公，但地位低於丞相和太尉，秦漢時丞相和太尉品秩均爲一萬石，御史大夫品秩爲兩千石，丞相和太尉爲金印紫綬，御史大夫則是銀印青綬。

五鳳二年，[1]代邴吉爲丞相，[2]封建成侯，[3]食邑六百户。霸材長於治民，及爲丞相，總綱紀號令，風采不及丙、魏、于定國，[4]功名損於治郡。時京兆尹張敞舍鶡雀飛集丞相府,[5]霸以爲神雀，議欲以聞。敞奏霸曰:“竊見丞相請與中二千石、博士雜問郡國上計長吏、守丞,[6]爲民興利除害成大化條。其對有耕者讓畔,[7]男女異路，道不拾遺，及舉孝子貞婦者爲一輩，先上殿,[8]舉而不知其人數者次之，不爲條教者在後叩頭謝。丞相雖口不言，而心欲其爲之也。長吏守丞對時，臣敞舍有鶡雀飛止丞相府屋上，丞相以下見者數百人。邊吏多知鶡雀者，問之,[9]皆陽不知。[10]丞相圖議上奏[11]曰:‘臣問上計長吏守丞以興化條,[12]皇天報下神雀。’後知從臣敞舍來，乃止。郡國吏竊笑丞相仁厚有知略，微信奇怪也。昔汲黯爲淮陽守,[13]辭去之官，謂大行李息曰:[14]‘御史大夫張湯懷詐阿意,[15]以傾朝廷，公不早白，與俱受戮矣。’息畏湯，終不敢言。後湯誅敗，上聞黯與息語，乃抵息罪而秩黯諸侯相，取其思竭忠也。臣敞非敢毁丞相也，誠恐群臣莫白，而長吏守丞畏丞相指，歸舍法令，各爲私教,[16]務相增加，澆淳散樸,[17]並行僞貌，有名亡實，傾摇解怠，甚者爲妖。[18]假令京師先行讓畔異路，道不拾遺，其實亡益廉貪貞淫之行，而以僞先天下，固未可也；即諸侯先行之，僞聲軼於京師，非細事也。[19]漢家承敝通變，造起律令，所以勸善禁姦，條貫詳備，不可復加。宜令貴臣明飭長吏守丞,[20]歸告二千石，舉三老孝弟力田孝廉廉吏務得其人，郡事皆以義法令撿式,[21]毋得擅爲條教；敢挾詐僞以奸名譽者，必先受戮,[22]以正明好惡。”天子嘉納敞言，召上計吏，使侍中臨飭如敞指意。[23]霸甚慚。[24]

[1]【今注】五鳳二年：公元前 56 年。五鳳，漢宣帝年號（前 57—前 54）。二，蔡琪本、大德本作“三”。

[2]【今注】邴吉：或作“丙吉”。西漢名臣。傳見本書卷七四。

[3]【今注】建成：侯國名。治所在今河南永城市東南。西漢高祖元年（前 206）封曹參爲建成侯，侯國屬沛郡。

[4]【今注】魏：魏相，西漢名臣。傳見本書卷七四。　于定國：西漢名臣。傳見本書卷七一。

[5]【顔注】蘇林曰：今虎賁所著鶡也。師古曰：蘇説非也。此鶡音“芬”，字本作鳻，此通用耳。鳻雀大而色青，出羌中，非武賁所著也。武賁鶡者色黑，出上黨，以其鬬死不止，故用其尾飾武臣首云。今時俗人所謂鶡雞者也，音“曷”，非此鳻雀也。【今注】京兆尹：官名。爲三輔（治理京畿地區的三位官員，即京兆尹、左馮翊、右扶風）之一。掌治京師。　張敞：西漢名臣。傳見本書卷七六。　鶡雀：鳥名。鶡，《説文解字》説，鳥似雉，出上黨。《正字通》説，色黄黑而褐首，有毛角，有冠，性愛儕黨，有被侵者，直往赴鬬，雖死不置。《禽經》説，鶡，毅鳥也。

[6]【今注】上計：秦漢行政制度。地方定期向上級呈報地方治理狀況。縣令長於年終將該縣户口、墾田、錢穀、刑獄狀況等，編制爲計簿（亦名“集簿”），呈送郡國。郡守國相再編制郡之計簿，上報朝廷。　長史：地位較高的縣級官吏。本書《百官公卿表》記載：“秩四百石至二百石，是爲長吏。”　守丞：輔助郡守縣令的主要官吏。漢《倉頡廟碑側》：“衙守丞臨晉張疇字元德，五百。”衙即左馮翊的屬縣。

[7]【今注】案，中華本及當代其他標點本此處句讀有誤，不當作“竊見丞相請與中二千石博士雜問郡國上計長吏守丞，爲民興

利除害成大化條其對”。

［8］【顔注】師古曰：丞相所坐屋也。古者屋之高嚴，通呼爲殿，不必宫中也（宫，大德本、殿本同，蔡琪本作“官”；大德本句末無“也”字）。

［9］【今注】案，問，殿本作“聞”。

［10］【今注】陽：通“佯”，佯裝。

［11］【顔注】師古曰：圖，謀也。

［12］【顔注】師古曰：凡言條者，一一而疏舉之，若木條然也。

［13］【今注】汲黯：西漢名臣。傳見本書卷五〇。　淮陽：郡名。治宛丘（今河南淮陽縣）。

［14］【今注】大行：官名。掌接待賓客。漢始稱典客，景帝時改名大行。本書《百官公卿表》作“大行令”，武帝太初元年改名大鴻臚。參閲《後漢書·百官志二》。　李息：事迹見本書卷五五《衛青霍去病傳》。

［15］【今注】張湯：西漢酷吏，但爲官清儉。傳見本書卷五九。

［16］【顔注】師古曰：舍，廢也。

［17］【顔注】師古曰：不雜爲淳。以水澆之，則味離薄（離，大德本、殿本作“漓”）。樸，大質也，割之，散也（蔡琪本、大德本、殿本“散”前有“則”字）。

［18］【顔注】師古曰：“解”讀曰“懈”。

［19］【顔注】師古曰：軼，過也，音“逸”。【今注】細事：小事。

［20］【顔注】師古曰：“飭”讀與“勑”同。次下類此（次，大德本同，蔡琪本、殿本作“以”）。【今注】明飭：明白地訓示、告誡。

［21］【顔注】師古曰：捡，局也，音居儉反。【今注】撿式：

謂約束言行之準則。引申爲典範。

[22]【顔注】師古曰：奸，求也，音“干”。

[23]【今注】侍中：加官。侍從皇帝，出入宮廷。

[24]【今注】案，慚，蔡琪本、大德本、殿本作“慙”。

又樂陵侯史高以外屬舊恩侍中貴重，[1]霸薦高可太尉。天子使尚書召問霸：[2]“太尉官罷久矣，丞相兼之，所以偃武興文也。如國家不虞，邊境有事，[3]左右之臣皆將率也。[4]夫宣明教化，通達幽隱，使獄無冤刑，邑無盜賊，[5]君之職也。將相之官，朕之任焉。[6]侍中樂陵侯高帷幄近臣，朕之所自親，[7]君何越職而舉之？”尚書令受丞相對，霸免冠謝罪，數日乃決。[8]自是後不敢復有所請。然自漢興，言治民吏，以霸爲首。

[1]【今注】樂陵：侯國名。屬平原郡。治所在今山東樂陵市。樂陵地名由來或有多説。清乾隆《山東通志》載：“大阜曰陵，樂，取四民用足，國乃安樂之義也。”《元和郡縣志》則説：“樂陵，北至州一百三十五里，本燕將樂毅攻齊所築，漢以爲縣，屬平原郡，即漢大司馬史高所封之邑。”此説較妥。　史高：漢宣帝祖母史良娣的兄弟史恭的長子。因檢舉霍禹（霍光之子），封樂陵侯。　外屬：外家親屬。　舊恩：此指史高祖母貞君及父史恭曾撫養漢宣帝。

[2]【今注】尚書：官名。秦屬少府。負責處理政務，實際上是中朝官，不受少府節制。漢代大臣上奏，由尚書讀奏，大臣有罪，由尚書問狀。武帝選拔尚書、侍中組成中朝，或稱内朝，成爲實際決策機構，因係近臣，地位漸高。至宣帝權勢尤重。

[3]【顔注】師古曰：如，若也。

[4]【今注】案，率，蔡琪本、大德本同，殿本作“帥”。

[5]【今注】案，無，蔡琪本同，大德本、殿本作“亡”。

[6]【顏注】師古曰：言欲拜將相事，自在朕也。

[7]【顏注】師古曰：具知其材質。【今注】帷幄：此指宫中的帷幕，比喻内宫、内朝。帷，大德本、殿本同，蔡琪本作“惟”。

[8]【顏注】師古曰：乃得免罪。

爲相五歲，[1]甘露三年薨，[2]謚曰定侯。[3]霸死後，樂陵侯高竟爲大司馬。[4]霸子思侯賞嗣，爲關都尉。薨，子忠侯輔嗣，至衛尉九卿。薨，子忠嗣侯，訖王莽迺絶。子孫爲吏二千石者五六人。

[1]【今注】案，蔡琪本、大德本、殿本“相”前有“丞”字。

[2]【今注】甘露三年：公元前51年。甘露，漢宣帝年號（前53—前50）。

[3]【今注】謚：古代帝王、貴族、大臣等死後，依其生前事迹予以評價。所得稱號，稱作謚號。

[4]【顏注】師古曰：史著此者，亦言霸奏高爲太尉，適事宜也。【今注】大司馬：官名。漢代大司馬爲三公之一。《周禮·夏官》有大司馬，掌邦政。漢初置丞相、御史大夫、太尉。武帝罷太尉置大司馬。以大將軍衛青、驃騎將軍霍去病功多，特加號大司馬，以冠將軍之號。但“無印綬，官兼加而已”。後來朝廷常以此職授於掌權的外戚，多與大將軍、驃騎將軍、車騎將軍等聯稱。權威漸重。昭帝時，霍光以“大司馬大將軍領尚書事”的名義當政，權力在宰相之上，“政事壹決大將軍光”（見本書卷六八《霍光傳》）。

始霸少爲陽夏游徼，[1]與善相人者共載出，[2]見一婦人，相者言："此婦人當富貴，不然，相書不可用也。"霸推問之，乃其鄉里巫家女也。霸即取爲妻，與之終身。爲丞相後徙杜陵。[3]

[1]【顔注】師古曰：游徼，主徼巡盜賊者也。【今注】陽夏：地名。在今河南太康縣。夏時，其地域屬豫州境，夏王太康遷都於此，故稱陽夏；其死後又葬在此地，後人因之，故稱陽夏爲太康。　游徼：鄉官名。負責巡查盜賊。秦置，兩漢至南北朝多沿置，後廢。

[2]【顔注】師古曰：同乘車。

[3]【今注】杜陵：漢宣帝劉詢的陵墓，位於今陝西西安市雁塔區曲江街道辦事處三兆村西北。

朱邑字仲卿，廬江舒人也。少時爲舒桐鄉嗇夫，[1]廉平不苛，以愛利爲行，[2]未嘗笞辱人，存問耆老孤寡，遇之有恩，所部吏民愛敬焉。遷太守卒史，[3]舉賢良爲大司農丞，[4]遷北海太守，[5]以治行第一入爲大司農。[6]爲人惇厚，篤於故舊，然性公正，不可交以私。天子器之，朝廷敬焉。

[1]【今注】桐鄉：古鄉名。屬舒縣。　嗇夫：此指鄉官。秦制，鄉置嗇夫，職掌聽訟、收取賦税。

[2]【顔注】師古曰：仁愛於人而安利也。

[3]【今注】案，蔡琪本、大德本、殿本"遷"後有"補"字。　卒史：官名。秦漢官府中屬吏。秩一百石。西漢郡國每郡初有卒史十人，後有增至二百人。

[4]【今注】大司農丞：官名。漢大司農的主要屬官，助大司農總署曹事。西漢有兩丞，秩千石。

[5]【今注】北海：郡名。漢置，治營陵（今山東昌樂縣東南五十里）。

[6]【今注】大司農：官名。秦制，九卿之一。原名治粟内史，漢景帝更名爲大農令，武帝改爲大司農。

是時張敞爲膠東相，[1]與邑書曰："明主游心大古，[2]廣延茂士，[3]此誠忠臣竭思之時也。直敞遠守劇郡，馭於繩墨，[4]匈臆約結，固亡奇也。[5]雖有，亦安所施？[6]足下以清明之德，掌周稷之業，[7]猶飢者甘糟糠，[8]穰歲餘粱肉。[9]何則？有亡之勢異也。昔陳平雖賢，須魏倩而後進；[10]韓信雖奇，賴蕭公而後信。[11]故事各達其時之英俊，若必伊尹、吕望而後薦之，[12]則此人不因足下而進矣。"[13]邑感敞言，貢薦賢士大夫，多得其助者。身爲列卿，居處儉節，禄賜以共九族鄉黨，[14]家亡餘財。

[1]【今注】膠東：侯國名。西楚始封國，歷經多次廢立。都城原在古即墨（今山東平度市古峴鎮大朱毛村一帶）。景帝時膠東王參加七王之亂，身死國除。後復立膠東國。以景帝十子徹爲王。此時膠東國治域縮小，僅在今山東烟臺市西部。

[2]【今注】案，大古，蔡琪本、大德本作"太古"。

[3]【顏注】師古曰：茂，善也。

[4]【顏注】師古曰："直"讀曰"值"。【今注】劇郡：政務繁雜的郡國。

[5]【顏注】師古曰：約，屈也。

［6］【顔注】師古曰：言在遠郡，無足展效也。

［7］【顔注】師古曰：司農主百穀，故云周稷之業。

［8］【今注】案，飢，蔡琪本、大德本同，殿本作“饑”。

［9］【顔注】師古曰：穰歲，豐穰之歲。穰，音“攘”。【今注】穰（ráng）：丰收。

［10］【顔注】蘇林曰：魏無知也。韋昭曰：無知字也。師古曰：倩，士之美稱，故云魏倩也，而韋氏便以爲無知之字，非也。譬猶謂汲直爲汲黯（蔡琪本、大德本、殿本作“汲黯爲汲直黯”），豈爲字直乎（蔡琪本、大德本、殿本無“爲”字）？且次下句云“賴蕭公而後信”（次，大德本、殿本同，蔡琪本作“以”），亦非何之字也。【今注】魏：魏無知。秦末人。楚漢戰争時從劉邦。陳平背楚降漢，因其求見劉邦，遂得重用。

［11］【顔注】師古曰：信謂爲君上所信任也。一説“信”讀曰“伸”，得伸其材用也。【今注】蕭公：蕭何。

［12］【今注】伊尹：商初大臣，輔佐商湯。　吕望：姓姜，吕氏，名望，俗稱姜太公。周代齊國始祖。

［13］【顔注】師古曰：言能自達也。

［14］【顔注】師古曰：“共”讀曰“供”。【今注】九族：泛指親屬。九族有古文説，認爲九族僅限於父宗。上自高祖、下至玄孫，即玄孫、曾孫、孫、子、身、父、祖父、曾祖父、高祖父。又有今文説：父族四、母族三、妻族二。父族四是指姑之子、姊妹之子、女兒之子、已之同族；母族三是指母之父、母之母、從母子；妻族二是指岳父、岳母。

神爵元年卒。[1]天子閔惜，[2]下詔稱揚曰：“大司農邑，廉絜守節，退食自公，亡彊外之交，束脩之餽，[3]可謂淑人君子。遭離凶災，朕甚閔之。[4]其賜邑子黄金百斤，以奉其祭祀。”

[1]【今注】神爵元年：公元前61年。神爵，漢宣帝年號(前61—前58)。

[2]【今注】案，閔，大德本、殿本同，蔡琪本作“憫”。

[3]【顔注】師古曰：餽與饋同。

[4]【顔注】師古曰：離亦遭。

初邑病且死，屬其子[1]曰：“我故爲桐鄉吏，其民愛我，必葬桐鄉。後世子孫奉嘗我，不如桐鄉民。”[2]及死，其子葬之桐鄉西郭外，民果共爲邑起冢立祠，[3]歲時祠祭，至今不絕。

[1]【顔注】師古曰：屬，之欲反（蔡琪本、大德本、殿本“之”前有“音”字）。

[2]【顔注】師古曰：嘗謂蒸嘗之祭。【今注】奉嘗：猶祭祀。嘗，秋天的祭祀之一。

[3]【今注】案，民果共爲，蔡琪本、殿本作“民果然爲”，大德本作“民果然共爲”。

龔遂字少卿，山陽南平陽人也。[1]以明經爲官，[2]至昌邑郎中令，[3]事王賀。[4]賀動作多不正，遂爲人忠厚，剛毅有大節，内諫争於王，外責傅相，引經義，陳禍福，至於涕泣，蹇蹇亡已。[5]面刺王過，王至掩耳起走，曰：“郎中令善媿人。”[6]及國中皆畏憚焉。[7]王嘗久與騶奴、宰人游戲飲食，[8]賞賜亡度，遂入見王，涕泣鄰行，左右侍御皆出涕。王曰：“郎中令何爲哭？”遂曰：“臣痛社稷危也！願賜清閒竭愚。”王辟左右，[9]遂曰：“大王知膠西王所以爲無道亡乎？”[10]王曰：“不知也。”曰：“臣聞膠西王有諛臣侯得，王所爲儗於桀紂也，[11]得以爲堯舜也。王説其諂諛，嘗與寢處，[12]唯得所言，以至於是。[13]今大王親近群小，漸漬邪惡所習，存亡之機，不可不慎也。臣請選郎通經術有行義者與王起居，[14]坐則誦詩書，立則習禮容，宜有益。”王許之。遂迺選郎中張安等十人侍王。居數日，王皆逐去安等。久之，宫中數有妖怪，王以問遂，遂以爲有大憂，宫室將空，語在《昌邑王傳》。[15]會昭帝崩，亡子，昌邑王賀嗣立，官屬皆徵入。王相安樂遷長樂衛尉，遂見安樂，流涕謂曰：“王立爲天子，日益驕溢，諫之不復聽，今哀痛未盡，[16]日與近臣飲食作樂，鬬虎豹，召皮軒，[17]車九流，[18]驅馳東西，所爲誖道。[19]古制寬，大臣有隱退，今去不得，陽狂恐知，身死爲世戮，奈何？君，陛下故相，宜極諫争。”王即位二十七日，卒以淫亂廢。昌邑群臣坐陷王於惡不道，皆誅，死者二百餘人，唯遂與中尉王陽以數諫争得減死，髡爲城旦。[20]

[1]【今注】山陽：郡國名。西漢置，治昌邑（今山東巨野縣東南）。景帝分梁國北部置山陽。漢武帝建元時，山陽國除爲郡，稱山陽郡。之後，其名國多變郡，或更爲“昌邑國”。參見周振鶴《漢書地理志匯釋》（安徽教育出版社2006年版，第151—152頁）。南平陽：縣名。西漢置，治所在今山東鄒城市。屬山陽郡。南朝宋改名平陽縣。

[2]【今注】明經：漢選官科目之一。始於武帝。明經即通曉經學，故以“明經”爲名。明經由郡國或公卿推舉，舉後須通過射

策以確定等第而得官。漢代設置此科，爲儒生進入仕途提供了管道。

［3］【今注】昌邑郎中令：官名。掌昌邑國宫殿掖門户。

［4］【今注】賀：即劉賀（前92—前59），漢武帝劉徹之孫，昌邑哀王劉髆之子，生於昌邑（今山東巨野縣），西漢第九位皇帝，在位二十七天被廢。元康三年（前63），漢宣帝封劉賀爲海昏侯。2016年3月，江西南昌市海昏侯墓墓主得到確認，即劉賀墓。

［5］【顔注】師古曰：蹇蹇，不阿順之意也。《易·蹇卦》曰"王臣蹇蹇"。【今注】案，《易·蹇》："王臣蹇蹇，匪躬之故。"高亨注："謇謇，直諫不已也。"（參見高亨《周易大傳今注》，齊魯書社1998年版）

［6］【顔注】師古曰：媿，古"愧"字。愧（大德本、殿本同，蔡琪本作"媿"），辱也。

［7］【顔注】師古曰：王及國人皆憚之。

［8］【今注】騶奴：古養馬、駕車之人。　宰人：此指從事膳食、炊事之人。

［9］【顔注】師古曰："間"讀曰"閑"。辟，音"闢"。

［10］【今注】膠西王：此指膠西王劉印。劉印參與吴楚七國之亂，被誅。事見《史記》卷五二《齊悼惠王世家》。　案，無，大德本、殿本同，蔡琪本作"亡"。

［11］【顔注】師古曰：儗，比也。

［12］【顔注】師古曰："説"讀曰"悦"。

［13］【顔注】師古曰：唯用得之邪言，故至亡。

［14］【今注】郎：戰國始置。帝王侍從官侍郎、中郎、郎中等的通稱。

［15］【今注】昌邑王傳：即本書卷六三《武五子傳》。

［16］【顔注】師古曰：謂新居喪服。

［17］【今注】皮軒：古代用虎皮裝飾的車子。《文選》司馬長

卿《上林賦》:“拖蜺旌，靡雲旗，前皮軒，後道游。”李善注引文穎曰:“皮軒，以虎皮飾車。天子出，道車五乘，游車九乘。”《宋朝會要》曰:“漢制，前驅車也，取《曲禮》‘前有士師則載虎皮’之義也。”

［18］【今注】九流：即九旒（liú）。旗名。古謂天子之旗。《禮記·樂記》:“龍旂九旒，天子之旌也。”

［19］【顔注】師古曰：誖，乖也，音布内反。

［20］【今注】城旦：刑罰名。秦漢時對男性罪犯服勞役的刑罰。勞動包括築城工事或製作器物等，爲勞役刑中最重的一級。《睡虎地秦墓竹簡·秦律十八種·倉律》:“城旦之垣及它事而勞與垣等者，旦半夕參。”（文物出版社 1990 年版）

宣帝即位，久之，渤海左右郡歲飢，盜賊竝起，[1]二千石不能禽制。上選能治者，丞相御史舉遂可用，上以爲渤海太守。[2]時遂年七十餘，召見，形貌短小，宣帝望見，不副所聞，心内輕焉，謂遂曰:“渤海廢亂，朕甚憂之。君欲何以息其盜賊，以稱朕意?”遂對曰:“海瀕遐遠，不霑聖化，[3]其民困於飢寒而吏不恤，故使陛下赤子盜弄陛下之兵於潢池中耳。[4]今欲使臣勝之邪，將安之也?”[5]上聞遂對，甚説，[6]答曰:“選用賢良，固欲安之也。”遂曰:“臣聞治亂民猶治亂繩，不可急也；唯緩之，然後可治。臣願丞相御史且無拘臣以文法，得一切便宜從事。”上許焉，加賜黄金，贈遣乘傳。至渤海界，[7]郡聞新太守至，發兵以迎，遂皆遣還，移書。屬縣悉罷逐捕盜賊吏。諸持鉏鉤田器者皆爲良民，吏毋得問，[8]持兵者迺爲賊。遂單車獨行至府，郡中翕然，[9]盜賊亦皆罷。[10]渤海又多劫略相隨，[11]聞遂教令，即時解散，棄其兵弩而持鉤鉏。盜賊於是悉平，民安土樂業。遂迺開倉廩假貧民，[12]選用良吏，尉安牧養焉。[13]

[1]【顏注】師古曰：左右謂側近相次者。【今注】渤海左右郡：渤海，郡名。治浮陽（今河北滄州市舊州鎮）。左右郡，當爲河間、廣川。漢文帝時河間哀王薨，無後，國除，分爲河間、渤海、廣川三郡。河間時非郡乃國。景帝初，封劉德爲河間王。案，竝，大德本同，蔡琪本、殿本作“並”。

[2]【今注】案，渤，大德本同，蔡琪本、殿本作“勃”。

[3]【顏注】師古曰：瀕，涯也，音“頻”，又音“賓”。

[4]【顏注】師古曰：赤子猶言初生幼小之意也。積水曰潢，音“黄”。　【今注】潢池：積水塘。後有弄兵潢池之説，指在水塘弄兵，無足輕重。

[5]【顏注】師古曰：勝謂以威力克而殺之也。安謂以德化撫而安之。

[6]【顏注】師古曰：“説”讀曰“悦”。

[7]【顏注】師古曰：傳，音張戀反。

[8]【顏注】師古曰：鉤，鐮也。

[9]【今注】翕然：安定。

[10]【顏注】師古曰：“罷”讀曰“疲”。言爲盜賊久，心亦罷厭。

[11]【今注】案，略，大德本、殿本同，蔡琪本作“掠”。

[12]【顏注】師古曰：假謂給與。

[13]【今注】尉：通“慰”。

遂見齊俗奢侈，好末技，不田作，迺躬率以儉約，勸民務農桑，令口種一樹榆、百本薤、五十本葱、一畦韭，[1]家二母彘、五雞。[2]民有帶持刀劍者，使賣劍買牛，賣刀買犢，曰："何爲帶牛佩犢！"春夏不得不趨田畝，[3]秋冬課收斂，益畜果實蔆芡。勞來循行，郡中皆有畜積，[4]吏民皆富實。獄訟止息。

[1]【顔注】師古曰：每一口即如此種也。【今注】口種一樹榆：指每口種一棵榆樹。榆樹爲活命樹，皮、根、葉、花均可食用，荒年可作糧。又陳直《漢書新證》説漢人喜種榆。　百本薤（xiè）：即百棵薤。薤，即今之藠（jiào）頭。多年生草本植物，地下有鱗莖，葉子細長，花紫色。鱗莖圓錐形，可作蔬菜，也可入藥。薤，蔡琪本、大德本、殿本作"韰"。　蔥：同"葱"。　一畦韭：《説文解字·田部》："田五十畝曰畦。"此當泛指一塊地。

[2]【顔注】師古曰：每一家則如此養之也。

[3]【顔注】師古曰："趨"讀曰"趣"。趣，嚮也。

[4]【顔注】師古曰：蔆，芰也。芡，雞頭也。勞來，勸勉也。"畜"讀曰"蓄"（殿本同，蔡琪本、大德本"讀"後有"皆"字）。芡，音"儉"。勞，盧到反（蔡琪本、大德本、殿本"盧"前有"音"字）。來，盧代反（蔡琪本、大德本、殿本"盧"前有"音"字）。【今注】蔆芡：指菱角和芡實。　勞來：慰問、勸勉以恩德招來之人。《詩·小雅·鴻雁序》："萬民離散，不安其居，而能勞來還定，安集之。"亦作"勞徠"。本書卷七一《平當傳》："使行流民幽州，舉奏刺史二千石勞徠有意者。"顔師古注："勞者，恤其勤勞也。徠者，以恩招徠也。"

數年，上遣使者徵遂，議曹王生願從。[1]功曹以爲王生素耆酒，亡節度，不可使。[2]遂不忍逆，[3]從至京師。王生日飲酒，不視太守。[4]會遂引入宫，王生醉，從後呼，[5]曰："明府且止，[6]願有所白。"遂還問其故，[7]王生曰："天子即問君何以治渤海，君不可有所陳對，宜曰'皆聖主之德，非小臣之力也'。"遂受其言。既至前，上果問以治狀，遂對如王生言。天子説其有讓，[8]笑曰："君安得長者之言而稱之？"遂因前曰："臣非知此，乃臣議曹教戒臣也。"上以遂年老不任公卿，拜爲水衡都尉，[9]議曹王生爲水衡丞，[10]以褒顯遂云。水衡典上林禁苑，共張宮館，[11]爲宗廟取牲，官職親近，上甚重之，以官壽卒。[12]

[1]【今注】議曹：官名。漢朝郡府屬吏。不領具體職司，參與謀議，地位較尊。

[2]【顔注】師古曰："耆"讀曰"嗜"。【今注】功曹：官名。漢代郡守有功曹史，簡稱功曹。掌人事，參與一郡政務。

[3]【今注】逆：違背。

[4]【顔注】師古曰：日日恒飲酒也。

[5]【顔注】師古曰：呼，火故反（蔡琪本、大德本、殿本"火"前有"音"字。案，此注位置蔡琪本、大德本同，殿本注在"曰"後）。

[6]【今注】明府：漢人用爲對太守、縣令的尊稱。漢多用以尊稱太守，唐以後多用以專稱縣令。

[7]【顔注】師古曰：還，回也。

[8]【顔注】師古曰："説"讀曰"悦"。

[9]【今注】水衡都尉：官名。掌上林苑，兼皇室財物及鑄錢。漢武帝始置。與少府性質有異有同。水衡掌皇室聚財，少府掌管宮廷開支。然水衡所屬上林三官鑄造的五銖錢，不可能爲天子私藏，實際亦充作國家公帑。水衡名稱之由來有二説，一説古時山林

之官叫衡，掌諸池苑，故稱水衡；一説主管都水和上林苑，故稱水衡。

［10］【今注】水衡丞：水衡都尉屬官。水衡都尉佐官有丞五人，協助管理上林，爲天子出行張設供具，獲取祭祀犧牲等。

［11］【顔注】師古曰：共，居用反（蔡琪本、大德本、殿本“居”前有“音”字）。張，知亮反（蔡琪本、大德本、殿本“知”前有“音”字）。下亦同。

［12］【顔注】師古曰：以壽終而卒於官也。

召信臣字翁卿，九江壽春人也。[1]以明經甲科爲郎，[2]出補穀陽長。[3]舉高第，[4]遷上蔡長。[5]其治視民如子，所居見稱述。超爲零陵太守，[6]病歸。復徵爲諫大夫，[7]遷南陽太守，其治如上蔡。

［1］【顔注】師古曰：“召”讀曰“劭”。【今注】九江：郡名。初治歷陽（今安徽和縣歷陽鎮），後改治壽春（今安徽壽縣）。壽春：邑名。治所在今安徽壽縣。

［2］【今注】明經甲科：漢以明經被推舉入仕者，須通過射策以確定等第得官，西漢時射策分甲、乙、丙三科。東漢衹分甲、乙兩科。顔師古認爲漢人出題時依題之難易而預設甲、乙等科。韋昭認爲出題時不分科，依評卷成績高下分科。答題不合格，稱“不應令”或“不中策”。中甲科者可爲郎中，中乙科者可爲太子舍人，中丙科者衹能補文學掌故。

［3］【今注】穀陽：縣名。治所在今安徽固鎮縣。

［4］【今注】高第：官吏考績列爲優等者。

［5］【今注】上蔡：縣名。治所在今河南上蔡縣西南。

［6］【今注】超：越級升遷。　零陵：郡名。治所在今湖南永州市零陵區。

［7］【今注】諫大夫：官名。屬郎中令。掌顧問應對、參預謀議，多以名儒宿德出任。

信臣爲人勤力有方略，好爲民興利，務在富之。躬勸耕農，出入阡陌，止舍離鄉亭，[1]稀有安居時。行視郡中水泉，[2]開通溝瀆，起水門提閼凡數十處，[3]以廣溉灌，歲歲增加，多至三萬頃。民得其利，畜積有餘。[4]信臣爲民作均水約束，[5]刻石立於田畔，以防分争。禁止嫁娶送終奢靡，務出於儉約。府縣吏家子弟好游敖，[6]不以田作爲事，輒斥罷之，甚者案其不法，以視好惡。[7]其化大行，郡中莫不耕稼力田，百姓歸之，户口增倍，盜賊獄訟衰止。吏民親愛信臣，號之曰召父。[8]荆州刺史奏信臣爲百姓興利，[9]郡以殷富，賜黄金四十斤。遷河南太守，治行常爲第一，復數增秩賜金。

［1］【顔注】師古曰：言休息之時，皆在野次。

［2］【顔注】師古曰：行，下更反（蔡琪本、大德本、殿本“下”前有“音”字）。

［3］【顔注】師古曰：閼，所以壅水，音一曷反。【今注】提閼：可以升降的閘板。錢大昕《三史拾遺》卷三説即堤堰。

［4］【顔注】師古曰：“畜”讀曰“蓄”。

［5］【顔注】師古曰：言用之有次弟也。

［6］【今注】游敖：游逛，游玩。《史記·律書》：“自年六七十翁亦未嘗至市井，游敖嬉戲如小兒狀。”漢代王符《潛夫論·浮侈》：“或以謀姦合任爲業，或以游敖博奕爲事。”

［7］【顔注】師古曰：視讀曰示。

［8］【今注】召父：借周代召公之美譽。後世有“召父杜母”成語，前指西漢召信臣，後指東漢杜詩。二人均爲南陽太守，有善政。

［9］【今注】荆州刺史：漢十三刺史之一。監察區域北至今河南南陽市，南延伸至兩湖（湖北、湖南）全境。此時的州刺史部衹是監察區，非行政區，故無治所。

竟寧中，[1]徵爲少府，[2]列於九卿，奏請上林諸離遠宫館稀幸御者，勿復繕治共張，又奏省樂府黄門倡優諸戲，[3]及宫館兵弩什器減過泰半。[4]大官園種冬生葱韭菜茹，[5]覆以屋廡，[6]晝夜爇藴火，待温氣乃生，[7]信臣以爲此皆不時之物，有傷於人，不宜以奉供養，及它非法食物，悉奏罷，省費歲數千萬。[8]信臣年老以官卒。

［1］【今注】竟寧：漢元帝年號（前33），僅一年。

［2］【今注】少府：官名。九卿之一。掌皇室私財和生活事務。始設於戰國，秦漢沿置。少府機構龐大，屬官衆多。

［3］【今注】樂府：古代音樂官署。秦置，西漢哀帝之前沿用。由樂府令統領，隸屬少府。　黄門：官署名。秦置，處理宫門之内事務。秦漢時，宫門多漆成黄色，故稱黄門。

［4］【今注】泰半：大半，太多。蔡琪本、大德本同，殿本作“太半”。

［5］【今注】案，大官，蔡琪本、大德本、殿本作“太官”。

［6］【顔注】師古曰：廡，周室也。茹，人庶反（蔡琪本、大德本、殿本“人”前有“音”字）。廡，音“舞”。【今注】屋廡：此指種菜暖房。

[7]【顏注】師古曰：𤏲，古“然”字。蘊火，蓄火也。蘊，於云反（蔡琪本、大德本、殿本“於”前有“音”字）。【今注】𤏲蘊火：燃火而儲之，以保恒温。

[8]【顏注】師古曰：素所費者，今皆省也。

元始四年，[1]詔書祀百辟卿士有益於民者，[2]蜀郡以文翁，九江以召父應詔書。歲時郡二千石率官屬行禮，[3]奉祠信臣冢，而南陽亦爲立祠。

[1]【今注】元始四年：公元4年。元始，漢平帝年號（1—5）。

[2]【顏注】師古曰：百辟，百官。

[3]【今注】歲時：每年一定的季節或時間。《周禮·地官·州長》：“若以歲時祭祀州社，則屬其民而讀灋。”孫詒讓《正義》：“此云歲時，唯謂歲之二時春、秋耳。”或可參見沈文倬《宗周歲時祭考實》（《宗周禮樂文明考論》，浙江大學出版社1999年版）。

漢書　卷九〇

酷吏傳第六十[1]

[1]【今注】案，《漢書》仿《史記》卷一二二《酷吏列傳》，記述酷吏十四人。《史記》記述酷吏共十二人，武帝時有十。《漢書》武帝時有八，另把張湯、杜周單成專傳。司馬遷作《酷吏列傳》，諷諫之意寓於叙事之中，是非分明，不虚美，不隱惡。班固則以“德主刑輔”爲綱，褒貶有度，然其選酷吏之標準，與司馬遷大致相同，即“雖酷，稱其位矣”。

孔子曰：“導之以政，齊之以刑，民免而無恥；導之以德，齊之以禮，有恥且格。”[1]老氏稱：“上德不德，是以有德；下德不失德，是以無德。”“法令滋章，盜賊多有。”[2]信哉是言也！法令者，治之具，而非制治清濁之原也。[3]昔天下之罔嘗密矣，[4]然姦軌愈起，[5]其極也，上下相遁，至於不振。[6]當是之時，吏治若救火揚沸，[7]非武健嚴酷，惡能勝其任而媮快乎？[8]言道德者，溺於職矣。[9]故曰：“聽訟，吾猶人也，必也使無訟乎！”[10]“下士聞道大笑之。”[11]非虚言也。

[1]【顔注】師古曰：《論語》載孔子之言也。格，至也。謂

御以政刑，則人思苟免，不耻於惡；化以德禮，則下知愧辱，而至於治也。【今注】案，語見《論語·爲政》。

[2]【顔注】師古曰：老子《德經》之言（蔡琪本、大德本、殿本句末有“也”字）。上德體合自然，是以爲德；下德務於修建，更以喪之。法令繁則巧詐益起（《漢書考正》宋祁曰，注文“繁”字下疑有“滋”字），故多盜賊也。【今注】案，語見《道德經》三八章、五七章。

[3]【顔注】師古曰：言爲治之體，亦須法令，而法令非治之本。【今注】案，言法令是政治手段，不是目的。

[4]【顔注】師古曰：謂秦時。

[5]【今注】案，姦軌愈起，《史記》卷一二二《酷吏列傳》作“姦僞萌起”。

[6]【顔注】師古曰：遁，避也。言吏避於君，萌避於吏（萌，蔡琪本、大德本、殿本作“民”），至乎喪敗，不可振救也。【今注】相遁：欺瞞。王念孫《讀書雜志·漢書第十四》謂：“如師古説，是下遁上，非上下相遁也。今案，遁者，欺也。言姦軌竝起而上下相欺，猶《左傳》言‘上下相蒙’也。《廣韻》：‘遁，欺也。’賈子《過秦篇》‘姦僞並起而上下相遁’，義與此同也。《管子·法禁篇》‘遁上而遁民者，聖王之禁也’，言爲人臣而上欺其君，下欺其民者，聖王之所禁也。‘遁’字亦作‘遯’。《淮南·修務篇》‘審於形者，不可遯以狀’，高注：‘遯，欺也。’”

[7]【顔注】師古曰：言迫急也。本敝不除，則其末難正。

[8]【顔注】師古曰：“惡”讀曰“烏”。烏，於何也。媮，苟且也。【今注】媮快：即愉快。媮，同“愉”。《史記·酷吏列傳》作“愉快”。顔以“苟且”解之，所據是“媮作偷”。可備一説。

[9]【顔注】師古曰：溺謂沈滯而不舉也（沈，蔡琪本、大德本同，殿本作“沉”）。

［10］【顔注】師古曰：《論語》載孔子之辭也。言使我聽獄訟，猶凡人耳，然而立政施德，則能使其絶於争訟。【今注】案，語見《論語·顔淵》。

［11］【顔注】師古曰：老子《道經》之言也。大道玄深，非其所及，故致笑也。【今注】案，語見《道德經》四一章。

漢興，破觚而爲圜，斲琱而爲樸，[1]號爲罔漏吞舟之魚。[2]而吏治蒸蒸，不至於姦，[3]黎民艾安。[4]由是觀之，在彼不在此。[5]高后時，酷吏獨有侯封，[6]刻轢宗室，侵辱功臣。[7]吕氏已敗，遂夷侯封之家。[8]孝景時，鼂錯以刻深頗用術輔其資，[9]而七國之亂發怒於錯，錯卒被戮。[10]其後有郅都、甯成之倫。[11]

［1］【顔注】孟康曰：觚，方也。師古曰：去嚴刑而從簡易，抑巧僞而務敦厚也。琱謂刻鏤也，字與“彫”同（彫，大德本同，蔡琪本、殿本作“雕”）。【今注】案，沈欽韓《漢書疏證》曰：“《周髀算經》：‘萬物周事而圓方用焉，大匠造制而規矩立焉。或毁方而爲圓，或破圓而爲方。’”

［2］【顔注】師古曰：言其疏也。

［3］【顔注】師古曰：蒸蒸，純壹之皃也（皃，大德本同，蔡琪本、殿本作“貌”）。

［4］【顔注】師古曰：黎，衆也。“艾”讀曰“乂”。乂，治也。

［5］【顔注】師古曰：言不在於嚴酷也。

［6］【今注】侯封：著名酷吏。參見《史記》卷一二二《酷吏列傳》。

［7］【顔注】師古曰：轢謂陵踐也，音來的反。【今注】刻

轢：欺凌，摧殘。

［8］【顔注】師古曰：誅除也（誅，蔡琪本、大德本同，殿本作“夷”）。

［9］【顔注】師古曰：資，材也。【今注】鼂錯：傳見本書卷四九。

［10］【顔注】師古曰：卒，終也。

［11］【顔注】師古曰：郅，之日反（蔡琪本、大德本、殿本“之”前有“音”字）。

郅都，河東大陽人也。[1]以郎事文帝。[2]景帝時爲中郎將，[3]敢直諫，面折大臣於朝。嘗從入上林，賈姬在厠，[4]野彘入厠，[5]上目都，[6]都不行。上欲自持兵救賈姬，都伏上前曰：“亡一姬，復一姬進，天下所少寧姬等邪？陛下縱自輕，奈宗廟太后何？”上還，彘亦不傷賈姬。太后聞之，賜都金百斤，上亦賜金百斤，由此重都。

［1］【今注】河東：郡名。治安邑（今山西夏縣西北）。　大陽：縣名。治所在今山西平陸縣西。陽，《史記》作“楊”。《漢書考證》齊召南曰：“據《地理志》，楊縣與大陽縣並屬河東郡，似此文誤‘楊’爲‘陽’，因遂衍‘大’字。”王先謙《漢書補注》曰：“大陽在今解州平陸縣東北十五里。楊縣在今平陽府洪洞縣東南十五里。《正義》：‘《括地志》云：“漢楊縣城，唐初改爲洪洞，以故洪洞鎮爲名。郅都墓在洪洞縣東南二十里。”《漢書》云“河東大陽人”，班固失之甚也。’”

［2］【今注】郎：官名。帝王侍從官侍郎、中郎、郎中等之通稱。戰國始置，職責爲護衛陪從、建議顧問及備隨時差遣等（參見

嚴耕望《秦漢郎吏制度考》,《嚴耕望學術論文集》,臺北聯經出版社 1991 年版,第 331 頁)。

[3]【今注】中郎將:官名。秦置,至西漢分五官、左、右三中郎署,品秩比二千石。

[4]【顔注】師古曰:賈姬即賈夫人,生趙敬肅王彭祖、中山靖王勝者。

[5]【今注】案,《史記》卷一二二《酷吏列傳》"入"上有"卒"字。

[6]【顔注】師古曰:動目以使也。

濟南瞯氏宗人三百餘家,豪猾,[1]二千石莫能制,[2]於是景帝拜都爲濟南守。至則誅瞯氏首惡,[3]餘皆股栗。[4]居歲餘,郡中不拾遺,旁十餘郡守畏都如大府。[5]

[1]【顔注】應劭曰:瞯音"馬瞯眼"之"瞯"。師古曰:音"閑"。【今注】濟南:郡名。治東平陵縣(今山東濟南市章丘區龍山北)。瞯氏:姓氏,未列入舊《百家姓》。瞯,亦作"覸",齊景公有勇臣成覸,其後以名爲姓。《孟子·滕文公》:"成覸謂齊景公曰:'彼,丈夫也;我,丈夫也;吾何畏彼哉!'"或又作"瞷",見《通志·氏族略》。

[2]【今注】二千石:漢制,郡守俸禄爲二千石,即月俸百二十斛。世因稱郡守爲"二千石"。

[3]【今注】案,何焯《義門讀書記》二十曰:"《史記》'誅'作'族滅'。首惡,謂一郡首惡,非指一家。"

[4]【顔注】師古曰:言懼之甚,至於股脚戰栗也。

[5]【顔注】師古曰:言猶如統屬之(蔡琪本、大德本、殿本句末有"也"字)。【今注】大府:此泛指上級官府。本書卷五

九《張湯傳》顔師古注云："大府，丞相府也。"案，蔡琪本、大德本同，殿本作"太府"。

都爲人，勇有氣，公廉，不發私書，問遺無所受，[1]請寄無所聽。常稱曰："己背親而出，[2]身固當奉職死節官下，終不顧妻子矣。"都遷爲中尉，[3]丞相條侯至貴居也，[4]而都揖丞相。[5]是時民樸，畏罪自重，而都獨先嚴酷，致行法不避貴戚，列侯宗室見都側目而視，號曰"蒼鷹"。[6]

[1]【今注】問遺：饋贈。

[2]【今注】案，背親而出，《史記》卷一二二《酷吏列傳》作"倍親而仕"。

[3]【今注】中尉：武官名。主管京畿治安，指揮禁衛軍。案，王先謙《漢書補注》曰："《公卿表》，景帝七年爲中尉，二年免。"

[4]【顔注】師古曰：居，怠傲，讀與"倨"同。【今注】條侯：周亞夫。傳見本書卷四〇。

[5]【今注】揖：祇抱拳相揖，不拜。《史記》卷八《高祖本記》："酈生不拜，長揖。"

[6]【顔注】師古曰：言其摯擊之甚。

臨江王徵詣中尉府對簿，[1]臨江王欲得刀筆爲書謝上，[2]而都禁吏弗與。魏其侯使人間予臨江王。[3]臨江王既得，爲書謝上，因自殺。竇太后聞之，怒，以危法中都，[4]都免歸家。景帝廼使使即拜都爲鴈門太守，[5]便道之官，[6]得以便宜從事。匈奴素聞郅都節，舉邊爲引兵去,[7]竟都死不近鴈門。匈奴至爲偶人象都,[8]令騎馳射，莫能中，其見憚如此。匈奴患之，乃中都以漢法。[9]景帝曰："都忠臣。"欲釋之。[10]竇太后曰："臨江王獨非忠臣乎?"於是斬都也。

[1]【顔注】師古曰：簿者，獄辭之文書也，音步户反。【今注】臨江王：漢景帝太子劉榮，因事廢爲臨江王。事詳本書卷五三《景十三王傳》。

[2]【顔注】師古曰：刀，所以削治書也。古者書於簡牘，故必用刀焉（必，蔡琪本、大德本同，殿本作"筆"）。

[3]【顔注】師古曰：伺間隙而私與也。【今注】魏其侯：竇嬰。傳見本書卷五二。

[4]【顔注】師古曰：謂構成其罪也。中，竹仲反（蔡琪本、大德本、殿本"竹"前有"音"字)。次下亦同。

[5]【顔注】師古曰：就家拜（大德本同，蔡琪本、殿本句末有"之"字)。【今注】鴈門：郡名。治善無（今山西右玉縣南)。

[6]【顔注】師古曰：不令至闕陳謝也。【今注】便道之官：即行赴任。指拜官或受命後不必入朝謝恩，直接赴任。

[7]【今注】案，舉，《史記》卷一二二《酷吏列傳》作"居"。

[8]【顔注】師古曰：以木爲人，象都之形也。偶，對也。

[9]【今注】案，《史記·酷吏列傳》作："竇太后乃竟中都以漢法。"沈欽韓《漢書疏證》曰："《遷書》疑得其實。《漢紀》云'匈奴中以法，太后以臨江王之死也怨之，遂斬都'，彼全據《班書》鈔撮，故爲潤飾。"

[10]【顔注】師古曰：釋，置也，解也。謂放免也。

甯成，南陽穰人也。[1]以郎謁者事景帝。[2]好氣，爲小吏，[3]必陵其長吏；爲人上，操下急如束溼。[4]猾賊任威。稍遷至濟南都尉，[5]而郅都爲守。始前數都尉步入府，因吏謁守如縣令，其畏都如此。及成往，直凌都出其上。都素聞其聲，善遇，與結驩。久之，都死，後長安左右宗室多犯法，[6]上召成爲中尉。[7]其治效郅都，其廉弗如，然宗室豪傑人皆惴恐。[8]

[1]【今注】南陽：郡名。治宛縣（今河南南陽市宛城區）。穰：縣名。治所在今河南鄧州市。

[2]【今注】郎謁者：此爲“郎”“謁”合稱。掌賓贊受事，即爲帝王傳達。

[3]【今注】案，小吏，蔡琪本、大德本、殿本作“少吏”，《史記》卷一二二《酷吏列傳》亦作“小吏”。《漢書考正》宋祁曰：“淳化本、越本‘少’作‘小’，據史館本作‘少’，今兩存之。”《漢書考證》齊召南曰：“‘少吏’，南本作‘小吏’，非也。‘少吏’自與‘長吏’對言。漢制，縣令長及丞尉二百石以上爲長吏，百石以下有斗食佐史之秩爲少吏。《武紀》元光六年詔曰‘少吏犯禁’，即此少吏也。”

[4]【顔注】師古曰：操，執持也。束溼，言其急之甚也。溼物則易束。操，千高反（蔡琪本、大德本、殿本“千”前有“音”字）。【今注】束溼：捆扎濕物。喻官吏馭下苛急。

[5]【今注】都尉：武官名。秦與漢初，每郡有郡尉，秩比二千石，輔助太守主管軍事。景帝時改名爲“都尉”。

[6]【顔注】師古曰：長安左右，京邑之中也。

[7]【今注】中尉：官名。掌徼循京師。案，據本書《百官公卿表》，此事在景帝中元六年。

［8］【顔注】師古曰：惴，戰栗也。人人皆戰恐也。惴，之瑞反（蔡琪本、大德本、殿本“之”前有“音”字）。【今注】案，傑，蔡琪本、大德本、殿本作“桀”。

武帝即位，徙爲内史，[1]外戚多毁成之短，抵罪髡鉗。[2]是時九卿死即死，少被刑，而成刑極，自以爲不復收，[3]迺解脱，詐刻傳出關歸家。[4]稱曰：“仕不至二千石，賈不至千萬，安可比人乎！”[5]迺貰貣陂田千餘頃，[6]假貧民，役使數千家。[7]數年，會赦，致産數千萬，爲任俠，持吏長短，出從數十騎。其使民，威重於郡守。

［1］【今注】内史：官名。此指景帝於京畿設爲左右内史，掌治京師。

［2］【今注】髡鉗：刑罰名。謂剃去頭髮，用鐵圈束頸。

［3］【顔注】如淳曰：以被重刑，將不復見收用也。師古曰：刑極者，言殘毁之重也。【今注】案，錢大昭《漢書辨疑》謂，文帝深納賈誼之言，養臣下有節，是後大臣有罪皆自殺，至武帝時稍復入獄，自甯成始。

［4］【顔注】師古曰：輒解脱鉗釱亡去也。傳，所以出關之符也，音張戀反。

［5］【顔注】師古曰：賈謂販賣之（之，蔡琪本、大德本同，殿本作“也”）。

［6］【顔注】師古曰：貰貣，假取之也。貣，吐得反（蔡琪本、大德本、殿本“吐”前有“音”字）。【今注】貰貣：賒欠。

［7］【顔注】師古曰：假，雇賃也（蔡琪本、大德本、殿本“雇”前有“謂”字）。

周陽由，其父趙兼以淮南王舅侯周陽，[1]故因氏焉。[2]由以宗家任爲郎，事文帝。景帝時，由爲郡守。武帝即位，吏治尚脩謹，[3]然由居二千石中最爲暴酷驕恣。所愛者，橈法活之；所憎者，曲法滅之。[4]所居郡，必夷其豪。[5]爲守，視都尉如令；爲都尉，陵太守，奪之治。汲黯爲忮，[6]司馬安之文惡，[7]俱在二千石列，同車未嘗敢均茵馮。[8]後由爲河東都尉，與其守勝屠公争權，相告言，[9]勝屠公當抵罪，議不受刑，[10]自殺，而由棄市。

[1]【顔注】師古曰：封爲周陽侯。【今注】周陽：邑名。治所在今山西絳縣西南。案，錢大昭《漢書辨疑》曰："由，真定人，見《淮南王傳》。"

[2]【顔注】師古曰：遂改趙姓而爲周陽也。

[3]【今注】脩謹：處事謹慎。案，脩，《史記》卷一二二《酷吏列傳》作"循"。

[4]【顔注】師古曰：橈亦屈曲也（橈，大德本同，蔡琪本、殿本作"撓"），音女教反。【今注】案，橈，大德本同，蔡琪本、殿本作"撓"。憎，大德本、殿本同，蔡琪本作"增"。

[5]【顔注】師古曰：平除之。

[6]【顔注】師古曰：忮，意堅也，音章豉反（大德本、殿本同，蔡琪本注後有"韋昭曰：忮，音洎，字書之豉反"）。【今注】忮：固執。

[7]【顔注】孟康曰：以文法傷害人也。【今注】司馬安：汲黯姊之子，事見本書卷五〇《汲黯傳》。

[8]【顔注】師古曰：茵，車中蓐也。馮，車中所馮者也。言此二人皆下讓由（此，殿本、大德本同，蔡琪本作"比"），

故同車之時自處其偏側，不均敵也。“馮”讀曰“凭”。

[9]【顔注】師古曰：勝屠，姓也。【今注】勝屠：即申屠。

[10]【今注】案，議，《史記·酷吏列傳》作“義”。

自甯成、周陽由之後，事益多，民巧法，大抵吏治類多成、由等矣。[1]

[1]【顔注】師古曰：大抵，大歸也，音丁禮反。

趙禹，斄人也。[1]以佐史補中都官，[2]用廉爲令史，[3]事大尉周亞夫。[4]亞夫爲丞相，禹爲丞相史，[5]府中皆稱其廉平。然亞夫弗任，曰：“極知禹無害，[6]然文深，[7]不可以居大府。”武帝時，禹以刀筆吏積勞，遷爲御史。上以爲能，至中大夫。[8]與張湯論定律令，[9]作見知，[10]吏傳相監司以法，盡自此始。[11]

[1]【顔注】師古曰：“斄”讀曰“邰”，扶風縣也，音“胎”。【今注】斄：縣名。治所在今陝西武功縣西南。

[2]【顔注】師古曰：京師諸官爲吏也。【今注】中都官：漢京師各官署的統稱。案，《漢書考正》宋祁曰：“淳化本‘史’作‘吏’，《刊誤》據史館本改作‘史’。”

[3]【今注】令史：官名。秦漢縣府屬吏。漢蘭臺、尚書臺、三公府及大將軍等府亦置，位在諸曹掾下。

[4]【今注】案，大尉，蔡琪本同，大德本、殿本作“太尉”。下同不注。

[5]【今注】丞相史：官名。丞相屬官，西漢置。初佐丞相監察地方。秩四百石。

[6]【顔注】師古曰：無害，言無人能勝也（也，蔡琪本、大德本、殿本作“之者”）。【今注】案，《漢書考正》劉奉世曰：“足以知謂廉平之類爲無害也。”王先謙《漢書補注》曰：“劉説非也。解詳《蕭何傳》。”

[7]【今注】文深：思慮周密，精於算計。

[8]【今注】中大夫：官名。備顧問應對。案，《史記》卷一二二《酷吏列傳》作“太中大夫”。

[9]【今注】張湯：傳見本書卷五九。

[10]【今注】案，王先謙《漢書補注》曰：“禹作此法也。詳《刑法志》。”

[11]【今注】案，沈欽韓《漢書疏證》曰：“謂所部屬吏有罪坐其長上也。”王先謙《漢書補注》謂，“傳”同“轉”；“司”同“伺”。“盡自此始”，於文不詞，《史記》作“吏傳得相監司，用法益刻，蓋自此始”，“盡”是“蓋”之形近誤字。

禹爲人廉裾，[1]爲吏以來，[2]舍無食客。公卿相造請，禹終不行[3]報謝，務在絶知友賓客之請，[4]孤立行一意而已。見法輒取，亦不覆案求官屬陰罪。[5]嘗中廢，已爲廷尉。[6]始條侯以禹賊深，及禹爲少府九卿，[7]酷急。至晚節，事益多。吏務爲嚴峻，而禹治加緩，名爲平。王温舒等後起，治峻禹。[8]禹以老，[9]徙爲燕相。數歲，誖亂有罪，免歸。[10]後十餘年，以壽卒于家。

[1]【顔注】師古曰：裾亦傲也，讀與“倨”同。【今注】廉裾：清廉孤傲。

[2]【今注】案，吏，大德本、蔡琪本同，殿本作“史”。

［3］【顔注】師古曰：造，千到反（蔡琪本、大德本、殿本“千”前有“音”字）。

［4］【顔注】師古曰：以此意告報公卿。【今注】案，《漢書考正》劉敞謂，“報謝”當屬上句，言公卿造請禹，而禹終不詣之。朱一新《漢書管見》四謂，《史記》上無“行”字，更可證。

［5］【顔注】師古曰：不見知者無所搜求也。

［6］【今注】廷尉：官名。秦漢沿置，爲九卿之一。掌管刑獄。秩中二千石。景帝時改稱“大理”，武帝時復稱“廷尉”。

［7］【今注】少府：官名。秦漢沿置，九卿之一。秩中二千石，職掌皇室財政。

［8］【今注】治峻禹：意爲治獄比禹更加嚴酷。《史記》卷一二二《酷吏列傳》作“治酷於禹”。

［9］【今注】案，《漢書考正》宋祁謂，“老”字上當有“先”字。

［10］【顔注】師古曰：悖，惑也，言其心意昏惑也。誖，音布内反。

義縱，河東人也。少年時常與張次公俱攻剽，爲群盜。[1]縱有姊，以醫幸王太后。[2]太后問：“有子兄弟爲官者乎？”姊曰：“有弟無行，[3]不可。”太后廼告上，上拜義姁弟縱爲中郎，[4]補上黨郡中令。[5]治敢往，少温籍，[6]縣無逋事，[7]舉第一。遷爲長陵及長安令，[8]直法行治，不避貴戚。以捕按太后外孫脩成子中，[9]上以爲能，遷爲河内都尉。[10]至則族滅其豪穰氏之屬，河内道不拾遺。而張次公亦爲郎，以勇悍從軍，[11]敢深入，有功，封爲岸頭侯。

［1］【顔注】師古曰：剽，劫也，音頻妙反。【今注】張次

公：河東人。早年爲盗，後隨衛青擊匈奴立功，封爲岸頭侯。事迹見《史記》卷一一一《衛將軍驃騎列傳》。

［2］【顔注】師古曰：武帝母。【今注】姊：古同“姊”。案，蔡琪本、大德本同，殿本作“姊”。下同不注。

［3］【今注】案，《漢書考正》宋祁曰：“校本改‘時’作‘行’。”

［4］【顔注】孟康曰：姁，縱姊名也（大德本、殿本同，蔡琪本無此句）。師古曰：姁，許于反（蔡琪本、大德本、殿本“許”前有“音”字）。【今注】中郎：官名。郎中令的屬官。

［5］【今注】補上黨郡中令：指補上黨郡中的縣令。

［6］【顔注】服虔曰：敢行暴害之政（害，大德本同，蔡琪本、殿本作“虐”）。師古曰：少温籍，言無所含容也。温，於問反（蔡琪本、大德本、殿本“於”前有“音”字）。籍，才夜反（蔡琪本、大德本、殿本“才”前有“音”字）。【今注】案，温籍，《史記》卷一二二《酷吏列傳》作“藴藉”。

［7］【顔注】師古曰：逋，亡也，負也，音必胡反。

［8］【今注】長陵：漢高祖陵。以陵爲縣。故治所在今陝西西安市北。　長安令：長安縣縣令。屬京兆尹。

［9］【顔注】師古曰：脩成君，王太后所生金氏女也。中者，其子名也，讀曰“仲”。【今注】案，按，蔡琪本同，大德本、殿本作“桉”。　脩成子中：王先謙《漢書補注》曰：“官本《考證》云：‘《史記》作“修成君子仲”。但以《外戚傳》證之，時本號曰“修成子仲”，則不必有“君”字也。’王文彬云：‘詳顔注，似所見本有“君”字。’”

［10］【今注】河内：郡名。治懷縣（今河南武陟縣）。

［11］【顔注】師古曰：悍，胡旦反（蔡琪本、大德本、殿本“胡”前有“音”字）。

甯成家居，上欲以爲郡守，御史大夫弘曰：[1]“臣居山東爲小吏時，[2]甯成爲濟南都尉，其治如狼牧羊。成不可令治民。”上迺拜成爲關都尉。[3]歲餘，關吏稅肄郡國出入關者，[4]號曰：“寧見乳虎，無直甯成之怒。”[5]其暴如此。義縱自河内遷爲南陽太守，聞甯成家居南陽，及至關，甯成側行送迎，然縱氣盛，弗爲禮。至郡，遂按甯氏，破碎其家。成坐有罪，及孔、暴之屬皆奔亡，南陽[6]吏民重足一迹。而平氏朱彊、杜衍杜周爲縱爪牙之吏，任用，[7]遷爲廷尉史。[8]

[1]【顔注】師古曰：公孫弘。

[2]【今注】案，《漢書考正》宋祁謂，“小”或作“少”。

[3]【今注】關都尉：武官名稱。負責領兵守備關隘、稽查行人，兼掌稅收。

[4]【顔注】李奇曰：肄，閲也（大德本同，蔡琪本、殿本在“李奇曰”前有“蘇林曰：稅音佽閲之閲”句）。師古曰：肄，弋二反（蔡琪本、大德本、殿本“弋”前有“音”字）。

[5]【顔注】師古曰：猛獸産乳，養護其子，則搏噬過常（常，蔡琪本、殿本作“當”），故以喻也。“直”讀曰“值”，一曰直當也。

[6]【顔注】師古曰：孔氏、暴氏二家素豪猾者。【今注】案，《漢書考正》劉攽説，“南陽”屬下句。

[7]【顔注】師古曰：平氏、杜衍，二縣名也。【今注】平氏：縣名。治所在今河南桐柏縣平氏鎮。　杜衍：縣名。治所在今河南南陽市卧龍區。　杜周：傳見本書卷六〇。

[8]【今注】廷尉史：官名。廷尉的屬官。掌決獄、治獄事。案，王先謙《漢書補注》謂，《史記》卷一二二《酷吏列傳》無

“尉”字。本卷《王温舒傳》“廷尉史”，《史記》亦作“廷史”，則義同文省也。

軍數出定襄，[1]定襄吏民亂敗，於是徙縱爲定襄太守。縱至，掩定襄獄中重罪二百餘人，[2]及賓客昆弟私入相視者亦二百餘人。縱壹切捕鞠，曰“爲死罪解脱”。[3]是日皆報殺四百餘人。[4]郡中不寒而栗，猾民佐吏爲治。[5]

［1］【今注】定襄：郡名。漢高祖六年（前201）分雲中郡地置，治成樂縣（今内蒙古和林格爾縣盛樂鎮土城子村古城）。

［2］【今注】案，王先謙《漢書補注》曰：“《史記》‘重罪’下有‘輕繫’二字，是也。獄中不皆重罪，‘輕繫’二字不可省。私入相視者尚捕之，輕繫者豈得免乎！”

［3］【顔注】孟康曰（孟康，大德本同，蔡琪本、殿本作“服虔”）：壹切皆捕之也（壹，蔡琪本、大德本同，殿本作“一”）。律，諸囚徒私解脱桎梏鉗赭，加罪一等；爲人解脱，與同罪。縱鞠相賂餉者二百人以爲解脱死罪，盡殺之。師古曰：鞠，窮也，謂窮治也。

［4］【顔注】師古曰：奏請得報而論殺。【今注】案，《漢書考正》劉敞曰：“縱掩定襄獄，一切捕鞠，而云‘是日皆報殺’，則非奏請報可之報矣。然則以論決爲報。”

［5］【顔注】師古曰：百姓有素豪猾爲罪惡者，今畏縱之嚴，反爲吏耳目，助治公務以自效。

是時趙禹、張湯爲九卿矣，然其治尚寬，輔法而行，縱以鷹擊毛摯爲治。[1]後會更五銖錢白金起，[2]民爲姦，京師尤甚，廼以縱爲右内史，[3]王温舒爲中尉。温舒至惡，所爲弗先言縱，縱必以氣陵之，[4]敗壞其功。其治，所誅殺甚多，然取爲小治，姦益不勝，[5]直指始出矣。[6]吏之治以斬殺縛束爲務，閻奉以惡用矣。[7]縱廉，其治效郅都。上幸鼎湖，[8]病久，已而卒起幸甘泉，[9]道不治。上怒曰："縱以我爲不行此道乎？"銜之。[10]至冬，楊可方受告緡，縱以爲此亂民，部吏捕其爲可使者。天子聞，使杜式治，以爲廢格沮事，[11]棄縱市。後一歲，張湯亦死。

[1]【顔注】師古曰：言如鷹隼之擊，奮毛羽執取飛鳥也。

[2]【顔注】師古曰：更，改也。【今注】案，指漢武帝元狩年間始更五銖錢及收銀錫爲白金。

[3]【今注】右内史：官名。漢武帝分置左右内史，後改右内史曰"京兆尹"，掌治京師。

[4]【顔注】師古曰：言温舒雖酷惡，而縱又甚也。

[5]【顔注】晉灼曰：取，音"趣"。

[6]【今注】直指：即直指使。漢置，爲"繡衣直指"的别稱，掌討奸猾和治獄。武帝所制，不常置。

[7]【顔注】師古曰：閻奉以嚴惡之故而見任用，言時政尚急刻也。【今注】案，周壽昌《漢書注校補》曰："閻奉以元封元年爲水衡都尉，《史記》稱其'朴擊賣請'，蓋酷而不廉者也。"

[8]【今注】鼎湖：地名。在今陝西大荔縣東南。《史記·封禪書》："黄帝采首山銅，鑄鼎於荆山下。鼎既成，有龍垂胡顊下迎黄帝。……故後世因名其處曰鼎湖。"

[9]【顔注】師古曰：已謂病愈也。言帝久病，既得愈，而忽然即幸甘泉。"卒"讀曰"猝"。

[10]【顔注】師古曰：銜，含也。苞含在心（苞，蔡琪本、殿本作“包”），以爲過也。【今注】案，銜，大德本、殿本同，蔡琪本作“衘”。

[11]【顔注】孟康曰：武帝使楊可主告緡，没入其財物，縱捕爲可使者。此爲廢格詔書，沮已成之事也。師古曰：沮，壞也，音材汝反（殿本同，蔡琪本“音”前有“沮”字）。“格”讀曰“閣”。【今注】廢格沮事：義縱捕楊可使者，意爲廢武帝的詔令，壞告緡之事。

王温舒，陽陵人也。[1]少時椎埋爲姦。[2]已而試縣亭長，[3]數廢。數爲吏，以治獄至廷尉史。事張湯，遷爲御史，督盜賊，殺傷甚多。稍遷至廣平都尉，[4]擇郡中豪敢往吏十餘人爲爪牙，[5]皆把其陰重罪，[6]而縱使督盜賊，[7]快其意所欲得。此人雖有百罪，弗法；[8]即有避回，夷之，亦滅宗。[9]以故齊趙之郊盜不敢近廣平，廣平聲爲道不拾遺。上聞，遷爲河内太守。

[1]【今注】陽陵：縣名。漢景帝時改弋陽爲陽陵縣。治所在今陝西西安市北。

[2]【顔注】師古曰：椎殺人而埋之。椎，直追反（蔡琪本、大德本、殿本“直”前有“音”字），其字從木。【今注】案，椎埋或可解釋爲盜墓，似乎更爲妥當。王先謙《漢書補注》曰：“《集解》引徐廣云‘或謂發冢’，於義爲長。”

[3]【顔注】師古曰：試，補也。【今注】亭長：鄉官名。負責治安。

[4]【今注】廣平：郡名。漢景帝時分邯鄲郡置，治廣平縣（今河北雞澤縣東南）。案，周壽昌《漢書注校補》曰：“廣平爲郡

在武帝征和二年前，故有都尉。”

［5］【顏注】師古曰：豪桀而性果敢（桀，大德本同，蔡琪本、殿本作“傑”），一往無所顧者，以爲吏也。【今注】案，《漢書考正》宋祁謂，“豪”下當有“桀”字。又，王先謙《漢書補注》謂，《史記》“往”誤“仕”，當依此訂。

［6］【顏注】師古曰：把，布馬反（蔡琪本、大德本、殿本“布”前有“音”字）。【今注】皆把其陰重罪：意謂以掌握其隱藏的重罪相挾。

［7］【顏注】師古曰：縱，放也。督，察視也。

［8］【顏注】師古曰：言所捕盜賊得其人而快温舒意者，則不問其先所犯罪也。法謂行法也。

［9］【顏注】師古曰：避回，謂不盡意捕擊也。回，胡内反（蔡琪本、大德本、殿本“胡”前有“音”字）。【今注】案，王先謙《漢書補注》謂，《史記》作“即有避，因其事夷之，亦滅宗”。案，單言“避”，事理已顯，不必更言“回”。疑“回”即“因”之誤，師古望文立訓耳。

素居廣平時，皆知河内豪姦之家。及往，以九月至，令郡具私馬五十疋，爲驛自河内至長安，[1]部吏如居廣平時方略，捕郡中豪猾，相連坐千餘家。上書請，大者至族，小者乃死，家盡没入償臧。[2]奏行不過二日，[3]得可，事論報，至流血十餘里。[4]河内皆怪其奏，以爲神速。盡十二月，郡中無犬吠之盜。其頗不得，失之旁郡，追求，會春，温舒頓足歎曰：“嗟乎，令冬月益展一月，足吾事矣！”[5]其好殺行威不愛人如此。

［1］【顔注】師古曰：以私馬於道上往往置驛也。

［2］【顔注】師古曰：以臧致罪者，既没入之，又令出倍臧，或收入官，或還其主也。

［3］【今注】案，二日，《史記》卷一二二《酷吏列傳》作“二三日”。

［4］【顔注】師古曰：天子可其奏而論決之。殺人既多，故血流十餘里。【今注】案，《漢書考正》劉敞謂，驗此可與報益異矣。

［5］【顔注】師古曰：立春之後，不復行刑，故云然。展，伸也。【今注】案，沈欽韓《漢書疏證》曰：“《後書·陳寵傳》‘漢舊事斷獄報重，常盡三冬之月。肅宗時始改用冬初十月而已’。”

上聞之，以爲能，遷爲中尉。其治復放河内，[1]徒請召猜禍吏與從事，[2]河内則揚皆、麻戊，關中揚贛、成信等。[3]義縱爲内史，憚之，未敢恣治。[4]及縱死，張湯敗後，徙爲廷尉。而尹齊爲中尉坐法抵罪，温舒復爲中尉。爲人少文，居它惛惛不辯，[5]至於中尉則心開。素習關中俗，知豪惡吏，豪惡吏盡復爲用。吏苛察淫惡少年，投缿購告言姦，[6]置伯落長以收司姦。[7]温舒多謟，善事有埶者；即無埶，視之如奴。有埶家，雖有姦如山，弗犯；無埶，雖貴戚，必侵辱。[8]舞文巧，請下户之猾，以動大豪。[9]其治中尉如此。姦猾窮治，大氐盡靡爛獄中，[10]行論無出者。其爪牙吏虎而冠。[11]於是中尉部中中猾以下皆伏，有埶者爲遊聲譽，稱治。數歲，其吏多以權貴富。[12]

[1]【顔注】師古曰：放，依也，音甫往反。

[2]【顔注】應劭曰：徒，但也。猜，疑也。取吏好猜疑作甂害者（甂害，蔡琪本作“瓬患”，大德本、殿本作“瓬害”），任用之。【今注】案，王先謙《漢書補注》曰：“《史記》作‘徙諸名禍猾吏’，謂徙諸吏名禍猾者於京師，而與之從事。‘徒’‘徙’，‘請’‘諸’，‘名’‘召’，‘猜’‘猾’，皆形相近。《索隱》引《漢書》與今本同，兩義並通。”

[3]【顔注】師古曰：此皆猜甂者（甂，蔡琪本、大德本、殿本作“瓬”）。

[4]【顔注】師古曰：言温舒憚縱，不得恣其酷暴。【今注】案，《漢書考正》宋祁謂，或無“治”字。王念孫《讀書雜志·漢書第十四》謂，《史記》有“治”字。然據師古注云“言温舒憚縱，不得恣其酷暴”，但釋“恣”字而不釋“治”字，則《漢書》似無“治”字也。“治”字或後人依《史記》加之。

[5]【顔注】師古曰：言爲餘官則心意蒙蔽，職事不舉。（惽，大德本、殿本同，蔡琪本作“惛”）惽，音“昏”。【今注】案，惽惽，大德本、殿本同，蔡琪本作“惛惛”。又，居它，王先謙《漢書補注》謂，《史記》作“居廷”，義異。

[6]【顔注】師古曰：缿，所以受投書也，音“項”。解在《趙廣漢傳》也。【今注】缿：古代接受告密書信之瓦器。案，大德本同，蔡琪本、殿本作“銗”。

[7]【顔注】師古曰：伯亦長帥之稱也。置伯及邑落之長，以收捕司察姦人也。【今注】案，王念孫《讀書雜志·漢書第十四》曰：“《史記》作‘置伯格長以牧司姦盜賊’，徐廣曰：‘街陌屯落皆設督長也。’據此，則‘伯’與‘陌’同。故《食貨志》《地理志》‘阡陌’字並作‘仟伯’，《管子·四時篇》亦云‘修封疆，正千伯’。伯，音莫白反。‘伯落長’三字連讀。而師古云‘置伯及邑落之長’，則‘伯’讀如字，且分‘伯’與‘落長’爲二，斯

爲謬矣。”“王引之曰：‘收’當作‘牧’。牧司相監察也。詳《商君傳》。”

［8］【顏注】師古曰：謂不居權要之職者。

［9］【顏注】師古曰：弄法爲巧，而治下户之狡猾者，用諷動大豪之家。所以然者，爲大豪中有權要，不可治故也。請謂奏請。

［10］【顏注】師古曰：大氐，大歸也。靡，碎也。氐，丁禮反（蔡琪本作“氐者丁禮反”，大德本、殿本作“氐音丁禮反”，大德本作“氐晉丁禮反”）。靡，武皮反（蔡琪本、殿本、大德本“武”前有“音”字）。

［11］【顏注】師古曰：言其殘暴之甚也，非有人情。

［12］【顏注】師古曰：爲權貴之家所擁佑（爲，大德本、蔡琪本同，殿本作“謂”），故積受取致富者也。【今注】以權貴富：以權謀私，積聚財富。案，是句《史記》卷一二二《酷吏列傳》無“貴”字。

温舒擊東越還，[1]議有不中意，[2]坐以法免。是時上方欲作通天臺而未有人，[3]温舒請覆中尉脱卒，得數萬人作。[4]上説，[5]拜爲少府。徙右内史，[6]治如其故，姦邪少禁。坐法失官，復爲右輔，行中尉，如故操。[7]

［1］【今注】東越：古部落，又稱爲“東甌”。在今浙南、閩北一帶。案，周壽昌《漢書注校補》曰：“擊東越在元鼎六年。出會稽，破東越。”

［2］【顏注】師古曰：不當天子意也。中，竹仲反（蔡琪本、大德本、殿本“竹”前有“音”字）。

［3］【今注】通天臺：臺名。在今陝西淳化縣西北甘泉山故甘泉宫中。本書卷六《武紀》記述武帝元封二年（前109）“作甘泉

通天臺”。顔師古注：“通天臺者，言此臺高，上通於天也。《漢舊儀》云高三十丈，望見長安城。”

［4］【顔注】師古曰：覆校脱漏未爲卒者也。脱，它活反（蔡琪本、大德本、殿本“它”前有“音”字）。【今注】脱卒：脱漏而未服役者。

［5］【顔注】師古曰：“説”讀曰“悦”。

［6］【今注】案，王先謙《漢書補注》曰：“《公卿表》，元封二年爲少府，四年徙右内史。”

［7］【今注】故操：前所用之手段。案，王先謙《漢書補注》曰：“《公卿表》在元封六年。”

歲餘，會宛軍發，[1]詔徵豪吏。温舒匿其吏華成，及人有變告温舒受員騎錢，它姦利事，罪至族，自殺。[2]其時兩弟及兩婚家亦各自坐它罪而族。光禄勳徐自爲曰：[3]“悲夫！夫古有三族，而王温舒罪至同時而五族乎！”[4]温舒死，家絫千金。[5]

［1］【顔注】孟康曰：發兵伐大宛。

［2］【顔注】師古曰：員騎，騎之有正員也。

［3］【今注】徐自爲：西漢邊將。武帝太初三年（前102）擔任光禄勳，在五原郡以外興築長城，名爲光禄塞。事見《史記》卷一〇〇《匈奴列傳》。

［4］【顔注】師古曰：温舒與弟同三族，而兩妻家各一，故爲五也。

［5］【顔注】師古曰：絫，古“累”字。

尹齊，東郡茌平人也。[1]以刀筆吏稍遷至御史。[2]

事張湯，湯數稱以爲廉。武帝使督盜賊，[3]斬伐不避貴埶。遷關都尉，聲甚於甯成。上以爲能，拜爲中尉。吏民益彫敝，輕齊木强少文，[4]豪惡吏伏匿而善吏不能爲治，[5]以故事多廢，抵罪。[6]後復爲淮陽都尉。[7]王温舒敗後數年，病死，家直不滿五十金。所誅滅淮陽甚多，及死，仇家欲燒其尸，妻亡去，歸葬。[8]

[1]【顔注】師古曰：茬，仕疑反（蔡琪本、大德本、殿本"仕"前有"音"字。案，蔡琪本後有"韋昭：音緇。字林曰：茬草亦盛也"一句）。【今注】東郡：治濮陽（今河南濮陽市西南）。　茌平：縣名。治所在今山東茌平縣西南。

[2]【今注】刀筆吏：泛指代辦文書的小吏。刀筆謂在竹簡上用刀削改字。《史記》卷五三《蕭相國世家》："蕭相國何於秦時爲刀筆吏，録録未有奇節。"

[3]【今注】案，王念孫《讀書雜志·漢書第十四》曰："湯素稱以爲廉武。帝使督盜賊。""帝"字後人所加。此言湯素稱尹齊廉武，使之督盜賊，非謂武帝使督盜賊也。《史記》"使督"上無"帝"字，是其明證矣。後人誤以"廉"字絶句，而以"武"字屬下讀，因妄加"帝"字耳。下文曰"上以爲能，拜爲中尉"，方指武帝言之。

[4]【顔注】師古曰：木，質也，言如木石之爲也。

[5]【顔注】師古曰：惡吏不肯爲用，獨善吏在，故不能治事也。

[6]【顔注】師古曰：以職事多廢，故至於坐罪也。

[7]【今注】淮陽：郡名。治陳縣（今河南淮陽縣一帶）。又稱陳郡，漢初有以郡治縣名替代郡名的叙事習慣。

[8]【今注】案，王先謙《漢書補注》曰："《史記》作'尸亡去歸葬'，徐廣注：'未及斂，尸亦飛去。'《風俗通·怪神篇》説

同。《公羊傳》‘陳侯鮑甲戌之日亡，己丑之日死而得’，疏亦引此事爲證。班氏蓋以爲誕而易之。”

楊僕，宜陽人也。[1]以千夫爲吏。[2]河南守舉爲御史，[3]使督盜賊關東，治放尹齊，[4]以敢擊行。[5]稍遷至主爵郡尉，[6]上以爲能。南越反，拜爲樓船將軍，[7]有功，封將梁侯。東越反，上欲復使將，爲其伐前勞，[8]以書敕責之曰："將軍之功，獨有先破石門、尋陿，[9]非有斬將搴旗之實也，[10]烏足以驕人哉！[11]前破番禺，[12]捕降者以爲虜，掘死人以爲獲，是一過也。建德、呂嘉逆罪不容於天下，[13]將軍擁精兵不窮追，超然以東越爲援，是二過也。[14]士卒暴露連歲，爲朝會不置酒，將軍不念其勤勞，而造佞巧，請乘傳行塞，[15]因用歸家，懷銀黄，垂三組，夸鄉里，是三過也。[16]失期内顧，以道惡爲解，[17]失尊尊之序，[18]是四過也。欲請蜀刀，問君賈幾何，對曰率數百，[19]武庫日出兵而陽不知，挾僞干君，是五過也。[20]受詔不至蘭池宫，[21]明日又不對。假令將軍之吏問之不對，令之不從，其罪何如？推此心以在外，江海之間可得信乎！今東越深入，將軍能率衆以掩過不？"僕惶恐，對曰："願盡死贖罪！"[22]與王温舒俱破東越。後復與左將軍荀彘俱擊朝鮮，[23]爲彘所縛，語在《朝鮮傳》。還，免爲庶人，[24]病死。

[1]【今注】宜陽：縣名。治所在今河南宜陽縣西。

[2]【顔注】孟康曰：千夫若五大夫。武帝以軍用不足，令

民出錢穀爲之。師古曰：所謂武功賞官，以寵戰士。【今注】千夫：爵秩名。《史記·平準書》："諸買武功爵官首者試補吏，先除；千夫如五大夫。"

［3］【今注】河南：郡名。治雒陽（今河南洛陽市東）。　案，守，《漢書考正》宋祁謂，越本作"辟"。

［4］【今注】案，蔡琪本、殿本此句後有"韋昭曰：放，依也，音甫往反"。大德本此後有"師古曰：放，依也，音甫往反"。

［5］【顔注】師古曰：果敢搏擊而行其治也。

［6］【今注】案，郡，蔡琪本、大德本、殿本作"都"。

［7］【今注】樓舩將軍：武官名。水軍將領。案，舩，大德本同，蔡琪本、殿本作"船"。

［8］【顔注】師古曰：伐謂矜恃也。

［9］【顔注】劉德曰：南越中險地名也。【今注】案，王先謙《漢書補注》曰："《南粤傳》'樓船將精卒先陷尋陿，破石門，得粤船粟，因推而前，挫粤鋒'，是其事也。石門、尋陿，詳彼傳。"

［10］【顔注】師古曰：搴與搴同。搴，拔取之（大德本同，蔡琪本、殿本句末有"也"字）。

［11］【顔注】師古曰：烏，於何也。

［12］【今注】番禺：縣名。治所在今廣東廣州市番禺區。秦置。南海郡郡治所在地。漢初趙佗自立爲南越王，都番禺。

［13］【顔注】師古曰：建德，南越王名也，尉佗玄孫也。呂嘉，其相也。

［14］【顔注】師古曰：以僕不窮追之故，令建德得以東越爲援也。

［15］【顔注】師古曰：傳，張戀反（蔡琪本、殿本"張"前有"音"字）。行，下更反（蔡琪本、大德本、殿本"下"前有"音"字）。【今注】乘傳：乘坐驛車。傳，驛站馬車。

［16］【顔注】師古曰：銀，銀印也。黄，金印也。僕爲主爵

都尉，又爲樓舩將軍（舩，大德本同，蔡琪本、殿本作“船”），并將梁侯三印，故三組也。組即綬也。

［17］【顔注】師古曰：内顧，言思妻妾也。解謂自解説也，若今言分疏。

［18］【今注】案，尊尊，大德本、殿本同，蔡琪本作“尊卑”。

［19］【顔注】孟康曰：僕嘗爲將，請官蜀刀，詔問賈，荅言比率數百也（比，蔡琪本、大德本、殿本作“比”）。師古曰：賈，讀曰“價”。

［20］【顔注】師古曰：干，犯也。

［21］【顔注】如淳曰：本出軍時，欲使之蘭池宫，頓而不去。蘭池宫在渭城。

［22］【今注】案，《漢書考正》宋祁謂，“死”字下當有“以”字。

［23］【今注】荀彘：漢武帝時因善於駕車，任侍中。多次以校尉職隨大將軍征戰。後升任左將軍擊朝鮮，無功。因争功扣押楊僕被斬。

［24］【今注】案，本書卷九五《朝鮮傳》爲“當誅，贖爲庶人”。

咸宣，楊人也。[1]以佐史給事河東守。[2]衛將軍青使買馬河東，[3]見宣無害，言上，徵爲厩丞。[4]官事辦，稍遷至御史及丞，[5]使治主父偃及淮南反獄，[6]所以微文深詆殺者甚衆，[7]稱爲敢決疑。數廢數起，爲御史及中丞者幾二十歲。[8]王温舒爲中尉，而宣爲左内史。[9]其治米鹽[10]事小大皆關其手，自部署縣名曹實物，官吏令丞弗得擅摇，痛以重法繩之。居官數年，壹切爲小治辯，然獨宣以小至大，[11]能自行之，難以爲經。[12]中廢爲右扶風，[13]坐怒其吏成信，[14]信亡藏上林中，[15]宣使郿令將吏卒，[16]闌入上林中蠶室門攻亭格殺信，[17]射中苑門，[18]宣下吏，爲大逆當族，自殺。而杜周任用。[19]

[1]【顏注】師古曰：咸，音"減省"之"減"。楊，河東之邑。【今注】案，沈欽韓《漢書疏證》曰："《史記》作'減宣'。《急就篇》姓氏有減罷軍，彼注即引減宣。'減''咸'通用。《考工記·輈人》注'減亦爲咸'。"　楊：縣名。治所在今山西洪洞縣曲亭鎮范村。屬河東郡。

[2]【今注】佐史：官吏名。輔佐員吏。秦置。《睡虎地秦墓竹簡·秦律雜抄》："吏自佐、史以上負從馬、守書私卒，令市取錢焉，皆遷。"本書《百官公卿表》："百石以下有斗食、佐史之秩，是爲少吏。"顏師古注："《漢官名秩簿》云斗食月奉十一斛，佐史月奉八斛也。"

[3]【顏注】師古曰：將軍衛青充使而於河東買馬也。

[4]【今注】厩丞：官名。掌管馬厩。太僕屬官。案，王先謙《漢書補注》曰："《史記》作'大厩丞'，此奪文。《百官表》，太僕屬官有大厩五丞。"

[5]【今注】案，《漢書考正》宋祁曰："淳化本爲'御史中丞'，《刊誤》據史館本改。予依南本添'及'字。"王先謙《漢書補注》曰："《史記》'丞'作'中丞'，此奪。下文亦作'中丞'，尤其明證。"

[6]【今注】主父偃：傳見本書卷六四上。

[7]【顏注】師古曰：詆，誣也。

[8]【顏注】師古曰：幾，音鉅依反。

[9]【今注】案，王先謙《漢書補注》曰："《史記》上'爲'

作‘免’，是。據《公卿表》，温舒免中尉在元鼎六年，宣爲左内史在元封元年。”

［10］【顔注】師古曰：米鹽，細雜也。

［11］【今注】案，至，大德本、殿本作“治”。

［12］【顔注】師古曰：經，常也，不可爲常法也。

［13］【今注】右扶風：此爲官名。漢武帝太初元年（前104）更名“主爵都尉”爲“右扶風”。轄地在今陝西西安市長安區西，爲拱衛首都長安三輔之一。案，王先謙《漢書補注》曰：“據《公卿表》，元封六年宣免，太初元年爲右扶風，中廢不過數月。”

［14］【今注】案，怒，《史記》卷一二二《酷吏列傳》作“怨”。

［15］【今注】案，藏，殿本同，蔡琪本、大德本作“臧”。

［16］【顔注】師古曰：郿，扶風縣也，音“媚”。【今注】郿：縣名。屬右扶風。治所在今陝西郿縣東。

［17］【今注】闌入：擅入。

［18］【顔注】師古曰：中，竹仲反（蔡琪本、大德本、殿本“竹”前有“音”字）。

［19］【今注】案，周壽昌《漢書注校補》曰：“《周傳》‘宣爲左内史，周爲廷尉’，又云‘周中廢爲執金吾’。據《公卿表》，宣自殺當太初四年，又云，天漢二年，故廷尉杜周爲執金吾。是宣死時周亦中廢也。傳著此以明武帝任用酷吏。然周爲執金吾至御史大夫實在宣自殺後數年，事勢不相接。”

是時郡守尉諸侯相二千石欲爲治者，大抵盡效王温舒等，而吏民益輕犯法，盜賊滋起。[1]南陽有梅免、百政，[2]楚有段中、杜少，[3]齊有徐勃，[4]燕趙之間有堅盧、范主之屬。[5]大群至數千人，擅自號，[6]攻城邑，取庫兵，釋死罪，[7]縛辱郡守都尉，殺二千石，爲檄告縣趨具食；[8]小群以百數，掠鹵鄉里者不可稱數。於是上始使御史中丞、丞相長史使督之，[9]猶弗能禁，[10]乃使光禄大夫范昆、諸部都尉及故九卿張德等衣繡衣持節，[11]虎符發兵以興擊，[12]斬首大部或至萬餘級。及以法誅通行飲食，坐相連郡，甚者數千人。數歲，迺頗得其渠率。[13]散卒失亡，復聚黨阻山川。往往而群，無可奈何。於是作《沈命法》，[14]曰："群盜起不發覺，發覺而弗捕滿品者，[15]二千石以下至小吏主者皆死。"其後小吏畏誅，雖有盜弗敢發，恐不能得，坐課累府，府亦使不言。[16]故盜賊寖多，[17]上下相爲匿，以避文法焉。[18]

[1]【顔注】師古曰：滋亦益也。

[2]【顔注】師古曰：梅、百，皆姓也。【今注】案，百政，《鹽鐵論·大論》作"伯正"。《史記》卷一二二《酷吏列傳》作"白政"。

[3]【顔注】師古曰：中，讀曰"仲"。【今注】案，段中，《史記·酷吏列傳》作"殷中"；杜少，《鹽鐵論·大論》作"應少"。

[4]【今注】案，徐勃，《鹽鐵論·大論》作"徐穀"。

[5]【今注】案，堅盧，《鹽鐵論·大論》作"昆盧"；范主，《史記·酷吏列傳》作"范生"。

[6]【今注】案，擅，大德本、殿本同，蔡琪本作"善"。

[7]【顔注】師古曰：釋，解也。

[8]【顔注】師古曰："趨"讀曰"促"。【今注】爲檄告縣趨具食：僞造文書，令縣府立即爲他們提供食物。爲，通"僞"。

[9]【顔注】師古曰：出爲使者督察也。【今注】御史中丞：

御史大夫次官，或稱御史中執法，秩千石。　丞相長史：協助丞相管理文書等事務，丞相府主官。秩千石。

［10］【顔注】師古曰：禁，居禽反（蔡琪本、大德本、殿本“居”前有“音”字）。

［11］【今注】光禄大夫：官名。漢武帝時改“中大夫”爲“光禄大夫”。秩比二千石，掌顧問應對。　案，何焯《義門讀書記》卷二〇曰：“《史記》‘部’作‘輔’。《百官表》有左右京輔都尉，屬中尉。當從《史記》。”

［12］【顔注】師古曰：以軍興之法而討擊也。【今注】案，指盜賊衆多，僅靠府衙之力不能止，祇能虎符發兵征剿。顔注以軍興（軍法）解釋，應誤。

［13］【顔注】師古曰：渠，大也。【今注】渠率：渠帥，首領。

［14］【顔注】應劭曰：沈，没也。敢蔽匿盜賊者，没其命也。孟康曰：沈，臧匿也。命，亡逃也。師古曰：應説是。【今注】沈命法：法令名。漢武帝頒布，以嚴刑督責和懲治捕盜不力的官吏。案，沈欽韓《漢書疏證》曰：“與之相連，俱死爲沈命也。《册府元龜·六百十六》長慶二年敕：‘康買得雖殺人當死，而爲父可哀，若從沈命之科，恐失度情之義，宜減死處分。’彼敕正依應劭作没命義。”

［15］【顔注】師古曰：品，率也，以人數爲率也。

［16］【顔注】孟康曰：縣有盜賊，府亦并坐，使縣不言之也。師古曰：府，郡府也。累，力瑞反（蔡琪本、大德本、殿本“力”前有“音”字；蔡琪本、殿本句末有“韋昭曰：負累及府，府亦使其不言也”）。【今注】課：考核。官吏考核制度。即對官員定期考核，進行獎懲。

［17］【顔注】師古曰：寖，漸也。

［18］【今注】案，王念孫《讀書雜志·漢書第十四》曰：

"'以避文法'本作'以文避法'。《史》作'以文辭避法'，徐廣云'詐爲虚文，言無盜賊'是也。今本'文''避'二字倒轉，則非其旨矣。《後書·杜林傳》注引《漢書》正作'以文避法'。"

田廣明字子公，鄭人也。[1]以郎爲天水司馬。[2]功次遷河南都尉，以殺伐爲治。郡國盜賊竝起，遷廣明爲淮陽太守。歲餘，故城父令公孫勇與客胡倩等謀反，[3]倩詐稱光禄大夫，從車騎數十，言使督盜賊，止陳留傳舍，[4]太守謁見，欲收取之。廣明覺知，發兵皆捕斬焉。而公孫勇衣繡衣，[5]乘駟馬車至圉，[6]圉使小史侍之，[7]亦知其非是，守尉魏不害與厩嗇夫江德、尉史蘇昌共收捕之。[8]上封不害爲當塗侯，德轑陽侯，[9]昌蒲侯。初，四人俱拜於前，小史竊言。武帝問："言何？"對曰："爲侯者得東歸不？"上曰："女欲不？貴矣。[10]女鄉名爲何？"對曰："名遺鄉。"上曰："用遺汝矣。"[11]於是賜小史爵關内侯，[12]食遺鄉六百户。[13]

[1]【顔注】師古曰：京兆鄭縣，即今之華州。【今注】鄭：縣名。治所在今陝西渭南市華州區。

[2]【今注】天水：郡名。漢武帝元鼎三年（前114），析隴西郡地置天水郡，治平襄（今甘肅通渭縣西北）。　司馬：武官名。漢代於邊郡置司馬。内郡偶亦置之，非爲定制。

[3]【顔注】師古曰：倩，千見反（蔡琪本、大德本、殿本"千"前有"音"字）。【今注】城父：縣名。治所在今安徽渦陽縣西北。

[4]【今注】陳留：郡名。漢武帝元狩元年（前122），濟川郡移治陳留縣（今河南開封市祥符區東南陳留城），故改名爲陳留郡。

［5］【今注】案，漢武帝時遣使者，穿繡衣，持節杖和虎符，稱繡衣使者，巡視四方，發現不法可代天子行事。

［6］【顔注】師古曰：陳留圉縣。【今注】圉：縣名。治所在今河南杞縣南。

［7］【今注】案，"圉"字下疑脱"令"字。　小史：陳直《漢書新證》曰："錢大昭據《三國老袁良碑》，考小史即袁幹是也。《元和姓纂》及《唐書·宰相世系表》袁氏云：袁幹封貴鄉侯，與《袁良碑》亦同，'貴鄉'則爲'遺鄉'之誤字。"

［8］【今注】守尉：代理縣尉。　案，何焯《義門讀書記》卷二〇曰："不害，《侯表》云以捕反者淮陽胡倩侯，與此互異。"《漢書考證》齊召南曰："'江德'，《功臣表》作'江喜'。又案，此傳魏不害三人之封並捕斬公孫勇也，乃《功臣表》則云蘇昌以捕故越王子鄒起侯，事實稍異。"

［9］【顔注】師古曰：轑，音"遼"（遼，大德本、蔡琪本同，殿本作"僚"）。

［10］【顔注】師古曰：言汝意欲歸不？吾今貴汝，謂賜之爵也。

［11］【顔注】師古曰：遺，弋季反（蔡琪本、大德本、殿本"弋"前有"音"字）。

［12］【今注】關内侯：爵名。秦漢二十等爵的第十九級，僅低於徹侯。有號無封國。封有食邑數户，有徵收租税之權。

［13］【今注】案，錢大昭《漢書辨疑》曰："《隸釋》載《國三老袁良碑》云：'孝武征和三年，袁幹斬賊公先勇，拜黄門郎，封關内侯，食遺鄉六百户。幹薨，子經嗣。經薨，子山嗣。'此言小史即袁幹，公孫勇即公先勇也。《功臣表》例不載關内侯，故世次不可考。"錢大昕《廿二史考異·漢書三》曰："漢制，列侯大者萬餘户，小者數百户。武帝時襄城侯桀龍四百户，騏侯駒幾五百二十户，瞭侯畢取五百一十户，荻苴侯韓陶五百四十户，邘侯李壽一

百五十户（壽封户太少，疑有誤）。而園小史得食六百户，是列侯封邑有時不如關内侯之多也。”

上以廣明連禽大姦，徵入爲大鴻臚，[1]擢廣明兄雲中代爲淮陽太守。昭帝時，廣明將兵擊益州，[2]還，賜爵關内侯，徙衛尉。後出爲左馮翊，[3]治有能名。宣帝初立，代蔡義爲御史大夫，[4]以前爲馮翊與議定策，[5]封昌水侯。歲餘，以祁連將軍將兵擊匈奴，出塞至受降城。[6]受降都尉前死，喪柩在堂，廣明召其寡妻與姦。既出不至質，[7]引軍空還。下太僕杜延年簿責，[8]廣明自殺闕下，國除。兄雲中爲淮陽守，[9]亦敢誅殺，吏民守闕告之，竟坐棄市。

[1]【今注】大鴻臚：官名。掌管歸降的少數民族諸事務。九卿之一。秦時稱典客，西漢景帝改名大行令，武帝太初元年（前104）始改大鴻臚，秩中二千石。

[2]【今注】益州：地名。漢武帝元封五年（前106），在全國設十三刺史部，西南地區爲益州部，州治在雒縣（今四川廣漢市）。

[3]【今注】左馮翊：官名。秦時以内史掌治京師，漢武帝時分置左、右内史。太初元年將左内史更名爲左馮翊，治長安（今陝西西安市東北），相當於郡守。

[4]【今注】蔡義：傳見本書卷六六。

[5]【顔注】師古曰："與"讀曰"豫"。【今注】案，《漢書考正》宋祁謂，"爲"字下當有"左"字。

[6]【今注】受降城：城名。位於秦漢長城北，大致在朔方郡高闕關（今内蒙古烏拉特中旗石蘭計的狼山山口）西北的漠北草原地帶，於公元前105年爲接受匈奴左大都尉投降而築。

［7］【顔注】服虔曰：質，所期處也（大德本、殿本同，蔡琪本句後又有“韋昭曰：所期約誓地”一句）。

［8］【顔注】師古曰：簿，步户反（蔡琪本、大德本、殿本“步”前有“音”字）。【今注】案，太僕，大德本同，蔡琪本、殿本作“太守”。 杜延年：傳見本書卷六〇。 簿責：據文書所列罪狀一一責問。

［9］【今注】案，《漢書考正》宋祁曰：“‘淮’，一作‘灌’，姚本改作‘淮’。”

田延年字子賓，先齊諸田也，徙陽陵。［1］延年以材略給事大將軍莫府，［2］霍光重之，遷爲長史。出爲河東太守，選拔尹翁歸等以爲爪牙，誅鉏豪彊，姦邪不敢發。以選入爲大司農。［3］會昭帝崩，昌邑王嗣立，［4］淫亂，霍將軍憂懼，與公卿議廢之，莫敢發言。延年按劍，廷叱群臣，［5］即日議決，語在《光傳》。［6］宣帝即位，延年以決疑定策封陽成侯。［7］

［1］【顔注】師古曰：高祖時徙之，其地後爲陽陵縣。

［2］【今注】莫府：幕府。莫，通“幕”。

［3］【今注】大司農：官名。爲九卿之一。秦置治粟内史，漢景帝改稱“大農令”，武帝更名“大司農”。掌租税錢穀鹽鐵和國家的財政收支。

［4］【今注】昌邑王：劉賀，漢武帝之子。傳見本書卷六三。劉賀的墓葬位於今江西南昌市新建區，是目前已發掘的最豐富的漢代列侯等級墓葬，2015 年入選中國十大考古新發現。參見江西省文物考古研究所、首都博物館編《五色炫曜：南昌漢代海昏侯國考古成果》（江西人民出版社 2016 年版）。昌邑王立廢事，或可參見孫

筱《從“爲人後者爲之子”談漢廢帝劉賀的立與廢》(《史學月刊》2016年第9期)。　嗣立：繼承君位。《國語·晉語九》：“及景子長於公宫，未及教訓而嗣立矣。”

［5］【顔注】師古曰：止於朝廷之中而叱之也，若言廷争矣。

［6］【今注】光傳：《霍光傳》。

［7］【今注】案，本書《外戚恩澤侯表》“陽城侯田延年”宣帝本始元年（前73）“八月辛未封”，下注“濟陽”。“陽城”當是“陽成”。“濟陽”乃陳留郡之縣；而陽城似是濟陽之鄉邑。

先是，茂陵富人焦氏、賈氏以數千萬陰積貯炭葦諸下里物。[1]昭帝大行時，[2]方上事暴起，[3]用度未辦，延年奏言：“商賈或豫收方上不祥器物，冀其疾用，欲以求利，[4]非民臣所當爲。請没入縣官。”[5]奏可。富人亡財者皆怨，出錢求延年罪。初，大司農取民牛車三萬兩爲僦，[6]載沙便橋下，[7]送致方上，車直千錢，延年上簿詐增僦直車二千，凡六千萬，盗取其半。焦、賈兩家告其事，下丞相府。丞相議奏延年“主守盗三千萬，不道”。霍將軍召延年，[8]欲爲道地，[9]延年抵曰：[10]“本出將軍之門，蒙此爵位，[11]無有是事。”光曰：“即無事，當窮竟。”[12]御史大夫田廣明謂太僕杜延年：“《春秋》之義，以功覆過。當廢昌邑王時，非田子賓之言大事不成。今縣官出三千萬自乞之何哉？[13]願以愚言白大將軍。”延年言之大將軍，大將軍曰：“誠然，實勇士也！當發大議時，震動朝廷。”光因舉手自撫心曰：“使我至今病悸！[14]謝田大夫曉大司農，通往就獄，得公議之。”[15]田大夫使人語延年，延年曰：“幸縣官寬我耳，何面目入牢獄，使衆人指笑我，卒徒唾吾背乎！”即閉閤獨居齊舍，[16]偏袒持刀東西步。數日，使者召延年詣廷尉。聞鼓聲，自刎死，[17]國除。

[1]【顔注】孟康曰：死者歸蒿里，葬地（蔡琪本、大德本、殿本“地”後有“下”字），故曰下里。師古曰：以數千萬錢爲本，而貯此物也。【今注】茂陵：漢武帝陵，又縣名。宣帝本始元年（前73），茂陵置茂陵縣，徙天下富豪六萬餘户。　下里物：冥物等。下里，謂人死歸葬之所。

[2]【今注】大行：古稱剛死尚未定謚號的皇帝、皇后。

[3]【顔注】師古曰：方上謂壙中也。昭帝暴崩，故其事倉猝（猝，大德本、殿本同，蔡琪本作“卒”）。

[4]【顔注】師古曰：疾，速也。

[5]【今注】縣官：朝廷。漢時常用以稱國家或皇帝。

[6]【顔注】師古曰：一乘爲一兩。僦謂賃之與顧直也，音子就反（大德本、殿本同，蔡琪本句末又有“服虔曰：雇載曰：僦音將秀反”一句）。【今注】僦：租賃。《漢書考正》宋祁引服虔曰：“雇載曰僦，音將秀反。”

[7]【今注】便橋：位於長安西渭水上。陳直《漢書新證》謂，“今便橋遺址約去平陵十華里”。

[8]【今注】案，蔡琪本、大德本、殿本“召”後有“問”字。

[9]【顔注】師古曰：爲之開通道路，使有安全之地也。

[10]【顔注】師古曰：抵，拒諱也，音丁禮反。

[11]【顔注】師古曰：延年嘗給事莫府，又爲大將軍長史，故云然也。

[12]【顔注】師古曰：既無實事，當令有司窮治，盡其理。

[13]【顔注】師古曰：自謂乞與之也。乞，音"氣"。

[14]【顔注】師古曰：悸，心動也，音"揆"（大德本、殿本同，蔡琪本句末又有"韋昭曰：心中喘息曰，悸音水季反"一句）。

[15]【顔注】師古曰：曉者，告白意指也。通者，從公家通理也。光忿其拒諱，故不佑之。

[16]【顔注】師古曰："齊"讀曰"齋"。【今注】齊舍：齋戒時静居之所。

[17]【顔注】晉灼曰：使者至司農，司農發詔書，故鳴鼓也。師古曰：刎謂斷頸也。

嚴延年字次卿，東海下邳人也。[1]其父爲丞相掾，[2]延年少學法律丞相府，歸爲郡吏。以選除補御史掾，舉侍御史。[3]是時大將軍霍光廢昌邑王，尊立宣帝。宣帝初即位，延年劾奏光"擅廢立主，[4]無人臣禮，不道"。奏雖寢，然朝庭肅焉敬憚。延年後劾大司農田延年持兵干屬車，[5]大司農自訟不干屬車。事下御史中丞，譴責延年何以不移書宫殿門禁止大司農，而令得出入宫。於是覆劾延年闌内罪人，法至死。[6]延年亡命。會赦出，丞相御史府徵書同日到，延年以御史書先至，詣御史府，復爲掾。宣帝識之，[7]拜爲平陵令，[8]坐殺不辜，去官。後爲丞相掾，復擢好畤令。[9]神爵中，[10]西羌反，彊弩將軍許延壽請延年爲長史，[11]從軍敗西羌，還爲涿郡太守。[12]

[1]【今注】東海：郡名。秦代置，治郯縣（今山東郯城縣）。下邳：縣名。治所在今江蘇邳縣西南。

［2］【今注】丞相掾：官名。丞相屬吏。丞相府分曹辦公，每曹長官爲掾，掌曹事；副長官爲屬，佐掾掌曹事。

［3］【今注】侍御史：官名。秦置漢因。御史大夫屬官。朝官犯法，一般由侍御史報御史中丞。然後呈報皇帝。

［4］【今注】案，諸本無“主”字。《漢紀》“主”後有“上”字。

［5］【顔注】師古曰：干，犯也。屬車，天子後車也，之欲反（蔡琪本、大德本、殿本“之”前有“音”字）。

［6］【顔注】張晏曰：故事有所劾奏，竝移宫門，禁止不得入。師古曰：覆，反也，反以此事劾之。覆，芳目反（蔡琪本作“覆音芳目反”，大德本、殿本作“覆音方目反”）。【今注】周壽昌《漢書注校補》謂，時大司農已被劾奏，故稱罪人。

［7］【顔注】張晏曰：識其前劾霍光擅廢立。

［8］【今注】平陵：漢昭帝陵。後置縣，治所在今陝西咸陽市西。

［9］【今注】好畤：縣名。治所在今陝西乾縣東好畤村，屬右扶風。

［10］【今注】神爵：漢宣帝年號（前 61—前 58）。

［11］【今注】彊弩將軍：武官名。漢武帝始置。　許延壽：漢宣帝許皇后叔父。任侍中光禄大夫。宣帝元康二年（前 64）封樂成侯。神爵元年（前 61），西羌反漢，被任爲强弩將軍，率兵輔助趙充國伐西羌。　長史：官名。其職掌事務不一。多爲幕僚性質的官員。長史最早見於秦代。丞相和將軍幕府皆設有長史官，相當於幕僚長。將軍下的長史亦可領軍作戰，稱作將兵長史。

［12］【今注】涿郡：治涿縣（今河北涿州市）。

時郡比得不能大守，[1]涿人畢野白等由是廢亂。[2]大姓西高氏、東高氏，[3]自郡吏以下皆畏避之，莫敢與牾，[4]咸曰："寧負二千石，無負豪大家。"賓客放爲盜賊，[5]發，輒入高氏，吏不敢追。浸浸日多，[6]道路張弓拔刃，然後敢行，其亂如此。延年至，遣掾蠡吾趙繡桉高氏，[7]得其死罪。繡見延年新將，[8]心内懼，爲兩劾，欲先白其輕者，[9]觀延年意怒，廼出其重劾。延年已知其如此矣。趙掾至，白其輕者，延年索懷中，得重劾，[10]即收送獄。夜入，晨將至市論殺之，先所按者死，[11]吏皆股弁。[12]更遣吏分考兩高，窮竟其姦，誅殺各數十人。郡中震恐，道不拾遺。

[1]【顔注】師古曰：比，頻也。【今注】案，大守，蔡琪本、大德本、殿本作"太守"。

[2]【顔注】師古曰：廢公法而狡亂也。

[3]【顔注】師古曰：兩高氏各以所居東西爲號者。

[4]【顔注】師古曰：牾，逆也，音"悟"。

[5]【顔注】師古曰：放，縱也。

[6]【顔注】師古曰：浸，漸也。

[7]【今注】蠡吾：縣名。漢置。治所在今河北博野縣西南。案，桉，蔡琪本、大德本、殿本作"按"。《漢書考正》宋祁謂，越本"桉"作"劾"。

[8]【顔注】師古曰：新爲郡將也，謂郡守爲郡將者，以其兼領武事也。【今注】案，錢大昭《漢書辨疑》曰："延年太守，故稱將。《尹翁歸傳》：'翁歸爲東海太守，于定國謂邑子曰：此賢將。'《孫寶傳》'顧受將命，分當相直'，時寶爲京兆尹，故亦稱將。"

[9]【今注】案，蔡琪本、大德本、殿本"白"前有"果"字。

[10]【顔注】師古曰：索，搜也，音山客反。

[11]【顔注】師古曰：在高氏前死。【今注】案，按，大德本、殿本同，蔡琪本作“桉”。

[12]【顔注】師古曰：股戰若弁。弁謂撫手也。【今注】股弁：大腿發抖。形容驚懼之甚。

三歲，遷河南太守，賜黄金二十斤。豪彊脅息，[1]野無行盜，威震旁郡。其治務在摧折豪彊，扶助貧弱。貧弱雖陷法，曲文以出之；其豪桀侵小民者，以文内之。[2]衆人所謂當死者，一朝出之；所謂當生者，詭殺之。[3]吏民莫能測其意深淺，戰栗不敢犯禁。按其獄，皆文致不可得反。[4]

[1]【顔注】師古曰：脅，斂也。屏氣而息。

[2]【顔注】師古曰：飾文而入之爲罪。

[3]【顔注】師古曰：詭，違正理而殺也。

[4]【顔注】師古曰：致，至密也。言其文案整密也。反，音“幡”。

延年爲人短小精悍，敏捷於事，[1]雖子貢、冉有通蓺於政事，不能絶也。[2]吏忠盡節者，厚遇之如骨肉，皆親鄉之，[3]出身不顧，以是治下無隱情。然疾惡泰甚，中傷者多，尤巧爲獄文，善史書，所欲誅殺，奏成於手，中主簿親近史不得聞知。奏可論死，奄忽如神。冬月，傳屬縣囚，會論府上，[4]流血數里，河南號曰“屠伯”。[5]令行禁止，郡中正清。[6]

[1]【顔注】師古曰：悍，勁也。

[2]【今注】絶：超越。沈欽韓《漢書疏證》曰："此十四字，劉知幾《史通·浮詞》譏之。"

[3]【顔注】師古曰："鄉"讀曰"嚮"。

[4]【顔注】師古曰：總集郡府而論殺。

[5]【顔注】鄧展曰：言延年殺人，如屠兒之殺六畜。伯，長也。

[6]【今注】正：通"政"。

是時張敞爲京兆尹，[1]素與延年善。敞治雖嚴，然尚頗有縱舍，聞延年用刑刻急，迺以書諭之曰："昔韓盧之取菟也，上觀下獲，[2]不甚多殺。願次卿少緩誅罰，思行此術。"延年報曰："河南天下喉咽，二周餘斃，[3]莠盛苗穢，何可不鉏也？"[4]自矜伐其能，終不衰止。時黄霸在潁川以寬恕爲治，郡中亦平，婁蒙豐年，[5]鳳皇下，上賢焉，下詔稱揚其行，加金爵之賞。[6]延年素輕霸爲人，及比郡爲守，褒賞反在己前，[7]心内不服。河南界中又有蝗蟲，府丞義出行蝗，還見延年，延年曰："此蝗豈鳳皇食邪？"義又道司農中丞耿壽昌爲常平倉，[8]利百姓，延年曰："丞相御史不知爲也，當避位去。壽昌安得權此？"[9]後左馮翊缺，上欲徵延年，符已發，爲其名酷復止。[10]延年疑少府梁丘賀毁之，[11]心恨。會琅邪太守以視事久病，[12]滿三月免，延年自知見廢，謂丞曰："此人尚能去官，我反不能去邪？"[13]又延年察獄史廉，臧不入身，[14]延年坐選舉不實貶秩，笑曰："後敢復有舉人者矣！”[15]丞義年老頗悖，[16]素畏延年，恐見中傷。延年本嘗與義俱爲丞相史，實親厚之，無意毀傷也，饋遺之甚厚。義愈益恐，自筮得死卦，忽忽不樂，取告至長安，[17]上書言延年罪名十事。已拜奏，因飲藥自殺，以明不欺。事下御史丞按驗，有此數事，以結延年，[18]坐怨望非謗政治不道棄市。

[1]【今注】張敞：傳見本書卷七六。　京兆尹：官名。轄治京兆地區的行政長官，職權、俸禄與郡守相當。後亦借指京師地區的行政長官。

[2]【顔注】應劭曰：韓盧，六國時韓氏之黑犬也。孟康曰：言良犬之取菟，仰觀人之意而獲之（大德本、殿本“人”後有“主”字），喻不妄殺。

[3]【顔注】師古曰：喉咽，言其所在襟要，如人體之有喉咽也。二周，東西周君國也。咽，一千反（蔡琪本、大德本、殿本“一”前有“音”字）。

[4]【顔注】師古曰：莠，秕穀所生也。苗，粟苗也。莠，音“誘”。【今注】鉏：古同“鋤”。

[5]【顔注】師古曰：婁，古“屢”字。

[6]【今注】金爵之賞：黄霸治潁川有政績，得黄金與關内侯爵之賞。

[7]【顔注】師古曰：比，接近也，音頻二反。

[8]【今注】司農中丞：大司農屬官。　常平倉：漢宣帝元康年間連年豐收，穀賤傷農。大司農中丞耿壽昌把武帝時平準法重施之於糧食收貯，在一些地區設立了糧倉，收購價格過低的糧食入官，以“利百姓”。此糧倉有“常平倉”之名。

[9]【顔注】師古曰：作此倉非奇異之功也，公卿不知爲之，

是曠官也。壽昌安得擅此以爲權乎？

［10］【顔注】應劭曰：符，竹使符也，臧在符節臺，欲有所拜，召治書御史符節令發符下太尉也。【今注】案，沈欽韓《漢書疏證》謂，《周官·典瑞》注云："杜子春云：'珍圭，若今時召郡守以竹使符。'"

［11］【今注】梁丘賀：複姓梁丘。西漢時今文《易》學"梁丘學"開創者。

［12］【今注】琅邪：郡名。治東武（今山東諸城市）。

［13］【顔注】師古曰：與丞言云爾。

［14］【顔注】師古曰：延年察舉其獄史爲廉，而此人乃有臧罪，然臧不入身也（殿本同，蔡琪本、大德本"臧"前有"有"字）。

［15］【顔注】師古曰：言己濫被貶秩，後人寧敢復舉人乎？

［16］【顔注】師古曰：心思惑亂。悖，布内反（蔡琪本、大德本、殿本"布"前有"音"字）。

［17］【顔注】師古曰：取休假。【今注】取告：請假。

［18］【顔注】師古曰：結，正其罪也。

初，延年母從東海來，欲從延年臘，[1]到雒陽，適見報囚。[2]母大驚，便止都亭，[3]不肯入府。延年出至都亭謁母，母閉閤不見。延年免冠頓首閤下，良久，母乃見之，因數責延年：[4]"幸得備郡守，專治千里，不聞仁愛教化，有以全安愚民，顧乘刑罰多刑殺人，[5]欲以立威，豈爲民父母意哉！"延年服罪，重頓首謝，[6]因自爲母御，歸府舍。母畢正臘，[7]謂延年："天道神明，人不可獨殺。[8]我不意當老見壯子被刑戮也！[9]行矣！去女東歸，埽除墓地耳。"[10]遂去。歸郡，見昆弟宗人，復爲言之。後歲餘，果敗。東海莫不賢知其母。[11]延年兄弟五人皆有吏材，至大官，東海號曰“萬石嚴嫗”。[12]次弟彭祖，至太子太傅，在《儒林傳》。

[1]【顏注】師古曰：建丑之月爲臘祭，因會飲，若今之蜡節（蔡琪本、大德本、殿本句末有“也”字）。【今注】臘：正臘，臘祭。漢代臘祭在冬至後的第三個戌日，民間要舉行驅儺除疫，故亦稱驅儺日。

[2]【顏注】師古曰：奏報行決也（案，大德本、殿本同，蔡琪本注在“母大驚”後）。【今注】案，《漢書考正》劉攽曰：“檢尋前後，直謂斷決囚爲報爾，非奏得報也。如今有司書囚罪，長吏判准斷定，所謂報也。”

[3]【今注】都亭：都邑中的傳舍，供行人休息住宿的處所。郡縣治所均置都亭。

[4]【顏注】師古曰：數，所具反（蔡琪本、大德本、殿本“所”前有“音”字）。

[5]【顏注】師古曰：顧，反也。乘，因也。

[6]【顏注】師古曰：重，直用反（蔡琪本、大德本、殿本“直”前有“音”字）。

[7]【顏注】師古曰：臘及正歲禮畢也。正，之盈反（蔡琪本、大德本、殿本“之”前有“音”字）。【今注】正臘：指冬至後第三個戌日之祭祀。因是日爲臘日，故稱。案，沈欽韓《漢書疏證》曰：“畢正臘日即歸，不待卒歲也。《天文志》：‘臘明日，人衆卒歲，壹會飲食，故曰初歲。’《御覽·三十三》：‘徐爰《家儀》曰：蜡本施祭，故不賀。其明日爲小歲賀，稱初歲福始，慶無不宜。小歲之慶，既非大慶，禮止門内。’案，此則人家作臘，無不過小歲飲食者。嚴母深惡延年，故但主臘祭，不復飲食。師古解爲

臘及正歲，非也。《御覽》又引《會稽典録》云‘陳修家貧，每至正臘，僵卧不起’，可得謂從臘日卧至元日乎！《魏書·高祖紀》：‘太和十五年冬，初罷小歲賀。’（《世説》注：‘秦漢以來，臘之明日爲祝歲。’此禮，唐既不行，師古莫考。）”

［8］【顔注】師古曰：言多殺人者，己亦當死。

［9］【顔注】師古曰：言素意不自謂如此也。

［10］【顔注】師古曰：言待其喪至也。

［11］【顔注】師古曰：稱其賢智也。

［12］【顔注】師古曰：一門之中五二千石，故總云萬石。

尹賞字子心，鉅鹿楊氏人也。[1]以郡吏察廉爲樓煩長。[2]舉茂材，粟邑令。[3]左馮翊薛宣奏賞能治劇，[4]徙爲頻陽令，[5]坐殘賊免。[6]後以御史舉爲鄭令。

［1］【今注】鉅鹿：郡名。治鉅鹿（今河北平鄉縣）。　楊氏：縣名。治所在今河北甯晉縣。案，周壽昌《漢書注校補》曰：“《後漢豫州從事尹宙碑》有云：‘尹吉甫元孫言多，世事景王，載在史典。’尹言多事見《左傳》襄三十年，即賞之先也。碑又云‘故子心騰於楊縣，致位執金吾’，即指賞言。宙殆賞之同族後人也。”

［2］【今注】樓煩：縣名。治所在今山西寧武縣附近。

［3］【今注】粟邑：縣名。治所在今山西白水縣彭衙村一帶。

［4］【今注】薛宣：傳見本書卷八三。

［5］【今注】頻陽：縣名。治所在今陝西富平縣美原鎮古城村一帶。案，王先謙《漢書補注》説，與頻陽令薛恭换縣見《宣傳》。

［6］【今注】案，殘，德本、殿本同，蔡琪本作“錢”。

永始、元延間，[1]上怠於政，貴戚驕恣，紅陽長仲兄弟交通輕俠，臧匿亡命。[2]而北地大豪浩商等報怨，[3]殺義渠長妻子六人，[4]往來長安中。丞相御史遣掾求逐黨與，詔書召捕，久之廼得。長安中姦猾浸多，閭里少年群輩殺吏，受賕報仇，[5]相與探丸爲彈，[6]得赤丸者斫武吏，得黑者斫文吏，白者主治喪；[7]城中薄暮塵起，剽劫行者，死傷横道，枹鼓不絶。[8]賞以三輔高弟選守長安令，[9]得壹切便宜從事。賞至，修治長安獄，穿地方深各數丈，致令辟爲郭，[10]以大石覆其口，名爲“虎穴”。乃部户曹掾史，與鄉吏、亭長、里正、父老、伍人，[11]雜舉長安中輕薄少年惡子，[12]無市籍商販作務，而鮮衣凶服被鎧扞持刀兵者，悉籍記之，[13]得數百人。賞一朝會長安吏，車數百兩，分行收捕，皆效以爲通行飲食群盜。[14]賞親閲，見十置一，[15]其餘盡以次内虎穴中，百人爲輩，覆以大石。數日壹發視，皆相枕藉死，便輿出，[16]瘞寺門桓東，[17]楬著其姓名，[18]百日後，廼令死者家各自發取其尸。親屬號哭，道路皆歔欷。長安中歌之曰：“安所求子死？桓東少年場。[19]生時諒不謹，枯骨後何葬？”[20]賞所置皆其魁宿，[21]或故吏善家子失計隨輕黠願自改者，財數十百人，[22]皆貰其罪，[23]詭令立功以自贖。[24]盡力有效者，因親用之爲爪牙，追捕甚精，甘耆姦惡，甚於凡吏。[25]賞視事數月，盜賊止，郡國亡命散走，各歸其處，不敢闚長安。

[1]【今注】永始：漢成帝年號（前16—前13）。　元延：漢成帝年號（前12—前9）。

［2］【顔注】鄧展曰：紅陽姓，長仲字也。如淳曰：紅陽，南陽縣也。長姓，仲字也。師古曰：姓紅陽而兄字長，弟字仲。今書“長”字或作“張”者非也，後人所改耳。一曰紅陽侯王立之子，兄弟長少也（蔡琪本、大德本、殿本“少”後有“者”，當據補）。【今注】紅陽：縣名。漢置，治所在今河南舞陽縣西北。屬南陽郡。紅陽長當指紅陽縣長，與後“義渠長”意同。顔注誤。輕俠：謂輕生重義、急人之難之人。

［3］【今注】北地：郡名。治馬領（今甘肅慶陽市西北馬嶺鎮）。

［4］【今注】義渠長：義渠道長。漢因秦制，在邊郡置道。義渠道當爲義渠人故地。本書《地理志》載北地郡有“義渠道”。

［5］【顔注】師古曰：或有自怨於吏，或受人賕賂報仇讎也。【今注】案，《漢書考正》宋祁謂，“賕”當作“財”。

［6］【顔注】師古曰：爲彈丸作赤、黑、白三色，而共探取之也。彈，徒旦反（蔡琪本、大德本、殿本“徒”前有“音”字）。【今注】探丸：摸取藥丸。猶如抓鬮。成語“探丸借客”典出於此，喻游俠殺人報仇。案，王念孫《讀書雜志·漢書第十四》曰：“正文内本無‘爲彈’二字。丸即彈丸也。既言‘探丸’，則不得更言‘爲彈’。師古云‘爲彈丸作赤、黑、白三色，而共探取之’者，此自釋‘相與探丸’四字，非正文内有‘爲彈’二字也。云‘彈，音徒旦反’者，此自爲注内‘彈’字作音，非爲正文作音也（凡師古自音其注内之字者，全部皆然，不可枚舉）。後人不察，而於正文内加‘爲彈’二字，斯爲謬矣。《御覽》兵部八十一引此有‘爲彈’二字，亦後人依誤本《漢書》加之；其《地部》二、《刑法部》九，所引皆無此二字。”

［7］【顔注】師古曰：其黨與有爲吏及它人所殺者，則主其喪事也。

［8］【顔注】師古曰：枹，擊鼓椎也，音“孚”。其字從木。

【今注】枹鼓：此指報警之鼓。

［9］【今注】案，高弟，蔡琪本、大德本、殿本作“高第”。

［10］【顔注】師古曰：致謂積累之也。令辟，甗甎也。郭謂四周之内也。“致”讀如本字，又音“綴”。令，音“零”。辟，避歷反（蔡琪本、大德本、殿本“避”前有“音”字）。

［11］【顔注】師古曰：五家爲伍。伍人者，各其同伍之人也。

［12］【顔注】師古曰：惡子，不丞父母教命者（丞，蔡琪本、大德本、殿本作“承”）。

［13］【顔注】師古曰：凶服，危險之服。鎧，甲也，扞，臂衣也。籍記，爲名籍以記之。【今注】凶服：周壽昌《漢書注校補》謂，如絳幘、黄巾，不遵法制之類即是。

［14］【顔注】師古曰：飲，於禁反（蔡琪本、殿本“於”前有“音”字）。“食”讀曰“飲”。【今注】案，效，蔡琪本、大德本、殿本作“劾”。

［15］【顔注】師古曰：置，放也。

［16］【今注】便輿：即籃輿。竹編輿床。

［17］【顔注】如淳曰：瘞，埋也。舊亭傳於四角面百步築土四方，上有屋，屋上有柱出，高丈餘，有大板貫柱四出，名曰“桓表”。縣所治夾兩邊各一桓。陳宋之俗言桓聲如和，今猶謂之和表。師古曰：即華表也。

［18］【顔注】師古曰：楬，杙也。椓杙於瘞處而書死者名也。楬，音“竭”，杙，音“弋”，字竝從木。【今注】楬著：楬櫫，標志。沈欽韓《漢書疏證》曰：“《秋官·蜡氏職》‘埋而置楬’，鄭司農云：‘楬，欲令其識取之，今時楬櫫是也。’”案，楬，殿本同，蔡琪本作“揭”。

［19］【顔注】師古曰：安猶焉也。死謂尸也。

［20］【顔注】師古曰：諒，信也。葬字合韻，子郎反（蔡琪本、大德本、殿本“子”前有“音”字）。

［21］【顔注】師古曰：魁，根本也。宿，久舊也。

［22］【顔注】師古曰："財"與"纔"同。

［23］【顔注】師古曰：貰，緩也。

［24］【顔注】師古曰：詭，責也。

［25］【顔注】師古曰："者"讀曰"嗜"。

江湖中多盜賊，以賞爲江夏太守，[1]捕格江賊及所誅吏民甚多，坐殘賊免。南山群盜起，[2]以賞爲右輔都尉，[3]遷執金吾，[4]督大姦猾。三輔吏民甚畏之。

［1］【今注】江夏：郡名。治西陵縣（今湖北武漢市新洲區西）。

［2］【今注】南山：秦嶺。

［3］【今注】右輔："右扶風"之别稱。

［4］【今注】執金吾：官名。負責京師的治安警衛，掌北軍，和掌南軍守衛宫禁的衛尉相爲表裏。武帝時設立八校尉，屬中尉。原三輔的軍事長官是中尉，設中壘校尉以分割中尉部分權力。元鼎四年（前113），武帝於内史地區設置京輔都尉、左輔都尉、右輔都尉三都尉。至武帝太初元年（前104），分内史地區爲三輔，分别置長史，中尉改稱"執金吾"，至此其軍事實權已被各個都尉分割，威風不在，而由皇帝總攬大權（參見林劍鳴《秦漢史》，上海人民出版社2003年版，第324頁）。

數年卒官。疾病且死，戒其諸子曰："丈夫爲吏，正坐殘賊免，[1]追思其功效，則復進用矣。一坐軟弱不勝任免，終身廢棄無有赦時，其羞辱甚於貪汙坐臧。慎毋然！"賞四子皆至郡守，長子立爲京兆尹，[2]皆尚威嚴，有治辯名。[3]

[1]【今注】正：縱使。案，是句意爲，縱然因誅殺强盜被免職。

[2]【今注】案，不見於本書《百官公卿表》。

[3]【今注】案，辯，蔡琪本、殿本同，大德本作“辨”。

贊曰：自郅都以下皆以酷烈爲聲，然都抗直，引是非，争大體。張湯以知阿邑人主，與俱上下，[1]時辯當否，國家賴其便。趙禹据法守正。[2]杜周從諛，以少言爲重。張湯死後，罔密事叢，[3]寖以秏廢，[4]九卿奉職，救過不給，[5]何暇論繩墨之外乎！自是以至哀、平，酷吏衆多，然莫足數，此知名見紀者。[6]其廉者足以爲儀表，[7]其汙者方略教道，一切禁姦，[8]亦質有文武焉。[9]雖酷，稱其位矣。[10]湯、周子孫貴盛，故别傳。[11]

[1]【顔注】蘇林曰：邑音“人相悒納”之“悒”。師古曰：如蘇氏之説，邑字音烏合反。然今之書本或作“色”字，此言阿諛，觀人主顔色而上下也。其義兩通（蔡琪本句末又有“李奇：阿音烏”一句）。【今注】阿邑：阿諛逢迎。《鹽鐵論·論誹》：“夫公卿處其位，不正其道，而以意阿邑順風。”《史記》卷一二二《酷吏列傳》“阿邑”作“陰陽”。

[2]【顔注】師古曰：据，音“據”。

[3]【顔注】師古曰：叢謂衆也。

[4]【顔注】師古曰：寖，漸也。秏，亂也，音莫報反。

[5]【顔注】師古曰：給，供也。

［6］【今注】案，蔡琪本、大德本、殿本“者”後有“也”字。

［7］【顏注】師古曰：謂有儀形可表明者。

［8］【顏注】師古曰：汙，濁也。“道”讀曰“導”。【今注】案，一切，蔡琪本、大德本、殿本作“壹切”。

［9］【今注】案，《漢書考正》宋祁謂，“亦”下當有“皆”字。

［10］【顏注】師古曰：稱，尺孕反（蔡琪本、大德本、殿本“尺”前有“音”字）。【今注】案，何焯《義門讀書記》卷二〇謂，稱其位者，歸咎於任之者也，本馬遷之微辭。

［11］【顏注】師古曰：言所以不列於酷吏之篇也。【今注】別傳：指本書卷五九《張湯傳》、卷六〇《杜周傳》。

漢書　卷九一

貨殖傳第六十一[1]

[1]【今注】案，貨，財也；殖，生財也。貨殖，謂經商營利。在二十四史中，唯《史記》《漢書》列《貨殖傳》，記述商人及其生財致富的情況。嗣後，各史均不立《貨殖傳》，大凡是受了儒家重本抑末思想的影響之故。其實，《史》《漢》的《貨殖傳》志趣亦不同。司馬遷説："富者，人之情性，所不學而俱欲者也。"主張"人各任其能，竭其力，以得所欲"。班固則信奉"重農抑商"，主張"貴義而賤利"，批評司馬遷"述貨殖，則崇勢利而羞貧賤"。

昔先王之制，[1]自天子公侯卿大夫士至于皁隸抱關擊柝者，[2]其爵禄奉養宫室車服棺椁祭祀死生之制各有差品，小不得僭大，賤不得踰貴。[3]夫然，故上下序而民志定。於是辯其土地川澤丘陵衍沃原隰之宜，[4]教民種樹畜養；[5]五穀六畜及至魚鼈鳥獸雚蒲材幹器械之資，[6]所以養生送終之具，靡不皆育。育之以時，而用之有節。中木未落，斧斤不入於山林；[7]豺獺未祭，罝網不布於壄澤；[8]鷹隼未擊，矰弋不施於徯隧。[9]既順時而取物，然猶山不茬蘖，澤不伐夭，[10]蝝魚麛卵，咸有常禁。[11]所以順時宣氣，蕃阜庶物，[12]稸足功用，如此之備也。[13]然後四民因其土宜，各任智力，夙興夜寐，以治其業，相與通功易事，交利而俱贍，[14]非有徵發期會，而遠近咸足。故《易》曰“后以財成輔相天地之宜，以左右民”，[15]“備物致用，立成器以爲天下利，莫大乎聖人”，[16]此之謂也。《管子》云古之四民不得雜處。[17]士相與言仁誼於閒宴，[18]工相與議技巧於官府，商相與語財利於市井，[19]農相與謀稼穡於田壄。朝夕從事，不見異物而遷焉。[20]故其父兄之教不肅而成，子弟之學不勞而能，各安其居而樂其業，甘其食而美其服。雖見奇麗紛華，非其所習，辟猶戎翟之與于越，[21]不相入矣。是以欲寡而事節，財足而不争。於是在民上者，道之以德，[22]齊之以禮，故民有耻而且敬，貴誼而賤利。[23]此三代之所以直道而行，[24]不嚴而治之大略也。

[1]【今注】案，先王，蔡琪本作“先生”。

[2]【顔注】師古曰：皁，養馬者也。隸之言著也，屬著於人也。抱關，守門者也。擊櫋，守夜擊木以警衆也。櫋音土各反。【今注】櫋（tuò）：“柝”的異體字。古時巡夜打更用的梆子。

[3]【今注】案，《管子·五輔》中有：“賤不踰貴，少不陵長。”

[4]【顔注】師古曰：衍謂地平延者也。沃，水之所灌沃也。廣平曰原，下溼曰隰。

[5]【顔注】師古曰：樹，殖也。

[6]【顔注】師古曰：萑，薍也，即今之荻也。械者，器之總名也。萑音桓。薍音五官反。荻音敵。【今注】萑蒲：蘆葦和蒲草。萑，古同“萑”，莖可編葦席。　材幹：木材。

［7］【顔注】師古曰：《禮記·月令》：（蔡琪本、殿本《月令》後有“云”字）“季秋之月，草木黄落，乃伐薪爲炭。”【今注】案，《孟子·梁惠王上》：“斧斤以時入山林，材木不可勝用也。”又，殿本“屮”作“草”。

［8］【顔注】師古曰：《禮記·王制》云：“獺祭魚，然後虞人入澤梁；豺祭獸，然後田獵。”《月令》：“孟春之月，獺祭魚。”“季秋之月，豺乃祭獸戮禽。”罝，兔網也，音嗟。

［9］【顔注】師古曰：隼亦鷙鳥，即今所呼爲鶻者也。《月令》：“孟秋之月，鷹乃祭鳥，用始行戮。”弋，繳射也。矰者，弋之矢也。徯隧，徑道也。矰音曾。徯音奚。隧音遂。鶻音胡骨反。【今注】矰弋：繫有絲繩的箭。

［10］【顔注】師古曰：䒬，古“槎”字也。槎，邪斫木也。櫱，髡斬之也。此夭謂草木之方長未成者也。槎音士牙反。櫱音五葛反。夭音烏老反。【今注】櫱：砍伐幼林。櫱，老株砍後再生的新枝。《國語·魯語上》：“且夫山不槎櫱，澤不伐夭……蕃庶物也。”韋昭注：“槎，斫也；以株生曰櫱。”又案，《漢書考正》劉奉世謂“櫱”讀如牙櫱之櫱，旁出嫩枝也，義與“夭”相對。又，王念孫《讀書雜志·漢書第十四》引王引之謂，䒬，從在聲，古音屬之部；槎，從差聲，古音屬歌部；二部絶不相通，無緣借“䒬”爲“槎”。“䒬”蓋“差”字之訛也。“差”“槎”古同聲，故通用。隸書“差”字或作“茬”，《漢太尉劉寬碑》“咨”是也。後人誤認上“茬”之“艸”爲艸頭，又因師古言“古‘槎’字”，乃依篆文艸頭作“䒬”，與“䒬”字相似，因訛而爲“䒬”矣。《玉篇》《廣韻》“䒬”字竝士之切，無“槎”音。《集韻》以“䒬”“槎”爲一字，引《漢書》“山不櫱”，則北宋時《漢書》已訛作“䒬”，故作韻者誤收，而《類篇》以下諸書並沿其誤。

［11］【顔注】師古曰：蝝，小蟲也。麛，鹿子也。卵，鳥卵也。《月令》：“孟春之月，毋殺孩蟲，毋麛毋卵。”蝝音弋全反。

靡音莫奚反。

［12］【顏注】師古曰：蕃，多也。阜，盛也。蕃音扶元反。【今注】庶物：萬物。

［13］【顏注】師古曰：稸即“蓄”字。

［14］【顏注】師古曰：言以其所有，交易所無，而不匱乏。

［15］【顏注】師古曰：《泰卦》象辭也。后，君也。左右，助也。言王者資財用以成教，贊天地之化育，以救助其衆庶也。左右讀曰佐佑。【今注】案，王鳴盛《十七史商榷》卷二七謂“財”與“裁”同。師古以爲資財用以成教，非。今本《易·泰》象辭爲：“天地交，泰。後以財成天地之道，輔相天地之宜，以左右民。”

［16］【顏注】師古曰：《上繫》之辭也。備物致用，謂備取百物而極其功用。【今注】案，語見《易·繫辭上》。

［17］【顏注】師古曰：管仲之書也。【今注】案，《管子·小匡》：“士農工商四民者，國之石民也，不可使雜處。”

［18］【顏注】師古曰：閒讀曰閑。

［19］【顏注】師古曰：凡言市井者，市交易之處，井共汲之所，故總而言之也。説者云因井而爲市，其義非也。

［20］【顏注】師古曰：言非其本業則弗觀視，故能各精其事，不移易。

［21］【顏注】孟康曰：于越，南方越名也。師古曰：于，發語聲也。戎蠻之語則然。于越猶句吴耳。辟讀曰譬。【今注】于越：古國名。姒姓。越國。王念孫《讀書雜志·漢書第十四》指出，“于越”本作“干越”。干，音干戈之干。干越者，吴越也。《墨子·兼愛》：“禹南爲江、漢、淮、汝，東流之注五湖之處，以利荆楚干越與南夷之民。”《莊子·刻意》“夫有干越之劍者”，《釋文》：“司馬云：‘干，吴也。吴越出善劍也。’案，吴有谿名干谿，越有山名若邪，竝出善鐵鑄爲名劍也。”《荀子·勸學》“干越夷貉

之子”，楊倞曰：“干越猶言吴越。”《淮南·原道》“干越生葛絺”，高注：“干，吴也。”是干越即吴越也。干、越爲二國，故云“戎翟之與干越”，猶《墨子》之言“荆楚干越”，《荀子》之言“干越夷貉”也。若《春秋》之“於越”即是越，而以“於”爲發聲，視此文之“干越”與“戎翟”對舉者不同。孟康所見本正作“干越”，故云“干越，南方越名也”，其意以“干越”爲越之一種，若漢時之有閩越、甌越、駱越耳；若“於越”，則即是越，不得言“南方越名”矣。《文選·吴都賦》“包括干越”，李善注引此文正作“干越”，又引《音義》云“干，南方越名也”；《太平御覽·州郡部十六》引此亦作“干越”，又引韋昭注云“干越，今餘干縣，越之别名”；是其證。顔師古改“干”爲“于”，而以《春秋》之“於越”釋之，誤矣。“於”“于”古雖通用，而《春秋》之“於越”未有作“于越”者。學者多聞“於越”，寡聞“干越”，故子史諸書之“干越”或改爲“于越”，皆沿師古之誤。

［22］【顔注】師古曰：道讀曰導。【今注】案，《論語·爲政》孔子曰：“導之以政，齊之以禮，民免而無恥；導之以德，齊之以禮，有恥且格。”“道之以德”三句引用其意。

［23］【今注】貴誼：貴義。誼，通“義”。

［24］【顔注】師古曰：直道而行，謂以德禮率下，不飾僞也。

及周室衰，禮法墮，[1]諸侯刻桷丹楹，大夫山節藻梲，[2]八佾舞於庭，《雍》徹於堂。[3]其流至乎士庶人，[4]莫不離制而棄本，稼穡之民少，商旅之民多，穀不足而貨有餘。

［1］【顔注】師古曰：墮，毁也，音火規反。

［2］【顔注】師古曰：桷，椽也。楹，柱也。節，栭也。山，刻爲山形也。梲，侏儒柱也。藻謂刻鏤爲水藻之文也。刻桷丹楹，

魯桓宫也。山節藻棁，臧文仲也。【今注】刻桷丹楹：古代天子之色飾。指柱子漆紅，椽子雕花。用以形容建築精巧華麗。出自《左傳》莊公二十三年。　山節藻棁：古代天子之廟飾。山節，斗拱刻成山形；藻棁，梁上短柱畫有藻文。出自《論語·公冶長》。

［3］【顔注】師古曰：八列舞於庭，謂季氏也。以《雍》樂徹食，三家則然，事見《論語》。【今注】八佾：樂舞者八行，每行八人，共六十四人，這是天子享用的規格。古時諸侯用六佾，大夫用四佾。佾，古時樂舞的行列。　雍徹：謂唱着《雍》詩來撤除祭品。此亦天子之禮。雍，《詩經》篇名。《論語·八佾》載孔子指責魯國季氏"八佾舞於庭""《雍》徹於堂"，破壞了周禮。

［4］【今注】流：指風氣。

陵夷至乎桓、文之後，[1]禮誼大壞，上下相冒，[2]國異政，家殊俗，耆欲不制，僭差亡極。[3]於是商通難得之貨，工作亡用之器，士設反道之行，以追時好而取世資。[4]僞民背實而要名，[5]姦夫犯害而求利，篡弑取國者爲王公，圉奪成家者爲雄桀。[6]禮誼不足以拘君子，刑戮不足以威小人。富者木土被文錦，犬馬餘肉粟，而貧者裋褐不完，唅菽飲水。[7]其爲編户齊民，[8]同列而以財力相君，[9]雖爲僕虜，猶亡慍色。故夫飾變詐爲姦軌者，自足乎一世之間；守道循理者，不免於飢寒之患。其教自上興，繇法度之無限也。[10]故列其行事，以傳世變云。

［1］【顔注】師古曰：齊桓、晉文也。【今注】陵夷：衰頽、衰落。

［2］【今注】冒：蒙騙。

[3]【顏注】師古曰：耆讀曰嗜，其下並同。極，止也。【今注】僭差：非禮逾越等級。

[4]【顏注】師古曰：追，逐也。

[5]【今注】僞民：欺詐作僞之民。

[6]【顏注】師古曰：圉謂禁守其人也。【今注】圉奪成家：《漢書考正》劉敞謂"圉"讀如"禦人於國東門"之"禦"。王念孫《讀書雜志·漢書第十四》以爲，師古以圉爲禁守，則"圉""奪"二字義不相屬。"圉"當讀曰"禦"。圉奪成家者，禦人而奪其財以成其家也。

[7]【顏注】師古曰：裋，布長襦也。褐，編枲衣也。裋音豎。啥亦含字也。菽，豆也。【今注】裋褐：用粗麻或獸毛編織的粗布上衣。又稱"短褐"。與常服、禮服不同，裋褐是爲勞作方便的便服。　啥菽飲水：啥豆喝水，形容生活清苦。又作"啜菽飲水"，《荀子·天論》載："君子啜菽飲水，非愚也，是節然也。"《禮記·檀弓下》載："孔子曰：啜菽飲水盡其歡，斯之謂孝。"

[8]【今注】編户齊民：漢朝由國家直接控制的民户。爲了保證賦役制度的實行，漢朝政府實行極嚴密的户籍制度。規定凡政府控制的户口都必須按姓名、年齡、籍貫、身份、相貌、財産情況等專案一一載入户籍，這些按户籍編制起來的齊等人民史稱"編户齊民"。其中最主要的是自耕農民，也包括一些小地主、小官吏在内。漢縣、道有户曹，主管户口名簿籍。編造户籍應屬户曹職掌。年終時，縣、道上計於所屬郡國，郡國上計於中央。丞相或三公之下也設户曹主管全國户籍。上計專案有本縣、郡户籍民數、墾田畝數、錢穀入出、"盜賊"多少等，户籍是其中很重要的一項内容。國家爲了得到最高數額的民數，規定每人必須著名户籍，並以法律作爲約束，防止人户脱籍。凡不在户籍者爲"無名數"或"流民"，要罰做官奴。

[9]【今注】案，沈欽韓《漢書疏證》謂《商子·錯法》有：

"同列而相臣妾者，貧富之謂也。同寔而相并兼者，强弱之謂也。"

［10］【顔注】師古曰：繇讀與由同。

昔粤王句踐困於會稽之上，[1]迺用范蠡、計然。[2]計然曰："知鬭則修備，時用則知物，二者形則萬貨之情可得見矣。[3]故旱則資舟，水則資車，物之理也。"[4]推此類而脩之，十年國富，厚賂戰士，遂報彊吴，刷會稽之恥。[5]范蠡歎曰："計然之策，十用其五而得意。[6]既以施國，吾欲施之家。"迺乘扁舟，[7]浮江湖，變名姓，適齊爲鴟夷子皮，[8]之陶爲朱公。[9]以爲陶天下之中，諸侯四通，貨物所交易也，迺治産積居，與時逐[10]而不責於人。故善治産者，能擇人而任時。[11]十九年之間三致千金，再散分與貧友昆弟。[12]後年衰老，聽子孫脩業而息之，[13]遂至鉅萬。故言富者稱陶朱。[14]

［1］【今注】會稽：山名。在今浙江紹興市東南。

［2］【顔注】孟康曰：姓計名然，越臣也。蔡謨曰：計然者，范蠡所著書篇名耳，非人也。謂之計然者，所計而然也。群書所稱句踐之賢佐，種、蠡爲首，豈聞復有姓計名然者乎？若有此人，越但用半策便以致霸，是功重於范蠡，蠡之師也，焉有如此而越國不記其事，書籍不見其名，史遷不述其傳乎？師古曰：蔡説謬矣。據《古今人表》，計然列在第四等，豈是范蠡書篇乎？計然一號計研，故賓戲云"研、桑心計於無垠"（賓戲，殿本作"戲賓"），即謂此耳。計然者，濮上人也，博學無所不通，尤善計算，嘗南遊越，范蠡卑身事之。其書則有《萬物録》，著五方所出，皆述之（蔡琪本、大德本、殿本作"述"前有"直"字）。

事見《皇覽》及《晉中經簿》。又《吴越春秋》及《越絶書》並作計倪，此則倪、研及然聲皆相近，實一人耳。何云書籍不見哉？【今注】范蠡：字少伯，楚國宛地（今河南淅川縣）人。活動見於春秋末期。《史記》卷四一《越王句踐世家》説："蠡三遷皆有榮名，名垂後世，臣主若此，欲毋顯得乎？與時逐而不責於人。"范蠡墓現有多處，如河南淅川、湖南華容、湖北石首、山東肥城、山東定陶、江蘇無錫鴻山、安徽渦陽等，真僞均無可考。參見唐明貴《建國以來范蠡研究的回顧與展望》（《聊城大學學報（社會科學版）》2016年第5期）。 計然：人名。辛氏，名鈃（jiān），字文子，號計然、漁父。梁章鉅《文選旁證》卷三七以爲，馬總《意林》、《史記·貨殖列傳》集解、《文選·求通親親表》注並引《范子》，謂計研姓辛，字文子，葵丘濮上人，其先晉國亡公子。范蠡師事之。不肯自顯，天下莫知，故稱計然。時遨游海澤，號漁父。孟注以爲姓計，殊誤。高似孫《子略》云姓章，《通志·氏族略》云姓宰，並因"辛"而誤。《吴越春秋》作"計硯"。《越絶書》作"計倪"，則因"硯"而誤。唐徐靈府《文子注》作"計鈃"，因"研"而誤，亦皆以聲相亂耳。

［3］【顔注】師古曰：形，顯見。

［4］【顔注】師古曰：旱極則水，水極則旱，故於旱時而預蓄舟，水時預蓄車，以待其貴，收其利也。

［5］【顔注】師古曰：刷謂拭除之也，音所劣反。

［6］【今注】案，王先謙《漢書補注》謂《史記》"十"作"七"。《吴越春秋》《越絶書》作"九術"。

［7］【顔注】孟康曰：特舟也。師古曰：音匹延反。

［8］【顔注】師古曰：自號鴟夷者，言若盛酒之鴟夷，多所容受，而可卷懷，與時張弛也。鴟夷，皮之所爲，故曰子皮。【今注】鴟夷子皮：范蠡之號。《史記·越王句踐世家》："范蠡浮海出齊，變姓名，自謂鴟夷子皮。"司馬貞《索隱》："范蠡自謂也。蓋

以吴王殺子胥而盛以鴟夷，今蠡自以有罪，故爲號也。韋昭曰：‘鴟夷，革囊也。或曰生牛皮也。’”

［9］【顏注】孟康曰：陶即今定陶也。【今注】陶：邑名。在今山東菏澤市定陶區。

［10］【顏注】孟康曰：逐時而居貫也。師古曰：此説非也。言豫居貨物隨時而逐利。【今注】案，《漢書考正》劉攽以爲“與時逐”宜屬下句。治産，治凡可以生息者。積居，積貯成物居停之。與時逐而不責於人，言此兩事自與天時馳逐，無求責於人。上文從劉攽説。

［11］【今注】任時：把握時機。

［12］【今注】案，蔡琪本、大德本、殿本“再”前有“而”字。

［13］【顏注】師古曰：息，生也。

［14］【今注】案，《漢書考證》齊召南認爲，范蠡、子貢、白圭、猗頓、烏氏、巴寡婦清，其人皆在漢以前，不應與程、卓諸人並列，此則沿襲《史記》本文，未及刊除者。

子贛既學於仲尼，退而仕衛，[1]發貯鬻財曹、魯之間。[2]七十子之徒，賜最爲饒，[3]而顏淵簞食瓢飲，在于陋巷。[4]子贛結駟連騎，束帛之幣聘享諸侯，[5]所至，國君無不分庭與之亢禮。[6]然孔子賢顏淵而譏子贛，曰：“回也其庶乎，屢空。賜不受命，而貨殖焉，意則屢中。”[7]

［1］【顏注】師古曰：孔子弟子，姓端木，名賜也。　【今注】子贛（gòng）：端木賜，複姓端木，字子贛（亦作“子貢”）。孔門十哲之一，曾任魯、衛之相。善經商之道。舊説“貢”與“贛”通。然今人或根據1973年定州出土《論語》簡認爲，“贛”爲本字。參見劉榮德《從定州簡〈論語〉看“子貢”與

"子贛"》(《文史雜志》2011 年第 1 期)。

[2]【顔注】師古曰：多有積貯，趣時而發。鬻，賣之也。鬻音弋六反。【今注】發：王念孫《讀書雜志·漢書第十四》以爲，師古説"發"字之義非是。"發"當讀爲"廢"。《公羊傳》宣公八年注："廢，置也。"謂廢置之，積貯之，以轉鬻於曹、魯之間。《史記》作"廢著鬻財於曹、魯之間"，徐廣曰"'著'讀音如'貯'"，是其證也。廢貯猶廢居也。《史記·平準書》云"富商大賈或蹛財役貧，轉轂百數，廢居居邑"，徐廣曰："廢居者，貯畜之名也。有所廢，有所畜，言其乘時射利也。"《史記》卷四一《越世家》云"陶朱公約要父子耕畜，廢居，候時轉物"，"廢居"或作"廢舉"。《史記》卷六七《仲尼弟子列傳》"子貢好廢舉，與時轉貨資"，裴駰曰："廢舉，謂停貯。"此即《貨殖傳》所云子贛"發貯鬻財"者也。"廢"與"發"古同聲而通用。　曹魯：春秋時國名。兩國皆在今山東境内。

[3]【顔注】師古曰：言於弟子之中最爲富。

[4]【顔注】師古曰：簞，笥也。食，飯也。瓢，瓠勺也。一簞之飯，一瓢之飲，至貧也。簞音丁安反。食音似。瓢音頻遥反。【今注】顔淵：即孔子弟子顔回。

[5]【今注】束帛之幣：束帛，五匹帛一捆。古用作聘問、饋贈的禮物。《易·賁卦》："束帛戔戔。"幣，本義爲用作送人的絲織品，引申爲值錢貴重的禮物。　聘享：聘問獻納。聘問必有宴享，故聘、享連文。

[6]【顔注】師古曰：爲賓主之禮。【今注】分庭：平分庭上行禮之地。　亢禮：平等施禮。二者皆謂平等相待。

[7]【顔注】師古曰：《論語》載孔子之言也。顔回庶幾聖道，雖數空匱，而樂在其中。子贛不受教命，唯財是殖，億度是非，幸而中耳。意讀曰億。中音竹仲反。【今注】案，語出《論語·先進》。庶乎，指接近聖人之道。屢空，指常缺少錢財，生活

拮据。命，天命。意，猜度，指對貨殖方面的預測。

白圭，周人也。當魏文侯時，[1]李克務盡地力，[2]而白圭樂觀時變，故人棄我取，人取我予。能薄飲食，忍嗜欲，節衣服，與用事僮僕同苦樂，趨時若猛獸摯鳥之發。故曰："吾治生猶伊尹、吕尚之謀，[3]孫吴用兵，商鞅行法是也。[4]故智不足與權變，勇不足以決斷，仁不能以取予，彊不能以有守，雖欲學吾術，終不告也。"蓋天下言治生者祖白圭。[5]

［1］【今注】魏文侯：戰國時魏國第一位君主，名斯。公元前445年至前396年在位。執政期間師於李悝，進行變法，造《法經》，盡地力之教；用吴起、樂羊爲將，西伐秦，北伐中山；任西門豹守鄴，河内稱治。經過變法與改革，使魏國富强。

［2］【今注】李克：即李悝，戰國初傑出政治家。魏文侯時，李悝任魏相國。主張廢除"世卿世禄"制度，按功勞和能力選拔官吏；"盡地力之教"，鼓勵耕作，增加産量；實行"平糴"，即豐年收購餘糧，荒年糶出，以平糧價。這些措施，促進了生産的發展，使魏國成爲戰國初期强國之一。著有《法經》，爲秦以後歷代法律的基本。所著《李子》今佚。其言論見清馬國翰所輯《李克書》。

［3］【今注】治生：經營生計。

［4］【今注】案，商鞅，公元前395年至前338年人，輔佐秦孝公實行變法，史稱"商鞅變法"。此文白圭爲魏文侯時人，其事迹顯然在商鞅之前，何知商鞅行法之事？故此記述雖轉抄於《史記》，然必有舛誤。

［5］【顔注】師古曰：祖，始也，以其法爲本始也。

猗頓用盬鹽起，[1]邯鄲郭縱以鑄冶成業，[2]與王者埒富。[3]

[1]【顔注】師古曰：猗頓，魯之窮士也。盬，鹽池也。於盬造鹽，故曰盬鹽。盬音古。【今注】猗頓：春秋魯國人，傳説他向范蠡學致富術，成爲巨富。《孔叢子·陳士義》："猗頓，魯之窮士也。耕則常飢，桑則長寒。聞陶朱公富，往而問術焉。朱公告之曰：'子欲速富，當畜五牸。'於是乃適西河，大畜牛羊於猗氏之南，十年之間其滋息不可計，貲擬王公，馳名天下。以興富於猗氏，故曰猗頓。猗頓經營鹽業，唯《史記》有述，《漢書》傳抄，似乎不見其他文獻。今有猗頓墓在山西臨猗縣，有清道光十七年（1837）所立石碑。碑題名《重修周逸民猗頓氏墓記》，碑文稱其"其富甲天下"，"西抵桑泉，東跨鹽池，南條北嵋，皆其所有"。"或者急公奉餉，上有利於國；或者憫孤憐貧，下有濟於民"。 盬鹽：未經過熬制的鹽。盬，鹽池。

[2]【今注】邯鄲：古城名。在今河北邯鄲市。 郭縱：邯鄲人，冶鐵致富。其事迹《史記》有述，《漢書》傳抄，或稀見其他文獻。

[3]【顔注】師古曰：埒，等也。

烏氏嬴畜牧，[1]及衆，斥賣，[2]求奇繒物，間獻戎王。[3]戎王十倍其償，予畜，畜至用谷量牛馬。[4]秦始皇令嬴比封君，以時與列臣朝請。[5]

[1]【顔注】師古曰：氏音支，烏氏，姓也。嬴，名也。其人爲畜牧之業也。【今注】烏氏：縣名。治所在今寧夏固原市東南。 嬴（luǒ）：王先謙《漢書補注》指出《史記》"嬴"作"倮"，《集解》引韋昭云："烏氏，縣名，屬安定。"顔注非。

［2］【顔注】師古曰：畜牧蕃盛，其數多則出而賣之也。【今注】斥賣：出售。

［3］【顔注】師古曰：避時之禁，故伺間隙私遺戎王。

［4］【顔注】師古曰：言其數饒不可計算，故以山谷多少言之。【今注】案，關於烏氏贏與戎王的絲綢貿易及其性質，參見晉文《官商烏氏倮與正史記載最早絲路貿易》（《光明日報》2017 年 3 月 27 日《史學》）。

［5］【顔注】師古曰：與讀曰豫。請音才性反。

巴寡婦清，[1]其先得丹穴，[2]而擅其利數世，家亦不訾。[3]清寡婦能守其業，用財自衛，人不敢犯。始皇以爲貞婦而客之，爲築女懷清臺。[4]

［1］【顔注】師古曰：以其行絜，故號曰清也。【今注】巴：郡名。治江州（今重慶市北）。案，秦漢時“寡”字除爲亡夫之婦稱謂外，尚有對年齡的確切定義。甘肅武威磨咀子漢墓出土的《王杖詔書令册》竹簡，其中有：“年六十以上，毋子男爲鯤（鰥）；女子年六十以上，毋子男爲寡。”據此推斷，當是時，清之年齡已六十餘。見武威縣博物館《武威新出王杖詔令册》（《漢簡研究文集》，甘肅人民出版社 1984 年版）。《史記索隱》解釋“巴寡婦清”：“巴，寡婦之邑；清，其名也。”陳直《漢書新證》亦認爲“清”應爲巴寡婦之名。關於清之籍貫，現有多説，僅重慶就有長壽説、南川説、涪陵説、酉陽説、彭水説等，多無法確定。

［2］【顔注】師古曰：丹，丹沙也。穴者，山谷之穴出丹也。【今注】案，丹砂又稱朱砂、辰砂。是汞（水銀）的硫化物礦物。含汞 86.2%，是提煉汞的主要礦物原料。除煉汞外，用途還甚廣，涉及髹漆、金丹、醫藥、文房、化妝等諸多方面。參見王進玉、王進聰《中國古代朱砂的應用之調查》（《文物保護與考古科學》

1999年第1期）。

［3］【顔注】師古曰：言資財衆多無限數。訾音子移反。

［4］【今注】懷清臺：秦始皇爲紀念巴清修建的貞潔臺。其在何處，有多説。唐代《括地志》載，懷清臺在涪州永安縣東北七十里。此爲涪陵説。《太平寰宇記》卷一二〇將懷清臺係於賓化縣名下，賓化，即今重慶市南川區。此爲南川説。1942年《長壽縣志》載，女懷清臺在長壽江南龍寨山。此爲長壽説。以上三説，均無太多實證。日本中井積德據《史記·貨殖列傳》中的“女懷清臺”，猜測“懷，疑女之姓氏。”參見瀧川資言《史記會注考證》（上海古籍出版社2015年版）。

秦漢之制，列侯封君食租税，歲率户二百。[1]千户之君則二十萬，朝覲聘享出其中。[2]庶民農工商賈，率亦歲萬息二千，[3]百萬之家即二十萬，而更繇租賦出其中，[4]衣食好美矣。故曰陸地牧馬二百蹏，[5]牛千蹏角，[6]千足羊，[7]澤中千足彘，水居千石魚波，[8]山居千章之萩。[9]安邑千樹棗；[10]燕、秦千樹栗；蜀、漢、江陵千樹橘；淮北滎南河濟之閒千樹萩；[11]陳、夏千畝桼；[12]齊、魯千畝桑麻；渭川千畝竹；[13]及名國萬家之城，帶郭千畝畝鍾之田，[14]若千畝巵茜，[15]千畦薑韭；[16]此其人皆與千户侯等。

［1］【今注】歲率户二百：每户一歲納錢二百文。

［2］【今注】朝覲聘享：此指拜見皇帝及迎來送往之費用。聘享，聘問獻納。《史記·平準書》：“王侯宗室朝覲聘享，必以皮幣薦璧，然後得行。”賈誼《新書·輔佐》：“典方典容儀，以掌諸侯、遠方之君，譔之班爵、列位、軌伍之約，朝覲、宗遇、會同、享

聘、貢職之數。”

［3］【今注】萬息二千：本金一萬利息二千。

［4］【顔注】師古曰：更音工衡反，繇讀曰徭。【今注】更繇租賦：指更賦、田租、口賦等。更賦是一种代役税。西漢規定，男子二十三歲至五十六歲，期間要服兵役兩年。此外，每人每年在本郡服役一个月，因役人輪番服役，所以叫“更”，役人叫作“更卒”。不服役的每月出錢二千，叫作“踐更”。每人每年還要戍邊三天，不服役的出錢三百，叫作“過更”。而所出之錢，謂之“更賦”。田租係按畝徵税。一般由地主、自耕農向政府申報土地數量，登入簿籍，作爲徵收依據，曰“自實田”或“名田”。亦稱“田税”。漢高祖時行輕徭薄賦政策，田租十五而税一，實行未久，又有增加。惠帝即位（前195），恢復爲十五税一。文帝二年（前178），爲了鼓勵農民生産，減收當年天下田租之半。此後，由於實行賈誼的重農積粟政策，特别是鼂錯的募民入粟賜爵政策，國家掌握的糧食大大增加，文帝於十二年再次減收天下田租之半，十三年更免除民田的租税以“勸農”。到景帝二年（前155）遂正式規定三十税一。這一税率，終西漢之世没有改變。漢代田租規定三十而税一，不是按每年每畝的實際産量作標準來收税，而是“較數歲之中以爲常”，“以頃畝出税”，即按土多年來的平均産量，土地肥瘠不同分等，依三十税一的比例折合成固定的税額來徵收，是一種定額課税制。口賦亦稱“口錢”“口算”，是中國古代徵收的一種人頭税，秦以前已存在。據本書《食貨志》記載，秦時“口租口賦，鹽鐵之利，二十倍於古”。此處口賦泛指人頭税。漢起口賦專指對三歲至十四歲的未成年人所徵口錢，對十五歲至五十六歲成年人所徵人頭税則稱“算賦”。初規定，凡是七歲至十四歲的未成年男女，每口每年交二十錢，武帝時改從三歲起徵，每口每年交二十三錢，二十錢供宫廷用費，三錢供補充車騎馬匹用。元帝時又改爲從七歲起徵。至漢末，有自一歲起徵的。

［5］【顔注】孟康曰：五十匹也。師古曰：蹏，古“蹄”字。

［6］【顏注】孟康曰：百六十七頭也。馬貴而牛賤，以此爲率也。師古曰：百六十七頭牛，則爲蹄與角凡一千二也。言千者，舉成數也。

［7］【顏注】師古曰：凡言千足者，二百五十頭也。

［8］【顏注】師古曰：波讀曰陂。言有大陂養魚，一歲收千石魚也。説者不曉，及改其波字爲皮，又讀爲披，皆失之矣。【今注】案，王先謙《漢書補注》謂《史記》“波”作“陂”。

［9］【顏注】孟康曰：萩任方章者千枚也。師古曰：大材曰章，解在《百官公卿表》。萩即楸樹字也。其下並同也。【今注】案，王先謙《漢書補注》謂《史記》“萩”作“材”。楊樹達《漢書窺管》認爲下文有“千樹萩”，此作“萩”則文複，當依《史記》作“材”。

［10］【今注】安邑：縣名。治所在今山西夏縣西北。

［11］【顏注】師古曰：滎亦水名，濟水所溢作也，即今所謂滎澤也。【今注】滎：水名。在今河南省境内。案，王先謙《漢書補注》謂《史記》“滎南”作“常山以南”。

［12］【顏注】師古曰：陳，陳縣也，夏，夏縣也，皆屬淮陽。種桼樹而取其汁。夏音蝦。【今注】陳：縣名。治所在今河南淮陽縣。　夏：似指陽夏，縣名。治所在今河南太康縣。　桼：同“漆”。

［13］【今注】渭川：渭水流域，在今陝西省中部。

［14］【顏注】孟康曰：一鍾受六斛四斗。師古曰：一畝收鍾者凡千畝也。

［15］【顏注】孟康曰：茜草、卮子可用染也。師古曰：茜音千見反。【今注】卮：一種作染料用的野生植物，可製胭脂。　茜：一種攀緣草本植物。根黄紅色，可提取染料。

［16］【顏注】師古曰：畦音攜。【今注】畦：田園中分成的小區。一般爲長方形。古或稱田五十畝爲一畦。

諺曰：“以貧求富，農不如工，工不如商，刺繡文不如倚市門。”[1]此言末業，貧者之資也。[2]通邑大都酤一歲千釀，[3]醯醬千瓨，[4]漿千儋，[5]屠牛羊彘千皮，穀糴千鍾，[6]薪稾千車，船長千丈，[7]木千章，[8]竹竿萬个，[9]軺車百乘，[10]牛車千兩；[11]木器桼者千枚，[12]銅器千鈞，[13]素木鐵器若，巵茜千石，[14]馬蹏噭千，[15]牛千足，羊彘千雙，[16]童手指千，[17]筋角丹沙千斤，[18]其帛絮細布千鈞，文采千匹，[19]荅布皮革千石，[20]桼千大斗，[21]蘖麴鹽豉千合，[22]鮐鮆千斤，[23]鯫鮑千鈞，[24]棗栗千石者三之，[25]狐貂裘千皮，羔羊裘千石，[26]旃席千具，它果采千種，[27]子貸金錢千貫，[28]節駔儈，[29]貪賈三之，廉賈五之，[30]亦比千乘之家，此其大率也。

[1]【顔注】師古曰：言其易以得利也。【今注】刺繡文：指手工業。　倚市門：指經商。

[2]【今注】資：依靠。

[3]【顔注】師古曰：千瓮以釀酒。【今注】酤一歲千釀：指一年之中，釀酒一千瓮出賣。酤，薄酒；清酒。

[4]【顔注】師古曰：瓨，長頸甖也，受十升。瓨音胡雙反。【今注】醯：醋。

[5]【顔注】孟康曰：儋，甖也。師古曰：儋，人儋之也，一儋兩甖。儋音丁濫反。【今注】漿：酢漿，古時一种含有酸味的飲料。　儋：“擔”的古字。

[6]【顔注】師古曰：謂常糴取而居之。【今注】糴：買進糧食。與“糶”相對。楊樹達《漢書窺管》認爲“穀糴”與上文“醯醬”，下文“薪稾”“竹竿”“軺車”爲文不類。且此文所舉，

大都謂己所有之物，若糴取而居之，非本文立言之意也，是以“糴”當爲“糶”。

［7］【顔注】師古曰：總積舩之丈數也。【今注】舩：同“船”。蔡琪本作“船”，殿本作“舡”。

［8］【今注】章：根。《史記》卷一二九《貨殖列傳》：“山居千章之材。”

［9］【顔注】孟康曰：个者，一个兩个。師古曰：个讀曰箇。箇，枚也。【今注】案，陳直《漢書新證》謂本書《景武昭宣元成功臣表》載楊僕以竹二萬箇贖罪，竹以箇計，與本傳文相同。

［10］【顔注】師古曰：軺車，輕小之車也。軺音弋昭反。

［11］【顔注】師古曰：車一乘曰一兩。謂之兩者，言其轅輪兩兩而耦。【今注】兩：通“輛”。

［12］【今注】案，王先謙《漢書補注》謂《史記》“桼”作“髤”，徐廣注：“髤，漆也。”

［13］【顔注】器康曰（器，蔡琪本、大德本、殿本作“孟”）：三十斤爲一鈞。

［14］【顔注】孟康曰：百二十斤爲石。素木，素器也。【今注】案，陳直《漢書新證》以爲素木與鐵器連稱，指農具柄而言。

［15］【顔注】師古曰：噭，口也。蹄與口共千，則爲馬二百也。噭音江釣反，又音口釣反。【今注】噭：沈欽韓《漢書疏證》謂《説文解字·口部》：“噭，吼也。”字書無訓口者。《太玄》注：“‘噭’與‘叫’同。”《史記》作“躈”，躈即尻竅。

［16］【顔注】師古曰：彘即豕。

［17］【顔注】孟康曰：童，奴婢也。古者無空手游口，皆有作務，作務須手指，故曰手指，以別馬牛蹏角也。師古曰：手指謂有巧伎者。指千則人百。

［18］【今注】筋角：動物的筋與角。古時多用於製弓。

［19］【顔注】師古曰：文，文繒也。帛之有色者曰采。

［20］【顔注】孟康曰：荅布，白疊也。師古曰：麤厚之布也，其價賤，故與皮革同其量耳，非白疊也。荅者，重厚之貌，而讀者妄爲榻音，非也。【今注】荅布：粗厚的布。吴仁傑《兩漢刊誤補遺》卷八謂古者《漢書》音讀皆有師承之自，未可遽非之也。晉羊曼與郗鑒、卞壼、蔡謨等八人號八伯，擬古之八儁，皆一時之名流也，而曼爲䶗伯。《顔氏家訓》云"䶗者，多饒積厚之貌"，與荅布重厚之意相近。《集韻》"荅""䶗"二字同託合切，與"榻"音亦相近。《集韻》别出"䶗"字，引䶗伯事。案，《家訓》"䶗"字用盛洪之《晉書》本，而《集韻》"䶗"字用唐御製本。要之，荅布之荅乃與晉八伯名實相當，字書宜於"荅"字下注云："託合切，厚重貌，一作'䶗'。"沈欽韓《漢書疏證》認爲，上文言"細布"，則知是麤布。其時白氎未入中國，故孟説非也。荅布即納布。《宋書》卷七一《徐湛之傳》："高祖微時伐荻，有納布衣襖。"又洪頤煊《讀書叢録》卷二一指出，《史記》作"榻布"，《齊民要術》卷七引《漢書》亦作"榻布千石"。

［21］【顔注】師古曰：大斗者，異於量米粟之斗也。今俗猶有大量。【今注】案，陳直《漢書新證》謂"千大斗"者，一千大斗也。漢代有大斗小斗之别，小斗一石，合大斗六斗。

［22］【顔注】師古曰：麴糵以斤石稱之，輕重齊則爲合。鹽豉則斗斛量之，多少等亦爲合。合者，相配偶之言耳。今西楚荆沔之俗賣鹽豉者，鹽豉各一斗則各爲裹而相隨焉（斗，大德本、殿本作"升"），此則合也。説者不曉，迺讀爲升合之合，又改作台，競爲解説，失之遠矣。【今注】糵麴：釀酒的酵母。　豉：豆豉。　合：王念孫《讀書雜志·漢書第十四》引王引之，謂師古以"合"爲相配耦，所謂曲説者也：其一，上文云"荅布皮革千石，黍千大斗"，下文云"鮐鮆千斤，鯫鮑千鈞"，此獨不言斗斛，不言斤石，而以相配耦爲名，於理不合。其二，《史記·貨殖列傳》作"千荅"，徐廣曰："或作'台'，器名有瓵。孫叔然云，瓵，瓦

器，受斗六升。‘台’當爲‘瓵’，音貽。”甚是。《爾雅》“甌瓿謂之瓵”，郭注：“瓿甊小甖，長沙謂之瓵。”《列女傳·仁智》：“臧文仲曰：‘斂小器，投諸台。’”是知“台”與“瓵”同。《史記》或本作“台”是也。今本“台”作“苔”，乃“荅”字之訛。“荅”“台”古同聲，故得通用。《漢書》作“合”，則又“台”之訛也。師古不達，反以作“台”者爲誤，而强爲“合”字作解，其失甚矣。

[23]【顔注】師古曰：鮐，海魚也。鮆，刀魚也，飲而不食者。鮐音胎，又音落。鮆音薺，又音才爾反。而説者妄讀鮐爲夷，非唯失於訓物，亦不知音矣。

[24]【顔注】師古曰：鮿，膊魚也，即今不著鹽而乾者也。鮑，今之鮑魚也。鮿魚輒。膊音普各反。鮑音於業反。而説者乃讀鮑爲鮠魚之鮠，音五回反，失義遠矣。鄭康成以爲鮑於煏室乾之，亦非也。煏室乾之，即鮿耳。蓋今巴荆人所呼鰎魚者是也。音居偃反。秦始皇載鮑亂臭，則是鮑魚耳。而煏室乾者，本不臭也。煏音蒲北反。【今注】案，王先謙《漢書補注》謂《史記》“鮿”下有“千石”二字。

[25]【顔注】師古曰：三千石。

[26]【顔注】師古曰：狐貂貴，故計其數；羔羊賤，故稱其量也。

[27]【顔注】師古曰：果采，謂於山野采取果實也。【今注】案，王先謙《漢書補注》謂《史記》此句作“佗果菜千鍾”。

[28]【今注】子貸金錢：放利取息之錢。

[29]【顔注】孟康曰：節，節物貴賤也。謂除估儈，其餘利比於千乘之家也。師古曰：儈者，合會二家交易者也。駔者，其首率也。駔音子朗反。儈音工外反。【今注】節駔儈：意爲除去經紀成本。駔儈，經紀人。原指馬匹交易的經紀人。

[30]【顔注】孟康曰：貪賈，未當賣而賣，未當買而買，故

得利少，而十得其三。廉賈，貴乃賣，賤乃買，故十得五也。【今注】案，《漢書考正》劉敞謂貪賈務賒貸，仍取厚利，常多亡失，故三之。廉賈取之約，未嘗亡失，故五之。同書劉奉世以爲，此謂子貸取息也。貪賈取利多，故三分取息一分。廉賈則五分取一耳，所謂歲萬息二千也。又，王先謙《漢書補注》引李光地，謂孟説未是。貪賈以十計而三之，謂得十之三分餘也。廉賈以十計而五之，謂得息十之二分也。

蜀卓氏之先，趙人也，用鐵冶富。[1]秦破趙，遷卓氏之蜀，夫妻推輦行。[2]諸遷虜少有餘財，争與吏，求近處，處葭萌。[3]唯卓氏曰："此地陿薄。吾聞峄山之下沃壄，下有踆鴟，至死不飢。[4]民工作布，易賈。"乃求遠遷。致之臨邛，[5]大憙，即鐵山鼓鑄，[6]運籌算，賈滇、蜀民，[7]富至童八百人，[8]田池射獵之樂擬於人君。

[1]【今注】案，陳直《漢書新證》指出《華陽國志》蜀郡臨邛縣云："漢文帝時，以鐵銅賜侍郎鄧通，假民卓王孫，歲取千匹，故卓王孫貨累巨萬億，鄧通錢亦遍天下。"可證卓氏之富，由於鄧通。

[2]【顔注】師古曰：步車曰輦。

[3]【顔注】師古曰：縣名也，《地理志》屬廣漢。葭音家。【今注】葭萌：縣名。治所在今四川廣元市西南。

[4]【顔注】孟康曰：踆音蹲。水鄉多鴟，其山下有沃野灌溉。師古曰：孟説非也。踆鴟謂芋也，其根可食，以充糧，故無飢年。《華陽國志》曰汶山郡都安縣有大芋如蹲鴟也。【今注】鴟：鷂鷹。

[5]【今注】臨卭：縣名。治所在今四川邛崍市。

[6]【顔注】師古曰：即，就也。【今注】案，元狩四年（前119）漢武帝下令將鹽業冶鐵業壟斷爲國營，各地設鹽官和鐵官進行鹽鐵生産和銷售。在由中央大農令統一管理以前，西漢政府長期奉行“弛山澤之禁”的寬鬆政策，這使得鹽鐵私營之風熾盛，豪强、富商大賈從中獲取巨大利益。

[7]【顔注】師古曰：行販賣於滇、蜀之閒也。滇音丁賢反。

[8]【今注】案，八百人，王先謙《漢書補注》謂《史記》作“千人”。

程鄭，山東遷虜也，亦冶鑄，賈魋結民，富埒卓氏。[1]

[1]【顔注】師古曰：魋結，西南夷也。言程鄭行賈，求利於其人也。埒，等也。魋音直追反。結讀曰髻。【今注】魋結：一種髮髻。《史記》卷九七《酈生陸賈列傳》：“陸生至，尉他魋結箕倨見陸生。”司馬貞《索隱》：“謂爲髻一撮似椎而結之，故字从結。”又案，王先謙《漢書補注》謂，《史記》“魋結”作“椎髻”，義同；下有“俱居臨邛”四字。

程、卓既衰，至成、哀閒，成都羅裒訾至鉅萬。[1]初，裒賈京師，隨身數十百萬，[2]爲平陵石氏持錢。[3]其人彊力。石氏訾次如、苴，[4]親信，厚資遺之，令往來巴蜀，數年閒致千餘萬。裒舉其半賂遺曲陽、定陵侯，[5]依其權力，賒貸郡國，[6]人莫敢負。擅鹽井之利，期年所得自倍，[7]遂殖其貨。

[1]【今注】案，陳直《漢書新證》謂揚雄《蜀都賦》云："蜀中大姓，羅司馬郭范晶楊。"又《抱樸子·交際》云："程鄭王孫，羅裒之徒，乘肥衣輕，懷金抉玉。"與本傳文正合。

[2]【顔注】師古曰：言其自有數十萬，且至百萬。

[3]【今注】平陵：縣名。治所在今陝西咸陽市西北。　持錢：顧炎武《日知録》卷二七謂持錢猶今人言掌財也。

[4]【顔注】孟康曰：平陵如氏，苴氏也。石氏勤力，故訾次二人也。師古曰：孟説非也。其人彊力，謂羅裒耳。訾次如、苴，自謂石氏之饒財也。苴音側于反。

[5]【顔注】師古曰：謂王根、淳于長也。

[6]【顔注】師古曰：貸音吐戴反。【今注】賒貸：放高利貸。

[7]【顔注】師古曰：期音基。

宛孔氏之先，[1]梁人也，用鐵冶爲業。秦滅魏，遷孔氏南陽，[2]大鼓鑄，規陂田，連騎游諸侯，因通商賈之利，有游閒公子之名。[3]然其贏得過當，瘉於孅嗇，[4]家致數千金，故南陽行賈盡法孔氏之雍容。[5]

[1]【今注】宛：縣名。治所在今河南南陽市宛城區。

[2]【今注】南陽：郡名。治宛縣。

[3]【顔注】師古曰：閒讀曰閑，言其志寬大，不在急促。公子者，公侯貴人之子也，言其舉動性行有似之也，若今言諸郎矣。

[4]【顔注】師古曰：瘉讀爲愈。愈，勝也。孅，細也。嗇，愛也（蔡琪本、大德本、殿本"愛"後有"㕕"字）。言其於利雖不汲汲苟得，然所獲贏餘多於細㕕者也。孅與纖同（纖，蔡琪本、大德本、殿本作"孅"）。下云周人既孅，義亦類此。

[5]【今注】雍容：從容大度。

魯人俗儉嗇，而丙氏尤甚，[1]以鐵冶起，富至鉅萬。[2]然家自父兄子弟約，頫有拾，卬有取，[3]貰貸行賈徧郡國。[4]鄒、魯以其故，[5]多去文學而趨利。

[1]【今注】丙氏：王先謙《漢書補注》謂《史記》作“曹邴氏”。《鹽鐵論·禁耕》：“大夫曰：‘異時，鹽鐵未籠，布衣有朐邴。’”朐即宛朐，春秋曹國地也，故《史記》作“曹邴”，而當時謂之朐邴也。

[2]【今注】案，王先謙《漢書補注》引王文彬，謂《集解》“起”屬下讀，云“起富至鉅萬”，是也。下文刀閒“起數千萬”，《史記》“起”下亦有“富”字。

[3]【顔注】師古曰：頫，古“俯”字也。俯仰必有所取拾，無鉅細好惡也。

[4]【今注】貰貸：借貸。

[5]【今注】鄒：古國名。西周封國，都邾（今山東曲阜市東南）。

齊俗賤奴虜，而刀閒獨愛貴之。[1]桀黠奴，[2]人之所患，唯刀閒收取，使之逐魚鹽商賈之利，或連車騎交守相，[3]然愈益任之，終得其力，起數千萬。故曰“寧爵無刀”，[4]言能使豪奴自饒，而盡其力也。刀閒既衰，至成、哀間，臨菑姓偉訾五千萬。[5]

[1]【顔注】師古曰：刀姓，閒名也。刀音貂。【今注】案，刀，蔡琪本、殿本作“刁”。

[2]【今注】桀黠奴：凶惡狡詐的奴虜。

[3]【今注】守相：郡守、王侯相國。

[4]【顔注】孟康曰：刀閒能畜豪奴，奴或有連車騎交守相。奴自謂："寧欲免去作民有爵邪？無將止爲刀氏作奴乎？"無，發聲助也。

[5]【顔注】師古曰：姓姓，名偉。

周人既孅，[1]而師史尤甚，轉轂百數，[2]賈郡國，無所不至。雒陽街居在齊秦楚趙之中，富家相矜以久賈，[3]過邑不入門。設用此等，故師史能致十千萬。[4]

[1]【今注】孅：鋭細，借指吝嗇小氣。

[2]【顔注】師古曰：轉轂，謂以車載物而逐利者。

[3]【顔注】孟康曰：謂街巷居民無田地，皆相矜久賈在此諸國也。師古曰：此説非也。言雒陽之地居在諸國之中，要衝之所，若大街衢，故其賈人無所不至而多得利，不憚久行也。中音竹仲反。【今注】案，何焯《義門讀書記》卷二〇認爲，街居，當如孟説作"街巷居民"。在中，則顔注"居在諸國之中"爲優；然以爲"要衝之所，若大街衢"，疏矣。又顧炎武《日知録》卷二七云："《説文》：'街，四通道。'《鹽鐵論》：'……二周之三川，皆爲天下名都，居五諸侯之衢，跨街冲之路。'"王先謙《漢書補注》據此謂顔説亦自可通。

[4]【顔注】師古曰：十千萬，即萬萬也。言其財至萬萬也。一曰至千萬者十焉。【今注】案，十千萬，王先謙《漢書補注》謂《史記》作"七千萬"。

師史既衰，至成、哀、王莽時，[1]雒陽張長叔、薛子仲訾亦十千萬。[2]莽皆以爲納言士，[3]欲法武帝，然不能得其利。[4]

[1]【今注】王莽：傳見本書卷九九。

[2]【今注】雒陽：縣名。治所在今河南洛陽市東北。

[3]【今注】納言士：掾屬名。新莽納言的屬吏。王莽更名大司農爲“納言”，爲九卿之一，“納言士”應爲掌穀貨等事的財政官吏。

[4]【顔注】師古曰：法武帝者，言用卜式、東郭、咸陽、孔僅等爲官也。

宣曲任氏，[1]其先爲督道倉吏。[2]秦之敗也，豪桀争取金玉，任氏獨窖倉粟。[3]楚漢相距滎陽，民不得耕種，米石至萬，而豪桀金玉盡歸任氏，任氏以此起富。富人奢侈，而任氏折節爲力田畜。[4]人争取賤賈，任氏獨取貴，[5]善富者數世。[6]然任公家約，非田畜所生不衣食，公事不畢則不得飲酒食肉。[7]以此爲閭里率，[8]故富而主上重之。

[1]【今注】宣曲：地名。在今陝西西安市西南。

[2]【顔注】孟康曰：若今吏督租穀使上道輸在所也。師古曰：於京師四方諸道督其租耳。道者，非謂上道也。【今注】督道倉吏：官名。秦置漢因。掌諸道倉穀轉運。《漢書考正》劉奉世以爲，督道者，倉所在地名耳，猶後傳注《漢宫闕疏》所稱細柳倉也。周壽昌《漢書注校補》亦謂“督道”爲地名，若秦時督亢之類。

[3]【顔注】師古曰：取倉粟而窖臧之也。窖音工孝反。

[4]【今注】案，吴恂《漢書注商》謂“爲”下脱一“儉”字，“爲儉”承上“奢侈”而言。

[5]【顔注】師古曰：言其居買之物，不計貴賤，唯在良美

也。貫讀曰價。【今注】案，王念孫《讀書雜志·漢書第十四》謂當以“任氏獨取貴善”爲句，“富者數世”爲句。上文“賈”讀爲“盬”，謂物之麤惡者也。《唐風·鴇羽》傳：“盬，不攻致也。”《小雅·四牡》傳：“盬，不堅固也。”《漢書》卷四五《息夫躬傳》“器用盬惡”，鄧展曰：“盬，不堅牢也。”其字或作“楱楛”之“楛”，或作“甘苦”之“苦”，或作“沽酒”之“沽”，或作“榮枯”之“枯”，或作“古今”之“古”，此傳則“商賈”之“賈”，皆以聲相近而字相通。賤賈猶言賤惡。謂人之買物皆争取其賤而惡者，任氏獨取其貴而善者。貴善與賤惡正相對也。若以“任氏獨取貴”爲句，則與上句不對；以“善富者數世”爲句，則文不成義矣。《索隱》斷“任氏獨取貴善”爲句是也，唯讀“賈”爲“價”，亦與師古同誤。王先謙《漢書補注》稱《索隱》以“善”上屬，王説是也。然謂人“争取賤而惡者”，於理未允。人争取賤者是矣，肯争取惡者乎！讀“賈”爲“盬”，古義無徵，仍讀“價”爲是，不必定與“貴善”對文也。

[6]【顔注】師古曰：折節力田，務於本業，先公後私，率道閭里，故云善富。

[7]【顔注】師古曰：任公，任氏之父也。言家爲此私約制也。晉灼以爲任用公家之約，此説非也。

[8]【今注】率：表率、榜樣。

塞之斥也，唯橋桃以致馬千匹，牛倍之，羊萬，粟以萬鍾計。[1]

[1]【顔注】孟康曰：邊塞主斥候卒也。唯此一人能致富若此。師古曰：此説非也。塞斥者，言國家斥開邊塞，更令寬廣，故橋桃得恣其畜牧也。姓橋名桃。以萬鍾計者，不論斗斛千萬之數，每率舉萬鍾而計之著，其饒多也。【今注】案，《漢書考正》

劉攽以爲顏説未盡。塞之斥也。公私皆有費用，故橋桃得以致富。豈謂待廣地恣其畜牧哉！王先謙《漢書補注》謂《史記》“桃”作“姚”，“羊萬”下有“頭”字。

吴楚兵之起，長安中列侯封君行從軍旅，齎貣子錢家，[1]子錢家以爲關東成敗未決，莫肯予。唯毋鹽氏出捐千金貸，[2]其息十之。[3]三月，吴楚平。一歲之中，則毋鹽氏息十倍，用此富關中。[4]

[1]【顏注】師古曰：行者須齎糧而出，於子錢家貣之也。貣謂求假之也，音吐得反。【今注】子錢家：放高利貸者。

[2]【顏注】師古曰：貸謂假與之，音吐戴反。【今注】案，毋鹽，王先謙《漢書補注》謂《史記》作“無鹽”。

[3]【今注】其息十之：王先謙《漢書補注》引《索隱》：“謂出一得十倍。”

[4]【今注】用此：因此。

關中富商大賈，大氐盡諸田，[1]田牆、田蘭。[2]韋家栗氏、安陵杜氏亦鉅萬。[3]前富者既衰，自元、成訖王莽，京師富人杜陵樊嘉，[4]茂陵摯綱，[5]平陵如氏、苴氏，長安丹王君房，豉樊少翁、王孫大卿，爲天下高訾。[6]樊嘉五千萬，其餘皆鉅萬矣。王孫卿以財養士，與雄傑交，王莽以爲京司市師，漢司東市令也。[7]

[1]【顏注】師古曰：氐讀曰抵。抵，歸也。

[2]【今注】案，田牆，《史記》卷一二九《貨殖列傳》作“田嗇”。

［3］【今注】案，安陵杜氏，《漢書考證》齊召南謂《史記》作“安陵、杜杜氏”，言安陵縣及杜縣之杜氏皆富也。

［4］【今注】杜陵：古陵名。漢宣帝劉詢陵。宣帝元康元年（前65）置陵杜東原上，遂改杜縣爲杜陵縣，治所在今陝西西安市長雁塔區曲江街道辦事處三兆村西北。

［5］【今注】茂陵：古陵名。漢武帝劉徹陵。本爲槐里縣茂鄉，在今陝西興平市東北。武帝建茂陵，因以置縣。

［6］【顔注】師古曰：王君房賣丹，樊少翁及王孫大卿賣豉，亦致高訾。訾讀與資同。高訾謂多資財。【今注】王孫大卿：陳直《漢書新證》謂姓王孫字大卿，下文或簡稱王孫卿。

［7］【今注】司東市令：疑記述有誤。或當爲“東市令”。西漢東市令置於長安東市，屬京兆尹，主管市政。秩比千石。王莽時，長安爲常安，東市稱京，西市稱畿，東市令爲五均司市師。本書《食貨志下》載：“遂於長安及五都立五均官，更名長安東西市令及洛陽、邯鄲、臨甾、宛、成都市長皆爲五均司市師。東市稱京，西市稱畿，洛陽稱中，餘四都各用東西南北爲稱，皆置交易丞五人，錢府丞一人。”王莽敗，即廢。又陳直《漢書新證》指出，本書《百官公卿表》載左馮翊屬官有長安四市四長丞。四市蓋東西南北四市，分稱之則有司東市令之名，漢城出土有“市府”及“東市”“西市”“南市”等封泥，蓋皆四市令所用。然陳直雖説有司東市令，却未給例證。

此其章章尤著者也。其餘郡國富民兼業顓利，[1]以貨賂自行，取重於鄉里者，不可勝數。故秦楊以田農而甲一州，[2]翁伯以販脂而傾縣邑，[3]張氏以賣醬而隃侈，[4]質氏以洒削而鼎食，[5]濁氏以胃脯而連騎，[6]張里以馬醫而擊鍾，[7]皆越法矣。然常循守事業，積累贏利，漸有所起。至於蜀卓，宛孔，齊之刀間，[8]公擅山川銅鐵魚鹽市井之入，運其籌策，上争王者之利，下錮齊民之業，[9]皆陷不軌奢僭之惡。又況掘冢搏掩，犯姦成富，[10]曲叔、稽發、雍樂成之徒，[11]猶復齒列，[12]傷化敗俗，大亂之道也。

[1]【顔注】師古曰：顓與專同。

[2]【顔注】孟康曰：以田地過限，從此而富，爲州中第一也。【今注】案，王先謙《漢書補注》謂《史記》“楊”作“陽”。何焯《義門讀書記》卷二〇指出：“田宅踰制，六條所取，漢法嚴，安得容此！孟康注非也。《史記》曰‘田農，拙業，而秦陽以蓋一州’，不過言其因力田而致富甲一州耳。以下數句例之自明。”

[3]【今注】案，王先謙《漢書補注》謂《史記》“翁”作“雍”，徐廣注：“‘雍’，一作‘翁’。”

[4]【今注】案，王先謙《漢書補注》謂《史記》“醬”作“漿”。又，大德本“踰”作“揄”。

[5]【顔注】服虔曰：治刀劍者也。如淳曰：作刀劍削者。師古曰：二説皆非也。洒，濯也。削謂刀劍室也。謂人有刀劍削故惡者，主爲洒刷之，去其垢穢，更飾令新也。洒音先禮反。削音先召反。【今注】質氏：陳直《漢書新證》謂《漢印文字徵》有“質山跗”“質忠”“質敞”三印，是知質氏爲漢代通常習見之姓。案，《史記》作“郅氏”。

[6]【顔注】晉灼曰：今太官常以十月作沸湯燖羊胃，以末椒薑坋之，暴使燥是也。師古曰：燖音似兼反。坋音蒲頓反。

[7]【今注】擊鍾：擊鐘佐食。

[8]【今注】案，刀，蔡琪本、大德本、殿本作“刁”。

[9]【顔注】師古曰：錮亦謂專取之也。

[10]【顔注】師古曰：搏掩謂搏擊掩襲，取人物者也。搏字或作“博”。一説博，六博也，掩，意錢之屬也，皆戲而睹取財

物。【今注】案，王先謙《漢書補注》謂《史記》"搏"作"博"。一説是。

[11]【顔注】師古曰：姓曲名叔，姓稽名發，姓雍名樂成也。稽音工奚反。【今注】案，王先謙《漢書補注》謂《史記》"稽"作"桓"，云曲叔掘冢，桓發博戲，雍樂成行賈。

[12]【顔注】師古曰：身爲罪惡，尚復與良善之人齊齒並列。

漢書　卷九二[1]

游俠傳第六十二[2]

[1]【今注】案，漢書，蔡琪本、大德本同，殿本作“前漢書”。

[2]【今注】游俠：古代重義輕利、誠信守諾、能救人於危難的人。《史記》卷一二四《游俠列傳》載，所謂游俠，其行爲並不符合當時社會上的法律規範，但他們説話必守信用，辦事必有成效，答應好的事情一定兑現，不愛惜自己的生命，而願使他人脱離危難。既已使人獲救於危難之中，也不誇耀自己的功勞，並羞於稱道自己的恩德。因此，他們有很多可以稱頌的地方。

古者天子建國，諸侯立家，[1]自卿大夫以至于庶人各有等差，[2]是以民服事其上，而下無覬覦。[3]孔子曰：“天下有道，政不在大夫。”[4]百官有司奉法承令，[5]以脩所職，失職有誅，侵官有罰。夫然，故上下相順，而庶事理焉。

[1]【今注】天子建國諸侯立家：《禮記·祭法》：“天下有王，分地建國。”《左傳》桓公二年《傳》“諸侯立家”，杜預注：“卿大夫稱家。”則所謂天子建國，即天子分封諸侯；諸侯立家，就是諸侯國君分封采邑給卿大夫。

［2］【今注】案，此句指諸侯之爵位由嫡長子繼承，其餘的嫡子和庶子封爲卿大夫。

［3］【顔注】師古曰：覬，幸也。覦，欲也。幸得其所欲也。覬音冀。覦音踰，又音諭。【今注】案，“是以民服事其上”二句，指在下位者服從、侍奉在上位者，並不會因而窺伺上位，發生僭越。自“古者天子建國”至此句，化用《左傳》桓公二年之文。

［4］【顔注】師古曰：《論語》載孔子之言，謂權不移於下也。【今注】案，此二句出自《論語·季氏》。

［5］【今注】有司：官吏，官府。古代設官分職，其事各有專司，故名。　奉法承令：遵奉國家的法令。

周室既微，禮樂征伐自諸侯出。[1]桓文之後，大夫世權，陪臣執命。[2]陵夷至於戰國，合從連衡，[3]力政争彊。[4]繇是列國公子，魏有信陵，趙有平原，齊有孟嘗，楚有春申，[5]皆藉王公之埶，競爲游俠，雞鳴狗盜，無不賓禮。[6]而趙相虞卿棄國捐君，以周窮交魏齊之戹；[7]信陵無忌竊符矯命，戮將專師，以赴平原之急：[8]皆以取重諸侯，顯名天下。搤掔而游談者，以四豪爲稱首。[9]於是背公死黨之議成，[10]守職奉上之義廢矣。

［1］【今注】案，“周室既微”二句，《論語·季氏》：“孔子曰：‘天下有道，則禮樂征伐自天子出。天下無道，則禮樂征伐自諸侯出。’”周幽王爲犬戎所殺，平王東遷，周王朝衰弱，諸侯自作禮樂，專行征伐。周室，周朝。武王滅商後，都鎬（今陝西西安市西灃水東岸），稱西周。公元前771年，平王遷都雒邑（今河南洛陽市），稱東周。

［2］【顔注】師古曰：齊桓、晉文，周之二霸也。陪，重也。【今注】桓文：齊桓公與晉文公。齊桓公，姜姓，名小白。公元前685至前643年在位。公元前651年大會諸侯於葵丘（今河南民權縣東北）。爲春秋五霸之首。晉文公，姬姓，名重耳。公元前636年至前628年在位。公元前632年與楚戰於城濮，大勝。與諸侯會盟於踐土，成爲霸主。案，齊國舉兵平定周王室内亂，晉國則率兵護送周襄王復位，均有尊王的做法。　大夫世權陪臣執命：周王室的大夫和臣下世襲權力並執掌政令。陪臣，古代諸侯爲天子之臣，大夫爲諸侯之臣，而大夫又有家臣，則大夫相對天子、家臣相對諸侯，均爲隔層之臣，又稱陪臣。

［3］【今注】合從連衡：合從指戰國時蘇秦游説的六國聯合抗秦。又作"合縱"。連衡指張儀游説諸侯隨秦國攻打其他諸侯國。又作"連横"。

［4］【顔注】師古曰：力政者，棄背禮義專任威力也。從音子容反。【今注】力政争彊：戰國時期諸侯崇尚以武力互相征伐兼並。

［5］【顔注】師古曰：繇讀與由同。信陵君魏無忌，平原君趙勝，孟嘗君田文，春申君黄歇。【今注】魏有信陵：信陵君魏無忌。戰國時魏安僖王異母弟，有食客三千人，封信陵君。魏安釐王二十年（前257），奪晉鄙軍救趙。魏，戰國七雄之一。戰國末都大梁（今河南開封市）。公元前225年爲秦所滅。　趙有平原：平原君趙勝。戰國時趙惠文王弟，爲趙相，封於東武城（今山東武城縣西北）。養賓客數千人。趙孝成王七年（前259），秦圍邯鄲，招死士三千人，又得楚、魏救兵，擊退秦軍。趙，戰國七雄之一。戰國末都邯鄲（今河北邯鄲市）。公元前222年爲秦所滅。　齊有孟嘗：孟嘗君田文。其父田嬰爲齊宣王庶弟，封於薛（今山東滕州市南）。有食客數千人。入秦爲相。後爲齊湣王相。率領齊、韓、魏三國之兵攻秦。齊湣王七年（前294）因田甲叛亂，爲湣王所疑，

奔至魏，任相國。曾西合秦、趙與燕共伐破齊。齊，戰國七雄之一。都臨淄（今山東淄博市東北）。公元前221年爲秦所滅。　楚有春申：春申君黄歇。戰國時期楚國人。曾入質於秦。楚考烈王時爲相，封爲春申君。楚，戰國七雄之一。公元前278年徙都陳（今河南淮陽縣），前241年又都壽春（今安徽壽縣），前223年爲秦所滅。

［6］【顔注】師古曰：謂孟嘗君用雞鳴而得亡出關，因狗盜而取狐白裘也。

［7］【顔注】師古曰：魏齊，虞卿之交也，將爲范睢所殺，卿救之也。【今注】虞卿：戰國游説之士。游説趙孝成王，爲趙上卿，故號虞卿。主張合縱抗秦。魏相魏齊曾笞辱范睢。後范睢相秦，攻魏，索取魏齊的人頭。虞卿助魏齊逃至趙國。後又回魏國。

［8］【顔注】師古曰：秦兵圍趙，趙相平原君告急於無忌，無忌因如姬以竊兵符，矯魏信侯命代晉鄙爲將（《漢書考證》齊召南認爲，應作“矯安釐王命”，“信”字雖與“釐”通，而魏稱王已久，不得云“魏信侯”），而令朱亥鎚殺晉鄙，遂率兵救趙，秦兵以卻，而趙得全。

［9］【顔注】師古曰：搤，捉持也。掔，古手腕字（蔡琪本、大德本、殿本句末有“也”字）。四豪即魏信陵以下也。搤音戹。

［10］【今注】背公死黨：背棄國家大義而致力於朋黨之私利。

及至漢興，禁網疏闊，[1]未之匡改也。[2]是故代相陳豨從車千乘，[3]而吴濞、淮南皆招賓客以千數。[4]外戚大臣魏其、武安之屬競逐於京師，[5]布衣游俠劇孟、郭解之徒馳騖於閭閻，[6]權行州域，力折公侯。衆庶榮其名迹，覬而慕之。雖其陷於刑辟，自與殺身成名，若季路、仇牧，死而不悔。[7]故曾子曰：“上失其道，民散久矣。”[8]非明王在上，視之以好惡，齊之以禮法，民曷繇知禁而反正乎！[9]

[1]【今注】禁網疏闊：漢初鑒於秦朝的嚴刑酷法，采取休養生息的政策、較爲寬松的法律。禁網，法網。

[2]【顔注】師古曰：匡，正也。

[3]【今注】代相：代國的相。本書卷一下《高紀下》載，高祖十年（前 197）九月，代相陳豨反。上曰：“代地吾所急。”故封豨爲列侯，以相國守代。代，漢初諸侯王國名。高祖七年，匈奴攻代，代王劉喜逃。高祖立子如意爲代王，都代縣（今河北蔚縣東北）。相，官名。漢代朝廷派往諸侯國的最高行政長官。原稱丞相或相國，掌統率衆官。景帝中五年（前 145）改稱相。　陳稀從車千乘：本書卷三四《盧綰傳》載，豨少時常慕魏公子，及將守邊，招致賓客。嘗告過趙賓客，隨之者千餘乘。稀，蔡琪本、大德本、殿本作“豨”。下同不注。

[4]【今注】吴濞：吴王劉濞。傳見本書卷三五。　淮南：淮南王劉安。傳見本書卷四四。濞、安二人皆招賓客以千數。

[5]【今注】魏其：指竇嬰。傳見本書卷五二。魏其，縣名。治所在今山東臨沂市南。　武安：指田蚡。傳見本書卷五二。武安，縣名。治所在今河北武安市西南。

[6]【今注】閭閻：古代里巷内外的門。後泛指平民老百姓。

[7]【顔注】師古曰：季路，孔子弟子也，姓仲名由，衛人也。衛有蒯聵之亂，季路聞之，故入赴難，遇孟黶石乞以戈擊之，斷纓。季路曰：“君子死，冠不免。”結纓而死。仇牧，宋大夫也。宋萬殺閔公，仇牧聞之，趨而至，手劍而叱之。萬臂擊仇牧，碎首，齒著于門闔。言游俠之徒自許節操，同於季路、仇牧。

[8]【顔注】師古曰：《論語》載曾子之言也，解在《刑法志》。【今注】案，此句指春秋之時，王道漸坏，教化不行，禮樂

不興，用法律刑罰治民，則民心離散。

［9］【顔注】師古曰：視讀曰示。繇讀曰由。

古之正法：五伯，三王之辠人也；[1]而六國，[2]五伯之辠人也。夫四豪者，又六國之辠人也。[3]況於郭解之倫，以匹夫之細，竊殺生之權，其辠已不容於誅矣。觀其温良泛愛，振窮周急，謙退不伐，亦皆有絶異之姿。[4]惜乎不入於道德，[5]苟放縱於末流，殺身亡宗，非不幸也！

［1］【顔注】師古曰：伯讀曰霸。下皆類此（蔡琪本、大德本同，殿本顔注在“五伯之辠人也”之後）。【今注】五伯：春秋五霸。指齊桓公、宋襄公、晉文公、秦穆公和楚莊王。　三王：夏、商、周三代的夏禹、商湯、周文。或指禹、湯、文武。

［2］【今注】六國：齊、楚、燕、韓、趙、魏。

［3］【今注】案，“古之正法”數句，語出《孟子·告子下》：“孟子曰：‘五霸者，三王之罪人也；今之諸侯，五霸之罪人也；今之大夫，今之諸侯之罪人也。’”據孟子的解釋，古時天子對於諸侯衹聲討而不征伐，今五霸之間則互相征伐，所以説五霸是三王的罪人。五霸之間會盟有禁約，今諸侯都違背了盟約，故諸侯是五霸的罪人。

［4］【今注】絶異之姿：游俠具備的温和善良、解人急難、謙恭禮讓等獨特的品質。

［5］【今注】道德：官方正統的社會規範。

自魏其、武安、淮南之後，天子切齒，衞、霍改節。[1]然郡國豪桀處處各有，京師親戚冠蓋相望，[2]亦古今常道，莫足言者。唯成帝時，[3]外家王氏賓客爲盛，[4]而樓護爲帥。及王莽時，[5]諸公之間陳遵爲雄，[6]閭里之俠原涉爲魁。[7]

[1]【今注】衛霍改節：衛青、霍去病雖功勞很大，但都不養士，從而不被皇帝忌憚。本書卷五五《衛青霍去病傳》贊引衛青說："自魏其、武安之厚賓客，天子常切齒。彼親待士大夫，招賢黜不肖者，人主之柄也。人臣奉法遵職而已，何與招士！"

[2]【今注】冠蓋相望：路上官員的冠服和車蓋可以互相看到。形容官吏或使者往來不斷。也指家族世代連續做官。

[3]【今注】成帝：劉驁。公元前32年至前7年在位。紀見本書卷一〇。

[4]【今注】外家王氏：漢元帝皇后王政君及其家族。傳見本書卷九八。外家，外戚。

[5]【今注】王莽：傳見本書卷九九。

[6]【今注】諸公：泛指公卿等高官。

[7]【顔注】師古曰：魁者，斗之所用盛而杓之本也。故言根本者皆云魁。

朱家，魯人，[1]高祖同時也。魯人皆以儒教，[2]而朱家用俠聞。所臧活豪士以百數，[3]其餘庸人不可勝言。然終不伐其能，飲其德，[4]諸所嘗施，唯恐見之。振人不贍，先從貧賤始。家亡餘財，衣不兼采，[5]食不重味，[6]乘不過軥牛。[7]專趨人之急，甚於己私。[8]既陰脱季布之厄，[9]及布尊貴，終身不見。自關以東，[10]莫不延頸願交。楚田仲以俠聞，父事朱家，自以爲行弗及也。田仲死後，有劇孟。

［1］【今注】魯：春秋戰國時期諸侯國。都曲阜（今山東曲阜市）。

［2］【今注】儒教：以儒家學説和禮義施行教化。

［3］【今注】臧活：善待救濟。臧，善。

［4］【顔注】孟康曰：有德於人，而不自美也。師古曰：飲，没也，謂不稱顯。【今注】案，王念孫《讀書雜志·漢書第十四》認爲，"飲"蓋"欽"字之訛，《史記》卷一二四《游俠列傳》作"歆"。歆，喜愛。

［5］【今注】衣不兼采：衣服没有多樣的色彩。比喻衣服朴素。

［6］【今注】食不重味：吃的東西没有多種味道。比喻食物種類單一。

［7］【顔注】晉灼曰：軥，軥梶也（梶，蔡琪本、大德本、殿本作"掜"）。軥牛，小牛也。師古曰：軥，重挽也，音工豆反。晉説是也。【今注】案，沈欽韓《漢書疏證》引司馬貞《索隱》曰："大牛當軛，小爲軥牛。"據此，當時賤牛車，而朱家所乘當是挽軥之小牛，言其貧薄。

［8］【顔注】師古曰：趨讀曰趣。趣，向也。

［9］【今注】既陰脱季布之厄：季布曾爲項羽將，多次率兵圍困劉邦。後被劉邦懸賞通緝。季布裝作髡鉗徒，被朱家所買。朱家又通過夏侯嬰爲季布向劉邦求情。詳見本書卷三四《韓彭英盧吴傳》。

［10］【今注】關：函谷關。在今河南靈寶市東北王垛村。

劇孟者，洛陽人也。[1]周人以商賈爲資，[2]劇孟以俠顯。吴楚反時，條侯爲太尉，[3]乘傳東將，[4]至河南，[5]得劇孟，喜曰："吴楚舉大事而不求劇孟，吾知其無能爲已。"[6]天下騷動，大將軍得之若一敵國云。[7]劇孟行大類朱家，而好博，[8]多少年之戲。然孟母死，自遠方送喪蓋千乘。[9]及孟死，家無十金之財。[10]而符離王孟，亦以俠稱江淮之閒。[11]是時，濟南瞯氏、陳周膚亦以豪聞。[12]景帝聞之，使使盡誅此屬。其後，代諸白、梁韓毋辟、陽翟薛況、陜寒孺，紛紛復出焉。[13]

［1］【今注】洛陽：縣名。治所在今河南洛陽市東北。

［2］【今注】周人：指洛陽和周圍地區的人。因洛陽一帶本來是東周王畿之地。

［3］【今注】條侯：周亞夫。傳見本書卷四〇。　太尉：武官名。漢代最高軍事長官。掌軍事顧問，有兵事則設，無事則罷。與丞相、御史大夫並稱三公。景帝三年（前154），周亞夫爲太尉。

［4］【顔注】師古曰：乘傳車而東，出爲大將也。傳音張戀反。【今注】乘傳：乘坐傳車。傳，傳車。傳車爲古代驛站專用車輛。每到一傳舍，即換車換馬換御者，繼續前行，取其快速。傳舍一般爲三十里一置，也有以一縣爲間距的。據拉車馬匹的多少與優劣，由高到低分爲四等：傳置、馳置、乘置、軺置。案，本書卷三五《吴王濞傳》："條侯將乘六乘傳，會兵滎陽。至雒陽，見劇孟，喜曰：'七國反，吾乘傳至此，不自意全。'"兩"乘傳"下並無車字，亦可證此文"乘傳"下車字，當從本傳作"東"。

［5］【今注】河南：郡名。治洛陽（今河南洛陽市東北）。

［6］【顔注】師古曰：已，語終辭。

［7］【今注】案，《漢書考正》宋祁謂，浙本無"軍"字。王念孫《讀書雜志·漢書第十四》條侯以太尉將諸軍擊吴楚，故曰"大將"。"將"下"軍"字爲後人所加。且當時大將軍乃竇嬰，並非條侯。

［8］【今注】博：古代游戲棋名。共有十二棋，六黑六白。每

人六棋，投六箸行六棋相博，故又名六博。

［9］【今注】乘：古代稱四馬一車爲一乘。

［10］【今注】十金之財：形容財富極少。漢代以黄金一斤爲一金，一金值萬錢。

［11］【顔注】師古曰：符離，沛郡之縣也。【今注】符離：縣名。治所在今安徽宿州市埇橋區東北。　江淮：泛指長江與淮河之間的地區。

［12］【顔注】師古曰：瞯音閑。【今注】濟南：郡名。治東平陵縣（今山東濟南市章丘區西北）。景帝三年（前154），濟南國參與吴楚七國之亂，事敗，國除爲郡。　陳：縣名。治所在今河南淮陽縣。

［13］【顔注】師古曰：代郡白姓非一家也，故稱諸焉。梁國人姓韓，名毋辟。陽翟屬潁川。陜即今陜州陜縣也。薛況、寒孺，皆人姓名也。辟讀曰避。【今注】代：郡名。治代縣（今河北蔚縣東北）。　梁：縣名。治所在今河南汝州市西南。　陽翟：縣名。治所在今河南禹州市。　陜：縣名。治所在今河南三門峽市陜州區。本書《地理志下》作"郟"。

郭解，河内軹人也，［1］温善相人許負外孫也。［2］解父任俠，孝文時誅死。解爲人静悍，［3］不飲酒。少時陰賊感槩，［4］不快意，所殺甚衆。以軀耤友報仇，［5］臧命作姦，剽攻，［6］休乃鑄錢掘冢，［7］不可勝數。適有天幸，窘急常得脱，若遇赦。

［1］【顔注】師古曰：軹音只。【今注】河内：郡名。治懷縣（今河南武陟縣西南）。　軹：縣名。治所在今河南濟源市東南。

［2］【今注】善相人：善於觀察人的相貌以占卜其吉凶。　許負：許姓老嫗。本書卷四〇《周勃傳》顔師古注引應劭云："負，

河内温人，老嫗也。”許負亦見本書卷九七上《外戚傳上》。陳直《史記新證》認爲，西漢婦女稱負者極多，如《史記》卷八《高祖本紀》之武負、《史記》卷五六《陳丞相世家》之張負、本傳之許負。“負”當爲“媍”字省文，即“婦”字之異體。

［3］【顔注】師古曰：性沉静而勇悍（沉，殿本同，蔡琪本、大德本作“沈”）。【今注】静悍：精明强悍。《漢書考證》齊召南認爲，《史記》卷一二四《游俠列傳》作“解爲人短小精悍”。本書移“短小”二字於後文，又改“精”字爲“静”。王念孫《讀書雜志·漢書第十四》謂，“静”與“精”同。“精”與“悍”義相近，故以“精悍”連文。

［4］【顔注】師古曰：陰賊者，陰懷賊害之意也。感槩者，感意氣而立節槩也。

［5］【顔注】師古曰：耤，古“藉”字也。藉謂借助也。【今注】以軀耤友報仇：親自幫助朋友復仇。耤，借助。

［6］【顔注】師古曰：臧命，臧亡命之人也。剽，劫也。攻謂穿窬而盜也。剽，音匹妙反。【今注】臧命作姦：聚集亡命之徒做不法之事。　剽攻：搶奪。

［7］【顔注】師古曰：不報仇剽攻，則鑄錢發冢也。【今注】案，《漢書考證》齊召南認爲，《史記·游俠列傳》作“剽攻不休”，則“休”字屬上句。本書省去“不”字，遂屬下句。王念孫《讀書雜志·漢書第十四》案，《史記·游俠列傳》原文亦作“藏命作奸剽攻，休乃鑄錢發冢”，“休”字本屬下句讀。因“乃”字訛作“及”字，後人不得其解，遂於“休”字上加“不”字，而以“休”字屬上句讀。非班固省去“不”字，乃是後人誤讀《史記》。吴恂《漢書注商》則認爲，斷句當作“臧命作姦，剽攻不休，及鑄錢掘冢”，此數句指郭解所犯甚多，若連續數之，則文不免有記賬之嫌，故著“及”字，使若更端以疏間之，下文“不可勝數”之語，正承上述諸事而言。本書脱一“不”字，後人遂改

"及"爲"乃"。

及解年長，更折節爲儉，[1]以德報怨，厚施而薄望。[2]然其自喜爲俠益甚。[3]既已振人之命，不矜其功，[4]其陰賊著於心本發於睚眦如故云。[5]而少年慕其行，亦輒爲報讎，不使知也。

[1]【今注】折節：改變過去的做法，變得十分謙遜。

[2]【今注】厚施而薄望：施予别人的很多，但不希求别人的回報。

[3]【顔注】師古曰：自好喜爲此名也。喜音許吏反。

[4]【顔注】師古曰：振謂舉救也。矜，夸恃也（恃，蔡琪本、大德本、殿本作"持"）。

[5]【顔注】師古曰：著音直略反（略，蔡琪本、大德本同，殿本作"畧"）。心本猶言本心也。睚音崖。眦音漬。睚眦又音五懈、士懈反，解具在《杜欽傳》。【今注】案，此句指陰賊扎根於心靈深處，遇到小的怨恨則會發作。王念孫《讀書雜志·漢書第十四》謂，當以"陰賊著於心"爲句，"本"當依《史記》作"卒"，"卒"字下屬爲句。隸書"本"字或作"夲"，"卒"字或作"卆"，二形相似，故"卒"訛爲"本"。

解姊子負解之執，[1]與人飲，使之釂，非其任，彊灌之。[2]人怒，刺殺解姊子，去亡。[3]解姊怒曰："以翁伯時人殺吾子，賊不得！"[4]棄其尸道旁，弗葬，欲以辱解。解使人微知賊處。[5]賊窘自歸，[6]具以實告解。解曰："公殺之當，吾兒不直。"遂去其賊，[7]辠其姊子，收而葬之。諸公聞之，皆多解之義，[8]益附焉。

[1]【顔注】師古曰：負，恃也。

[2]【顔注】師古曰：盡爵曰釂。其人不飲，而使盡爵，乃彊灌之，故怨怒也。釂，音子笑反。彊，音其兩反。

[3]【今注】案，王先謙《漢書補注》謂《史記》“去亡”作“亡去”，是。

[4]【顔注】師古曰：翁伯，解字也。

[5]【顔注】師古曰：微，伺問之也。

[6]【顔注】師古曰：窘，困急。

[7]【顔注】師古曰：除去其罪也。去音丘吕反。【今注】去：使賊離去。

[8]【顔注】師古曰：多猶重（蔡琪本、大德本、殿本句末有“也”字）。

解出，人皆避，有一人獨箕踞視之。[1]解問其姓名，客欲殺之。解曰：“居邑屋不見敬，是吾德不脩也，[2]彼何辠！”乃陰請尉史曰：[3]“是人吾所重，至踐更時脱之。”[4]每至直更，數過，吏弗求。[5]怪之，問其故，解使脱之。箕踞者迺肉袒謝辠。[6]少年聞之，愈益慕解之行。

[1]【今注】箕踞：古代坐時兩脚伸直張開，兩膝微曲，兩手據膝，形似簸箕。這是一种輕慢傲視的坐法。

[2]【顔注】師古曰：邑屋猶今人言村舍也（蔡琪本同，大德本、殿本“村舍”後有“巷舍”二字）。

[3]【今注】尉史：官名。郡尉史的簡稱。掌巡徼、捕盜賊。

[4]【顔注】師古曰：踐更，爲踐更之卒也。脱，免也。更音工衡反。脱音它活反。【今注】踐更：以當爲更卒，出錢三百，

謂之過更；自行爲卒，謂之踐更。

［5］【顔注】師古曰：直，當也，次當爲更也。數音所角反。【今注】直更：輪到去服兵役時。

［6］【今注】肉袒：脱去上衣，裸露肢體。古代在祭祀或謝罪時以此表示恭敬或惶恐。

洛陽人有相仇者，邑中賢豪居閒以十數，終不聽。[1]客迺見解。解夜見仇家，仇家曲聽。[2]解謂仇家："吾聞洛陽諸公在閒，多不聽。今子幸而聽解，解奈何從它縣奪人邑賢大夫權乎！"[3]迺夜去，不使人知，曰："且毋庸，待我去，令洛陽豪居閒迺聽。"[4]

［1］【顔注】師古曰：居中閒爲道地和輯之，而不見許也。

［2］【顔注】師古曰：屈曲從其言（屈曲，蔡琪本、大德本同，殿本作"曲屈"）。

［3］【今注】案，此句指郭解爲洛陽人與仇人和解，但又不希望讓人以爲自己奪了城中賢豪大夫的調解之功。

［4］【顔注】師古曰：庸，用也。且無用休，待洛陽豪更言之迺從其言也。

解爲人短小，恭儉，出未嘗有騎，[1]不敢乘車入其縣庭。[2]之旁郡國，[3]爲人請求事，事可出，出之；[4]不可者，各令厭其意，[5]然後迺敢嘗酒食。諸公以此嚴重之，爭爲用。邑中少年及旁近縣豪夜半過門，[6]常十餘車，請得解客舍養之。[7]

［1］【顔注】師古曰：不以騎自隨也。【今注】騎：一人一馬

謂之騎。這裏指騎馬的隨從。

[2]【顔注】師古曰：所屬之縣也。【今注】縣庭：縣的官署。

[3]【今注】郡國：漢代地方行政區劃名。郡直屬天子，長官爲太守。國爲天子分封的諸侯。郡、國兩者地位相等，所以郡、國並稱。

[4]【顔注】如淳曰：事可爲免出者，出之。

[5]【顔注】師古曰：厭，滿也，一贍反（蔡琪本、大德本、殿本“一”前有“音”字）。

[6]【今注】少年：漢代城鎮中從事卑賤職業或基本無業的游手少年。

[7]【顔注】師古曰：舍，止也。言解多臧亡命，喜事少年與解同志者，知亡命者多歸解，故夜將車來迎取其人居止而養之。

及徙豪茂陵也，[1]解貧，不中訾。[2]吏恐，不敢不徙。衛將軍爲言：[3]“郭解家貧，不中徙。”上曰：“解布衣，權至使將軍，此其家不貧！”[4]解徙，諸公送者出千餘萬。軹人楊季主子爲縣掾，鬲之，[5]解兄子斷楊掾頭。解入關，關中賢豪知與不知，[6]聞聲争交驩。[7]邑人又殺楊季主，季主家上書人又殺闕下。[8]上聞，迺下吏捕解。解亡，置其母家室夏陽，[9]身至臨晉。[10]臨晉籍少翁素不知解，因出關。[11]籍少翁已出解。解傳太原，[12]所過輒告主人處。吏逐迹至籍少翁，少翁自殺，口絶。久之得解，窮治所犯爲，而解所殺，皆在赦前。

[1]【今注】茂陵：漢武帝陵。建元二年（前139）武帝在槐

里縣（今陝西興平市東南）茂鄉築陵，置茂陵縣（今陝西興平市東北）。

［2］【顔注】師古曰：中，充也，言訾財不充合徙之數也。中，音竹仲反。其下亦同。【今注】不中訾：漢武帝元朔二年（前127），曾遷徙家財在三百萬以上的富豪到茂陵以成邑。不中訾，言其貲少不符合要求。《史記》卷一二四《游俠列傳》司馬貞《索隱》："貲不滿三百萬已上爲不中。"

［3］【今注】衛將軍：衛青。傳見本書卷五五。周壽昌《漢書注校補》載，青素謹畏，不肯薦士，所言於上者，獨主父偃、郭解兩人。尚有咸宣亦因青言上爲厩臣。

［4］【顔注】師古曰：將軍爲之言，是爲其所使也。

［5］【顔注】師古曰：鬲塞其送，不令解得之也。鬲與隔同。【今注】縣掾：縣里的屬吏。

［6］【今注】關中：函谷關以西今陝西關中盆地一帶。東有函谷關，南有武關（今陝西商南縣南），西有散關（今陝西寶雞市西南），北有蕭關（今甘肅環縣西北）。

［7］【顔注】師古曰：知謂先相知也。

［8］【顔注】師古曰：於闕下殺上書人。【今注】闕下：宮闕之下。指帝王所居之處。借指京城長安。

［9］【今注】夏陽：縣名。治所在今陝西韓城市南。

［10］【今注】臨晋：縣名。治所在今陝西大荔縣朝邑鎮。

［11］【顔注】師古曰：出解於關也。

［12］【今注】太原：郡名。治晉陽（今山西太原市西南）。

軹有儒生侍使者坐，客譽郭解，生曰："解專以姦犯公法，何謂賢？"解客聞之，殺此生，斷舌。吏以責解，實不知殺者，[1]殺者亦竟莫知爲誰。吏奏解無辠。御史大夫公孫弘議曰：[2]"解布衣爲任俠行權，以睚眦殺人，解不知，此辠甚於解知殺之。當大逆無道。"[3]遂族解。[4]

[1]【今注】案，蔡琪本、大德本、殿本"實"前有"解"字。

[2]【今注】御史大夫：官名。漢三公之一。掌執法彈劾、糾察百官以及圖籍秘書。秩中二千石。　公孫弘：傳見本書卷五八。

[3]【顔注】師古曰：當謂處斷其罪。

[4]【今注】案，周壽昌《漢書注校補》據《後漢書》卷三一《郭伋傳》，其高祖父爲郭解。郭伋之父郭梵爲蜀郡太守，是郭解曾孫，則郭伋是玄孫。郭解雖被族誅，必有慕其俠義而藏其後人的，故至東漢，人口再次興盛。

自是之後，俠者極衆，而無足數者。然關中長安樊中子，[1]槐里趙王孫，[2]長陵高公子，[3]西河郭翁中，[4]太原魯翁孺，臨淮兒長卿，[5]東陽陳君孺，雖爲俠而恂恂有退讓君子之風。[6]至若北道姚氏，西道諸杜，南道仇景，東道佗羽公子，[7]南陽趙調之徒，[8]盜跖而居民間者耳，[9]曷足道哉！此迺鄉者朱家所羞。[10]

[1]【今注】長安：縣名。治所在今陝西西安市西北。

[2]【今注】槐里：縣名。治所在今陝西興平市東南。

[3]【今注】長陵：縣名。治所在今陝西咸陽市渭城區韓家灣鄉怡魏村。本爲漢高祖劉邦陵園（遺址在今陝西咸陽市窑店鎮三義村北），高祖十二年（前195）因陵置縣。

[4]【顔注】師古曰：中讀皆曰仲。【今注】西河：郡名。治平定縣（今内蒙古准格爾旗西南）。

［5］【顏注】師古曰：兒，音五奚反。【今注】臨淮：郡名。治徐縣（今江蘇泗洪縣南）。

［6］【顏注】師古曰：恂恂，謹信之貌也。音荀。

［7］【顏注】師古曰：據京師而言，指其東西南北謂也。姓佗，名羽，字公子。佗，古“他”字。【今注】佗羽公子：王先謙《漢書補注》謂《史記》作“趙他羽公子”，司馬貞《索隱》：“舊解以趙他、羽公子爲二人。今案此姓趙，名他羽，字公子也。”

［8］【今注】南陽：郡名。治宛縣（今河南南陽市宛城區）。

［9］【今注】盜跖：盜蹠，柳下惠之弟，亦見《莊子·盜跖》。張守節《正義》按：蹠者，黄帝時大盜之名。以柳下惠弟爲天下大盜，故世仿照古稱，號爲盜蹠。

［10］【顏注】師古曰：鄉讀曰嚮。【今注】案，蔡琪本、大德本、殿本句末有“也”字。

萬章字子夏，長安人也。[1]長安熾盛，街閭各有豪俠，章在城西柳市，[2]號曰“城西萬子夏”。爲京兆尹門下督，[3]從至殿中，[4]侍中諸侯貴人争欲揖章，[5]莫與京兆尹言者。章逡循甚懼。其後京兆不復從也。[6]

［1］【顏注】師古曰：萬音拒（拒，大德本、殿本同，蔡琪本作“距”）。【今注】萬章：王先謙《漢書補注》引勵宗萬説，“萬”字從草從禹。《急就篇》“萬段卿”，師古注：“‘萬’亦‘楀’字，木名，因樹以得姓。”

［2］【顏注】師古曰：《漢宫闕疏》云細柳倉有柳市。【今注】柳市：漢長安九市之一。故址在今陝西西安市西北漢長安城西，昆明池南。

［3］【今注】京兆尹：官名。漢三輔之一。治長安以東十二縣。職掌相當於郡太守。　門下督：官名。漢代郡縣屬吏，掌督捕

盜賊。

[4]【顔注】師古曰：章從京兆也。

[5]【今注】侍中：加官。秦漢時自列侯至郎中皆有加官。侍從皇帝，出入宫禁。無定員。

[6]【顔注】師古曰：更不以章自隨也。

與中書令石顯相善，[1]亦得顯權力，門車常接轂。[2]至成帝初，石顯坐專權擅埶免官，歸故郡。[3]顯貲巨萬，當去，留牀席器物數百萬直，[4]欲以與章，章不受。賓客或問其故，章歎曰："吾以布衣見哀於石君，[5]石君家破，不能有以安也，[6]而受其財物，此爲石氏之禍，萬氏反當以爲福邪！"[7]諸公以是服而稱之。

[1]【今注】中書令：官名。即"中書謁者令"。漢九卿之一少府屬官。武帝時以宦者典尚書，掌管傳達詔書。　石顯：傳見本書卷九三。

[2]【今注】門車常接轂：車輛相並交錯而行。形容來往密切。轂，車輪中間圓木，有洞可以插車軸。

[3]【今注】案，本書《石顯傳》載，漢成帝初即位，顯失倚，離權數月，丞相御史條奏顯舊惡，及其黨牢梁、陳順皆免官。石顯與妻子徙歸故郡，憂滿不食，道病死。石顯爲濟南郡人。又，蔡琪本、大德本、殿本作"歸"前有"徙"字。

[4]【今注】牀席器物：泛指坐卧用具及財物。

[5]【顔注】師古曰：言爲石顯所哀憐。【今注】哀：王念孫《讀書雜志·漢書第十四》謂，哀者，愛也。言吾以布衣之賤，見愛於石君。

［6］【顔注】師古曰：言力不能救。

［7］【今注】案，邪，蔡琪本同，大德本、殿本作“耶”。

河平中，[1]王尊爲京兆尹，[2]捕擊豪俠，殺章及箭張回、[3]酒市趙君都、賈子光，[4]皆長安名豪，報仇怨養刺客者也。

［1］【今注】河平：漢成帝年號（前28—前25）。

［2］【今注】王尊：傳見本書卷七六。

［3］【顔注】服虔曰：作箭者姓張，名回。

［4］【顔注】服虔曰：酒市中人也。【今注】案，顧炎武《日知録》卷二七載“《王尊傳》長安宿豪大猾箭張禁、酒趙放”，晉灼注：“此二人作箭、作酒之家。”今此文上有“箭張回”，即張禁；君都亦即趙放，名稱偶有不同。《漢書考證》齊召南云：“賈子光，當即《王尊傳》所云‘東市賈萬’矣。”

樓護字君卿，齊人。[1]父世醫也，護少隨父爲醫長安，出入貴戚家。護誦醫經、本草、方術數十萬言，[2]長者咸愛重之，共謂曰：“以君卿之材，何不宦學乎？”繇是辭其父，學經傳，[3]爲京兆吏數年，甚得名譽。

［1］【今注】齊：地區名。指今山東泰山以北及膠東半島地區。

［2］【今注】醫經：漢代以前的七部醫書，即《黄帝内經》《黄帝外經》《扁鵲内經》《扁鵲外經》《白氏内經》《白氏外經》《旁篇》。　本草：《神農本草經》。　方術：醫卜星相之術。方，指方技。術，指數術。陳直《漢書新證》云，今之《本草》所述

藥材産地，皆西漢郡縣之名，樓護所頌，當與今本同。

［3］【顔注】師古曰：繇讀與由同。【今注】經傳：儒家經典和後人解釋的文獻。

是時王氏方盛，[1]賓客滿門，五侯争名，[2]其客各有所厚，不得左右，[3]唯護盡入其門，咸得其驩心。[4]結士大夫，無所不傾，其交長者，尤見親而敬，衆以是服。爲人短小精辯，論議常依名節，聽之者皆竦。與谷永俱爲五侯上客，[5]長安號曰"谷子雲筆札，樓君卿脣舌"，[6]言其見信用也。母死，送葬者致車二三千兩，閭里歌之曰："五侯治喪樓君卿。"

［1］【今注】王氏：漢元帝皇后王政君及其家族。

［2］【今注】五侯：漢成帝河平二年（前27），封王譚平阿侯，王商成都侯，王立紅陽侯，王根曲陽侯，王逢時高平侯，時稱五侯。案，蔡琪本、大德本、殿本"五侯"後有"兄弟"二字。

［3］【顔注】師古曰：不相經過也。【今注】案，此二句指五侯的賓客衹能供於一家，不能同時依附其他諸家。

［4］【今注】案，沈欽韓《漢書疏證》引《西京雜記》："五侯競致奇膳，護乃合以爲鯖，世稱五侯鯖。"

［5］【今注】谷永：傳見本書卷八五。傳載谷永長於章疏，前後上書四十餘次。王先謙《漢書補注》引蘇輿謂《文心雕龍·知音》云："君卿脣舌，而謬欲論文，乃稱'史遷著書，諮東方朔'，於是桓譚之徒相顧嗤笑。彼實博徒，輕言負誚，況乎文士，可妄談哉！"

［6］【今注】案，王念孫《讀書雜志·漢書第十四》謂，此本作"谷子雲之筆札，樓君卿之脣舌"，後人删去兩"之"字，則句

法局促不伸。

久之，平阿侯舉護方正，[1]爲諫大夫，[2]使郡國。護假貸，[3]多持幣帛，過齊，上書求上先人冢，因會宗族故人，各以親疏與束帛，一日散百金之費。使還，奏事稱意，擢爲天水太守。[4]數歲免，家長安中。時成都侯商爲大司馬衛將軍，[5]罷朝，欲候護，其主簿諫：[6]"將軍至尊，不宜入閭巷。"[7]商不聽，遂往至護家。家狹小，官屬立車下，久住移時，天欲雨，主簿謂西曹諸掾曰：[8]"不肯彊諫，反雨立閭巷！"商還，或白主簿語，商恨，以它職事去主簿，終身廢錮。

[1]【顔注】師古曰：王譚也。【今注】平阿侯：王譚。平阿，縣名。治所在今安徽懷遠縣西南。　方正：漢代察舉科目之一。多與賢良並稱，指品行正直、學識淵博的人。始於文帝二年（前178）。

[2]【今注】諫大夫：官名。漢武帝元狩五年（前118）置。漢九卿之一光禄勳屬官。掌顧問應對，參預謀議。秩比八百石。

[3]【顔注】師古曰：官以物假貸貧人，令護監之。貸音吐戴反。【今注】案，《漢書考正》劉奉世認爲，此謂樓護假貸於人，多携帶幣帛，過齊地以施予親戚朋友，並非如顔師古所説監護官員借貸。

[4]【今注】天水：郡名。治平襄（今甘肅通渭縣西）。

[5]【今注】成都：侯國名。治所在今山東鄄城縣東南。　大司馬：加官名。大司馬本爲古代中央最高武官。漢武帝時廢太尉置大司馬，加將軍名號之上。多授予掌權的外戚。　衛將軍：武官名。本爲主衛的高級武官。漢文帝時以宋昌爲衛將軍，掌戍衛京

師。後輔政大臣多加衛將軍，掌京師屯兵及宫門守衛。成帝永始二年（前 15）正月，大司馬車騎將軍王音薨。三月丁酉，特進王商爲大司馬衛將軍（參見大庭脩著，徐世虹譯《秦漢法制史研究》，中西書局 2017 年版，第 267 頁）。

[6]【今注】主簿：官名。管官府内的文書、檔案、賬簿等。

[7]【今注】案，本書卷五《景紀》載景帝中元六年（前 144）詔，官吏車駕衣服應與民間有區别，其中有“下吏出入閭巷亡吏體”。

[8]【今注】西曹：官名。漢代丞相府諸曹之一。掌領百官奏事，後主丞相府屬吏。

後護復以薦爲廣漢太守。[1]元始中，[2]王莽爲安漢公，[3]專政，莽長子宇與妻兄吕寬謀以血塗莽第門，欲懼莽令歸政。發覺，莽大怒，殺宇，[4]而吕寬亡。寬父素與護相知，寬至廣漢過護，不以事實語也。到數日，名捕寬詔書至，[5]護執寬。莽大喜，徵護入爲前煇光，[6]封息鄉侯，[7]列於九卿。[8]

[1]【今注】廣漢：郡名。治梓潼縣（今四川梓潼縣）。

[2]【今注】元始：漢平帝年號（1—5）。

[3]【今注】案，王莽爲安漢公在平帝元始元年（1）春正月。詳見本書卷九九上《王莽傳上》。

[4]【今注】案，本書《王莽傳上》載，王宇使吕寬夜持血酒灑莽第，門吏發覺之。王莽執王宇送獄，飲藥死。

[5]【顔注】師古曰：舉姓名而捕之也。

[6]【顔注】師古曰：莽分三輔置前煇光，後丞烈，以護爲之。煇音暉。【今注】案，漢平帝元始四年（4），分京兆尹置前煇

光和後承烈二郡。

［7］【今注】息鄉：侯國名。地址不詳。

［8］【今注】九卿：秦漢時期中央官職的總稱。此處泛指中央高級官吏。

莽居攝，[1]槐里大賊趙朋、霍鴻等群起，[2]延入前煇光界，護坐免爲庶人。其居位，爵禄賂遺所得亦緣手盡。既退居里巷，時五侯皆已死，年老失埶，賓客益衰。至王莽篡位，[3]以舊恩召見護，封爲樓舊里附城。[4]而成都侯商子邑爲大司空，[5]貴重，商故人皆敬事邑，唯護自安如舊節，邑亦父事之，不敢有闕。時請召賓客，邑居樽下，稱"賤子上壽"。[6]坐者百數，皆離席伏，[7]護獨東鄉正坐，[8]字謂邑曰："公子貴如何！"[9]

［1］【今注】居攝：孺子嬰年幼不能親政，由王莽代行皇帝之權，處理政務，稱居攝。

［2］【今注】案，此事在孺子居攝二年（7），詳見本書卷九九上《王莽傳上》。

［3］【今注】案，公元9年，王莽稱帝。本書卷一〇〇《叙傳》載對王莽的評論："謟爾賊臣，篡漢滔天，行驕夏癸，虐烈商辛。僞稽黄、虞，繆稱典文，衆怨神怒，惡復誅臻。百王之極，究其姦昏。"

［4］【顔注】師古曰：莽爲此爵名，放古之附庸也。【今注】附城：新莽爵名。爲新莽五等爵的第五等。孺子居攝三年，當賜爵關内侯者更名爲附城。

［5］【今注】大司空：漢成帝綏和元年（前8）改御史大夫爲

大司空。

［6］【顏注】師古曰：言以父禮事。【今注】上壽：古代稱獻酒或其他物品祝壽。也泛指祝賀。

［7］【今注】離席伏：漢代人均以席布地而坐，尊者專席，卑者數人同席。致敬及發言時，需離席至地。

［8］【顏注】師古曰：鄉讀曰嚮。

［9］【顏注】蘇林曰：邑字公子也。

初，護有故人吕公，無子，歸護。護身與吕公、妻與嫗同食。[1]及護家居，妻子頗厭吕公。[2]護聞之，流涕責其妻子曰："吕公以故舊窮老託身於我，[3]義所當奉。"遂養吕公終身。護卒，子嗣其爵。

［1］【今注】嫗：古代對年老婦女的稱呼。案，蔡琪本、大德本、殿本"嫗"前有"吕"字。

［2］【今注】厭：嫌棄。

［3］【今注】故舊：故人舊友。　窮老：窮困的老人。　託身：投靠。

陳遵字孟公，杜陵人也。[1]祖父遂，字長子，宣帝微時與有故，[2]相隨博弈，[3]數負進。[4]及宣帝即位，用遂，稍遷至太原太守，迺賜遂璽書曰：[5]"制詔太原太守：官尊禄厚，可以償博進矣。妻君寧時在旁，知狀。"[6]遂於是辭謝，因曰："事在元平元年赦令前。"[7]其見厚如此。元帝時，[8]徵遂爲京兆尹，至廷尉。[9]

［1］【今注】杜陵：縣名。治所在今陝西西安市東南。本爲漢宣帝陵園，因陵名縣。

［2］【今注】宣帝：劉詢。公元前73年至前48年在位。宣帝爲史皇孫之子，武帝曾孫。巫蠱之禍時，其父母均被殺，宣帝先是被關在獄中五年，後被其外祖母史恭收養。因在民間，故稱微時。

［3］【顏注】師古曰：博，六博。弈，圍碁也（碁，蔡琪本、大德本同，殿本作"棋"）。

［4］【顏注】師古曰：進者，會禮之財也，謂博所賭也，解在《高紀》。一説進，勝也，帝博而勝，故遂有所負。【今注】數負進：多次欠下賭資。進，通"贐"。財物。

［5］【今注】璽書：原指以封泥封緘的文書。後專指皇帝的詔書。

［6］【顏注】師古曰：史皇孫名進而此詔不諱之，蓋史家追書故有其字耳。君寧，遂妻名也。云妻知負博之狀者，著舊恩之深也。【今注】案，顧炎武《日知録》卷二六引荀悦《漢紀》云："杜陵陳遂字長子，上微時與遊戲博奕，數負遂。上即位，稍見進用，至太原太守，乃賜遂璽書曰：'制詔太原太守，官尊禄重，可以償博負矣。'"以"進"爲"遂"。但錢大昕《三史拾遺》卷三認爲，"進"本作"贐"，並不涉及史皇孫的名字，故詔書不諱。而且當時戾太子劉據、史皇孫並没有尊號，没有避諱的規定。楊樹達《積微居小學金石論叢·與陳援庵論史諱舉例書》認爲，此處當作"數負進"，爲陳遂欠宣帝賭資。《漢紀》所載與此相反。而且漢代避諱不嚴，史皇孫亦未即帝位，故有不違"進"的情況。

［7］【今注】元平元年赦令：元平，漢昭帝年號，祇有一年（前74）。宣帝於此年七月即位，九月大赦天下。

［8］【今注】元帝：劉奭。公元前48年至前33年在位。紀見本書卷九。

［9］【今注】廷尉：官名。漢九卿之一。掌管刑獄。王先謙

《漢書補注》曰元帝初元元年（前48）爲京兆尹，二年爲廷尉，三年卒，見本書《百官公卿表》。

遵少，[1]與張竦伯松俱爲京兆史。[2]竦博學通達，以廉儉自守，而遵放縱不拘，操行雖異，然相親友，哀帝之末俱著名字，[3]爲後進冠。[4]並入公府，[5]公府掾史率皆羸車小馬，[6]不上鮮明，而遵獨極輿馬衣服之好，門外車騎交錯。又日出醉歸，[7]曹事數廢。[8]西曹以故事適之，[9]侍曹輒詣寺舍白遵曰：[10]"陳卿今日以某事適。"遵曰："滿百乃相聞。"[11]故事，有百適者斥，滿百，西曹白請斥。大司徒馬宫大儒優士，[12]又重遵，[13]謂西曹："此人大度士，奈何以小文責之？"迺舉遵能治三輔劇縣，[14]補郁夷令。[15]久之，與扶風相失，[16]自免去。

[1]【今注】案，蔡琪本、大德本、殿本"少"後有"孤"字。

[2]【今注】張竦伯松：張竦，字伯松，張敞之孫。爲陳崇草擬奏書，稱頌王莽的功德。王莽居攝時，安衆侯劉崇與丞相張紹密謀攻王莽。張竦與劉崇族父劉嘉向王莽請罪，並作奏稱頌，被王莽封爲淑德侯。事迹見本書卷九九上《王莽傳上》。　京兆史：京兆尹屬下掾史。

[3]【今注】哀帝：劉欣。紀見本書卷一一。

[4]【顔注】如淳曰：爲後進人士之冠首也。

[5]【今注】公府：三公的府署。

[6]【今注】公府掾史：漢代三公府之屬吏。　羸車小馬：瘦弱的馬拉着小車。或當作"小車羸馬"。

［7］【顔注】師古曰：言每日必出飲也。

［8］【今注】曹事：公府曹吏所負責的公事。

［9］【顔注】師古曰：案舊法令而罰之也。適讀曰讁。此下皆同。【今注】故事：過去的事例或制度。

［10］【今注】侍曹：曹吏的侍從小吏。　寺舍：官舍。漢代三公的官署稱府，公卿稱寺。

［11］【今注】滿百乃相聞：陳遵醉歸缺勤，耽誤了工作。因此被西曹按舊例處罰。但滿百次纔“請斥”，處罰較輕。

［12］【今注】大司徒：官名。漢哀帝元壽二年（前1）改丞相爲大司徒。　馬宫：傳見本書卷八一。

［13］【顔注】師古曰：優禮賢士，而亢敬重遵（亢，蔡琪本、大德本、殿本作“尤”）。

［14］【今注】三輔：武帝太初元年（前104），改右内史爲右扶風，左内史一分爲二，東爲左馮翊，西爲京兆尹，並稱“三輔”。

［15］【顔注】師古曰：右扶風之縣。【今注】郁夷：縣名。治所在今陝西寶雞市東。

［16］【顔注】師古曰：意不相得也。【今注】扶風：政區名，亦爲官名。治長安縣（今陝西西安市西北）。據《三輔黄圖》，治所在長安城内夕陰街北。政區與郡同級，但地處畿輔，地位特殊，故不稱郡，而以其長官右扶風之名爲政區名。右扶風職掌大體如郡太守，但其身份有中央官員的性質，地位也高於郡守。

槐里大賊趙朋、霍鴻等起，遵爲校尉，[1]擊朋、鴻有功，封嘉威侯。居長安中，列侯近臣貴戚皆貴重之。[2]牧守當之官，[3]及郡國豪桀至京師者，莫不相因到遵門。[4]

［1］【今注】校尉：武官名。出征時臨時任命，領一校

（營）兵。

［2］【今注】列侯：漢制，劉姓子孫封侯者，稱爲諸侯。異姓功臣封侯者，稱爲列侯，也叫徹侯。　近臣：與皇帝親近的大臣。

［3］【今注】牧守：州牧、郡守。泛指州郡長官。　之官：官員赴任。

［4］【今注】莫不相因到遵門：指這些人都互相效仿到陳遵家。

遵耆酒，[1]每大飲，賓客滿堂，輒關門，取客車轄投井中，[2]雖有急，終不得去。[3]嘗有部刺史奏事，[4]過遵，值其方飲，刺史大窮，[5]候遵霑醉時，突入見遵母，[6]叩頭自白當對尚書有期會狀，[7]母迺令從後閤出去。[8]遵大率常醉，然事亦不廢。

［1］【顏注】師古曰：耆讀曰嗜。

［2］【今注】車轄：古代車軸兩頭穿着的鐵鍵，可以使車輪不脱落。

［3］【顏注】師古曰：既關閉門，又投車轄也。而説者便欲改"轄"字爲"館"（館，蔡琪本、大德本同，殿本作"錧"），云門之錧籥，妄穿鑿耳。錧自主人所執，何煩投井也。

［4］【今注】部刺史：官名，即州刺史。也稱"牧"。漢武帝元封五年（前106）置。掌奉詔條察州。秩六百石，員十三人。

［5］【今注】大窮：十分爲難。

［6］【顏注】師古曰：霑溼言其大醉也。霑音竹占反。

［7］【今注】尚書：官名。掌文書章奏。漢武帝後多用宦者，稱中書，參與政事，位卑而權重。　期會：約定期限見面。漢代行政過程中對處理公文和行政事務約定期限。

［8］【顏注】師古曰：以其前門關閉，故從後閤出之也。

長八尺餘，長頭大鼻，容貌甚偉。略涉傳記，[1]贍於文辭。性善書，[2]與人尺牘，[3]主皆臧去以爲榮。[4]請求不敢逆，所到，衣冠懷之，唯恐在後。[5]時列侯有與遵同姓字者，每至人門，曰陳孟公，坐中莫不震動，既至而非，因號其人曰“陳驚坐”云。

[1]【今注】傳記：解釋儒家經典的文字。

[2]【今注】善書：善寫書法。沈欽韓《漢書疏證》載朱長文《墨池編》、釋夢英《十八體書》：“芝英篆者，陳遵所作。”

[3]【今注】尺牘：書信。漢代詔書寫在一尺一寸的簡牘上，稱尺一牘。

[4]【顔注】師古曰：去亦藏也，音丘吕反，又音舉。

[5]【顔注】師古曰：懷，來也，謂招來而禮之。【今注】衣冠：古代士以上戴冠。泛指士大夫、貴族。

王莽素奇遵材，在位多稱譽者，繇是起爲河南太守。[1]既至官，當遣從史西，[2]召善書吏十人於前，治私書謝京師故人。[3]遵馮几，[4]口占書吏，且省官事，[5]書數百封，親疏各有意，河南大驚。數月免。

[1]【顔注】師古曰：繇讀與由同。

[2]【今注】從史：官名。漢代高級官僚的從屬官吏。或稱“從吏”。

[3]【今注】私書：私人書信。

[4]【顔注】師古曰：馮讀曰憑。【今注】馮：倚靠。　几：坐具名。古人席地而坐，置几於側，便於倚靠。

[5]【顔注】師古曰：占，隱度也。口隱其辭以授吏也。占

音之贍反。【今注】案，指陳遵一邊向書吏口授文書内容，一邊處理公事。

初，遵爲河南太守，而弟級爲荆州牧，[1]當之官，俱過長安富人故淮陽王外家左氏飲食作樂。[2]後司直陳崇聞之，[3]劾奏："遵兄弟幸得蒙恩超等歷位，遵爵列侯，備郡守，級州牧奉使，[4]皆以舉直察枉、宣揚聖化爲職，不正身自慎。始遵初除，[5]乘藩車入閭巷，[6]過寡婦左阿君置酒歌謳，[7]遵起舞跳梁，[8]頓仆坐上，暮因留宿，爲侍婢扶卧。遵知飲酒飫宴有節，[9]禮不入寡婦之門，而湛酒溷肴，[10]亂男女之别，輕辱爵位，羞汙印韍，[11]惡不可忍聞。臣請皆免。"遵既免，歸長安，賓客愈盛，飲食自若。[12]

[1]【今注】荆州：漢代十三州刺史部之一。武帝元封五年（前106）置。成帝綏和元年（前8）改部刺史爲州牧。在今湖北、湖南及河南、貴州、廣西、廣東等部分地區。

[2]【今注】故淮陽王：劉縯。淮陽，王國名。都陳縣（今河南淮陽縣）。

[3]【今注】司直：官名。丞相屬官，掌輔佐丞相檢舉不法。秩比二千石。　陳崇：南陽（今河南南陽市）人。漢元帝時封南鄉侯。王莽專權，任大司徒司直。王莽稱帝後，封爲統睦侯。

[4]【今注】案，此指陳遵封嘉威侯，任河南太守，其弟級爲荆州牧。

[5]【今注】除：任命官職。

[6]【顔注】師古曰：藩車，車之有屏蔽者。

[7]【今注】歌謳：歌唱。

［8］【今注】跳梁：跳躍。

［9］【顔注】師古曰：宴食曰飫。飫音於庶反。【今注】飫（yù）宴有節：舉行宴會有節制。飫，宴會飲食。

［10］【顔注】師古曰：湛讀曰沈，又音耽。

［11］【顔注】師古曰：此韍謂印之組也。【今注】韍（fú）：掛官印的綬帶。

［12］【顔注】師古曰：言自如其故。

久之，復爲九江及河内都尉，[1]凡三爲二千石。[2]而張竦亦至丹陽太守，[3]封淑德侯。後俱免官，以列侯歸長安。竦居貧，無賓客，時時好事者從之質疑問事，論道經書而已。[4]而遵晝夜呼號，[5]車騎滿門，酒肉相屬。[6]

［1］【今注】九江：郡名。治壽春邑（今安徽壽縣）。　都尉：郡守的佐官，掌管一郡的軍事。本名郡尉，漢景帝時改名都尉。

［2］【今注】二千石：漢代官吏的俸禄等級，中央的九卿郎將、地方上的郡守尉都是二千石，分比二千石、二千石與中二千石。此處指郡守級地方官員。

［3］【今注】丹陽：郡名。治宛陵縣（今安徽宣城市）。

［4］【顔注】師古曰：質，正也。【今注】案，"質疑問事"二句，指對儒家經典中的字句進行辨論答疑。

［5］【顔注】師古曰：呼音火故反。

［6］【顔注】師古曰：屬，連續也。音之欲反（蔡琪本、大德本、殿本"音"前有"屬"字）。

先是黄門郎楊雄作《酒箴》以諷諫成帝，[1]其文爲酒客難法度士，[2]譬之於物，曰：“子猶瓶矣。觀瓶之居，居井之眉，[3]處高臨深，動常近危。酒醪不入口，[4]臧水滿懷，不得左右，牽於纆徽。一旦叀礙，爲党所轠，[5]身提黄泉，骨肉爲泥。[6]自用如此，不如鴟夷。[7]鴟夷滑稽，腹如大壺，[8]盡日盛酒，人復借酤。[9]常爲國器，[10]託於屬車，[11]出入兩宫，[12]經營公家。[13]繇是言之，酒何過乎！”[14]遵大喜之，[15]常謂張竦：“吾與爾猶是矣。足下諷誦經書，[16]苦身自約，[17]不敢差跌，[18]而我放意自恣，浮湛俗間，[19]官爵功名，不減於子，而差獨樂，顧不優邪！”[20]竦曰：“人各有性，長短自裁。子欲爲我亦不能，吾而效子亦敗矣。雖然，學我者易持，效子者難將，吾常道也。”

［1］【今注】黄門郎：加官名。秦漢郎官供事於黄闥（宫門）之内，爲“給事黄門郎”或“給事黄門侍郎”的省稱。　楊雄：傳見本書卷八七。楊，蔡琪本、大德本、殿本作“揚”。　酒箴：漢賦篇名。箴，古代文體名。用於規勸告誡，針砭過失。

［2］【今注】法度士：遵守禮法的君子。借酒客詰難法度士作比喻，以諷諫成帝。

［3］【顔注】師古曰：眉，井邊地，若人目上之有眉。

［4］【今注】酒醪：有汁滓混合未經蒸餾的酒。後泛指酒。

［5］【顔注】師古曰：纆徽，井索也。叀，縣也。党，井以瓴爲甃者也。轠，擊也。言瓶忽縣礙不得下，而爲井党所擊，則破碎也。叀音上絹反。党音丁浪反。轠音雷。諸家之説，或以叀爲疐，或音衛，又以党爲甓，皆失之。甃音側救反。【今注】纆（mò）徽：繫囚犯的繩索，黑色。又稱“纆”“黑索”“徽纆”。叀（zhuān）礙：因受阻而懸挂。

［6］【顔注】師古曰：提，擲也，擲入黄泉之中也。提音徒計反。

［7］【顔注】師古曰：鴟夷，韋囊以盛酒，即今鴟夷幐。【今注】鴟夷：盛酒的皮囊。

［8］【顔注】師古曰：滑稽，圜轉縱捨無窮之狀。滑音骨。稽音雞。【今注】滑稽：酒注子。沈欽韓《漢書疏證》引《太平御覽》卷七六一："崔浩《漢記音義》曰：'滑稽，酒器也。轉注吐酒，終日不已，若今之陽燧尊。'"　腹如大壺：王先謙《漢書補注》引王先慎曰當作"腹大如壺"，傳寫誤倒。

［9］【顔注】師古曰：盡，猶竟日也。【今注】借酤：借去買酒。

［10］【今注】國器：九鼎之類的國家重器。此處將酒器比作國之重器，含有諷刺的意思。

［11］【顔注】師古曰：天子屬車，常載酒食，故有鴟夷也。屬音之欲反。【今注】案，沈欽韓《漢書疏證》據《藝文類聚》："《東方朔别傳》曰：'漢武帝幸甘泉，至長平坂上馳道，有蟲赤如牛肝。東方朔曰："是地必秦之故獄處，積憂者得酒而忘。"以酒澆之，果消。上曰："東方生真先生也。"賜帛百匹。自此後屬車上盛酒。'"屬車，古代帝王出行時的隨從車。秦漢時大駕屬車八十一乘，法駕屬車三十六乘，出行時分左中右三列。

［12］【今注】兩宫：漢成帝與皇后趙飛燕。古代指太后和皇帝、皇帝和皇后、兩后等，因其各居一宫，故稱兩宫。

［13］【今注】公家：朝廷。

［14］【顔注】師古曰：繇讀與由同。其下類此。

［15］【顔注】師古曰：喜，好愛也，音許吏反。【今注】遵大喜之：楊雄《酒箴》表面上贊揚酒器，實際是在箴砭好酒之失。但陳遵因爲好酒，衹對贊揚酒器的話感到高興，故"大喜之"。

［16］【今注】足下：對同輩、朋友的敬稱。古時也用於對上。

[17]【顔注】師古曰：約猶束也。【今注】苦身自約：刻苦修身，自我約束。

[18]【顔注】師古曰：跌音徒結反。【今注】差跌：失足跌倒。指失誤。

[19]【顔注】師古曰：湛讀曰沈。【今注】浮湛：隨波逐流。

[20]【顔注】師古曰：顧，念也。

及王莽敗，[1]二人俱客於池陽，[2]竦爲賊兵所殺。[3]更始至長安，大臣薦遵爲大司馬護軍，[4]與歸德侯劉颯俱使匈奴。[5]單于欲脅詘遵，[6]遵陳利害，爲言曲直，單于大奇之，遣還。會更始敗，遵留朔方，[7]爲賊所敗，時醉見殺。

[1]【今注】王莽敗：地皇四年（23），王莽被殺。

[2]【顔注】師古曰：左馮翊之縣也。【今注】池陽：縣名。治所在今陝西涇陽縣西北。

[3]【顔注】李奇曰：竦知有賊當去，會反支日，不去，因爲賊所殺。桓譚以爲通人之蔽者。【今注】賊兵：赤眉等起義軍。

[4]【今注】護軍：武官名。即護軍都尉。初爲臨時設置的監領軍隊、協調各將領之間關係的官職。

[5]【顔注】鄧展曰：颯音立。【今注】歸德侯劉颯：洪頤煊《讀書叢録》卷二一載，《恩澤侯表》陽城繆侯劉德，“居攝元年，侯颯嗣，王莽敗絶”，當即此劉颯。此歸德侯，是更始時所封。《後漢書》卷八九《南匈奴傳》載，光武帝建武元年（25），又令歸德侯劉颯使匈奴。

[6]【今注】單于：呼都而尸單于。王莽天鳳五年（18）立。

[7]【今注】朔方：郡名。治朔方縣（今内蒙古杭錦旗東北）。

原涉字巨先。祖父武帝時以豪桀自陽翟徙茂陵。[1]涉父哀帝時爲南陽太守。天下殷富，大郡二千石死官，[2]賦斂送葬皆千萬以上，妻子通共受之，以定産業。時又少行三年喪者。[3]及涉父死，讓還南陽賻送，[4]行喪冢廬三年，繇是顯名京師。禮畢，扶風謁請爲議曹，[5]衣冠慕之輻輳。爲大司徒史丹舉能治劇，[6]爲谷口令，[7]時年二十餘。谷口聞其名，不言而治。

[1]【顔注】師古曰：陽翟，潁川之縣也。【今注】陽翟：縣名。治所在今河南禹州市。

[2]【今注】大郡二千石：大郡太守。漢代以人口十二萬户的郡爲大郡。　死官：死於任上。

[3]【今注】三年喪：古代服喪三年的喪制。臣爲君、子爲父、妻爲夫等要服喪三年。一般爲二十五個月。

[4]【今注】賻送：贈送的治喪財物。

[5]【顔注】師古曰：禮畢，行喪終服也。【今注】議曹：官名。丞相屬官。掌謀劃議論。

[6]【今注】史丹：傳見本書卷八二。案，史丹在漢成帝時爲左將軍，後以光禄大夫養病，未嘗爲司徒，又不到哀帝世。此處原涉爲大司徒史，後人妄加“丹”字。

[7]【顔注】師古曰：左馮翊之縣，今之雲陽谷口是其處也。【今注】谷口：縣名。治所在今陝西禮泉縣東北。

先是涉季父爲茂陵秦氏所殺，[1]涉居谷口半歲所，[2]自劾去官，欲報仇。谷口豪桀爲殺秦氏，亡命歲餘，逢赦出。郡國諸豪及長安、五陵諸爲氣節者皆歸慕之。[3]涉遂傾身與相待，人無賢不肖闐門，[4]在所閭里盡滿客。或譏涉曰："子本吏二千石之世，結髮自脩，[5]以行喪推財禮讓爲名，正復讎取仇，[6]猶不失仁義，何故遂自放縱，爲輕俠之徒乎？"涉應曰："子獨不見家人寡婦邪？始自約敕之時，意迺慕宋伯姬及陳孝婦，[7]不幸壹爲盜賊所汙，遂行淫失，[8]知其非禮，然不能自還。吾猶此矣！"[9]

[1]【今注】季父：年齡較小的叔父。古代兄弟按伯、仲、叔、季排列。

[2]【今注】半歲所：半年多的時間。所，大約。多用於數量詞之後，表示大概數量。

[3]【顔注】師古曰：五陵，謂長陵、安陵、陽陵、茂陵、平陵也。班固《西都賦》曰"南望杜、霸，北眺五陵"，是知霸陵、杜陵非此五陵之數也。而説者以爲高祖以至茂陵爲五陵（蔡琪本、大德本、殿本作"至"前有"下"字），失其本意。【今注】案，漢代帝王建陵之後，均徙豪强外戚等在陵周圍居住並設縣。故五陵多爲地方豪强貴族所居之地。長陵，高祖陵。安陵，惠帝陵。陽陵，景帝陵。茂陵，武帝陵。平陵，昭帝陵。

[4]【顔注】師古曰：闐字與寘同，音大千反。【今注】闐（tián）門：形容來往的人很多，充塞門庭。闐，充滿。

[5]【今注】結髮自脩：從年輕時就重視自己的修養。結髮，即束髮。古代男子二十歲束髮而冠，女子十五歲束髮而笄，代表成年。

[6]【今注】復讎取仇：爲復讎而獲取仇人。

[7]【顔注】師古曰：伯姬，魯宣公女，嫁於宋恭公。恭公卒，伯姬寡居。至景公時，伯姬之宫夜火，左右曰："夫人少避火。"伯姬曰："婦人之義，保傅不具，夜不下堂。"遂逮於火而死。陳孝婦者，其夫當行，戒屬孝婦曰："幸有老母，吾若不來，

汝善養吾母。”孝婦曰：“諾。”夫果死，孝婦養姑愈固（固，蔡琪本、大德本同，殿本作“謹”）。其父母將取嫁之，孝婦固欲自殺，父母懼而不取，遂使養姑。淮陽太守以聞，朝廷高其義，賜黄金四十斤，復之終身。號曰孝婦。【今注】案，原涉引宋伯姬及陳孝婦的事例，是説明自己一直以來重視修身名聲，不能因爲季父被殺放鬆要求。沈欽韓《漢書疏證》卷三四載，陳孝婦，見《列女傳·貞順》，文帝時人。王先謙《漢書補注》謂，顔注宋伯姬事出自《穀梁傳》襄三十年傳文。

[8]【顔注】師古曰：失讀曰泆（泆，大德本、蔡琪本、殿本作“佚”）。【今注】淫失：放縱。

[9]【顔注】師古曰：還讀曰旋，謂反歸故操（大德本同，蔡琪本、殿本句末有“也”字）。

涉自以爲前讓南陽賻送，身得其名，而令先人墳墓儉約，非孝也。迺大治起冢舍，[1]周閣重門。[2]初，武帝時，京兆尹曹氏葬茂陵，[3]民謂其道爲京兆仟。[4]涉慕之，迺買地開道，立表署曰南陽仟，人不肯從，謂之原氏仟。費用卬富人長者，[5]然身衣服車馬纔具，妻子内困。專以振施貧窮、赴人之急爲務。人嘗置酒請涉，涉入里門，[6]客有道涉所知母病避疾在里宅者。[7]涉即往候，叩門。家哭，涉因入弔，問以喪事。家無所有，涉曰：“但潔埽除沐浴，待涉。”還至主人，對賓客歎息曰：“人親卧地不收，涉何心鄉此！[8]願徹去酒食。”賓客争問所當得，涉迺側席而坐，[9]削牘爲疏，[10]具記衣被棺木，下至飯含之物，分付諸客。[11]諸客奔走市買，至日昳皆會。[12]涉親閲視已，謂主人：“願受賜矣。”既共飲食，涉獨不飽，[13]迺載棺物，從賓客往至喪家，爲棺斂勞俫畢葬。[14]其周急待人如此。後人有毀涉者曰"姦人之雄也"，喪家子即時刺殺言者。

［1］【今注】冢舍：爲守墓而建的屋舍。

［2］【今注】周閣重門：四周圍以閣樓並設置多重門户。

［3］【今注】京兆尹曹氏：陳直《漢書新證》認爲，據《百官公卿表》，武帝時無曹姓京兆尹，衹有太初元年（前104）京兆尹無忌，後元元年（前88）有京兆尹建，没有姓氏，或是二人中之一。

［4］【今注】案，此指將曹氏墓前的神道命名爲京兆路。仟，同"阡"。指通向陵墓的道路。

［5］【顔注】師古曰：卬音牛向反。

［6］【今注】里門：里設里門若干，定時開閉，有專人管理，統一時間出入。漢代，里的外門和内門有專稱，外部之門爲閭，内部之門爲閻。

［7］【顔注】師古曰：在此里之中宅上（大德本同，蔡琪本、殿本句末有"也"字）。

［8］【顔注】師古曰：鄉讀曰向。

［9］【顔注】師古曰：禮有憂者，側席而坐。今涉郵人之喪，故側席。

［10］【顔注】師古曰：牘，木簡也。疏音所慮反。【今注】削牘爲疏：古時削竹木爲簡牘，用以書寫。案，下文所記衣被、棺木、飯含之物，當爲賬簿之類。

［11］【顔注】師古曰：飯音扶晚反。含音胡紺反。【今注】飯含：古代喪禮以珠玉、貝米等置於死者口中。也有説飯、含本有區别。在死者口中放置米貝稱"飯"，放置珠玉稱"含"。詳見孫詒讓《周禮正義》卷三九。

［12］【顔注】師古曰：昳音徒結反。【今注】日昳（dié）：中午過後太陽偏西的時候。

［13］【今注】涉獨不飽：王先謙《漢書補注》曰，《禮記·檀弓上》載“食於有喪者之側，未嘗飽”，原涉不飽，或因爲此。

［14］【顔注】師古曰：勞俠謂慰勉賓客也。棺音工唤反。斂音力贍反。勞音郎到反。俠音郎代反。

賓客多犯法，辠過數上聞。王莽數收繫欲殺，輒復赦出之。涉懼，求爲卿府掾史，[1]欲以避客。文母太后喪時，守復土校尉。[2]已爲中郎，[3]后免官。涉欲上冢，不欲會賓客，密獨與故人期會。涉單車歐上茂陵，[4]投暮，入其里宅，因自匿不見人。遣奴至市買肉，奴乘涉氣與屠争言，斫傷屠者，亡。是時，茂陵守令尹公[5]新視事，涉未謁也，聞之大怒。知涉名豪，欲以示衆厲俗，遣兩吏脅守涉。至日中，奴不出，吏欲便殺涉去。涉迫窘不知所爲。會涉所與期上冢者車數十乘到，皆諸豪也，共説尹公。尹公不聽，諸豪則曰：“原巨先奴犯法不得，使肉袒自縛，箭貫耳，[6]詣廷門謝辠，於君威亦足矣。”尹公許之。涉如言謝，復服遣去。[7]

［1］【今注】卿府：九卿的府署。

［2］【顔注】蘇林曰：文母大后，元后也。【今注】復土校尉：官名。掌陵墓工程建設。因工程組織具有軍事性質，故以武官主持。

［3］【今注】中郎：官名。秦漢九卿之一郎中令（光禄勳）所屬郎官之一。擔任宫中護衛、侍從，秩比六百石。

［4］【顏注】師古曰：敺與驅同。【今注】單車：一輛車。指没有隨從，隻身一人前往。

［5］【顏注】師古曰：守茂陵令，未真爲之。

［6］【今注】箭貫耳：爲先秦時期一種軍事刑罰，後來則以表示敬畏、謝罪。

［7］【顏注】師古曰：令涉如故著衣服也。復音扶目反。

初，涉與新豐富人祁大伯爲友，[1]大伯同母弟王游公素嫉涉，時爲縣門下掾，[2]説尹公曰："君以守令辱原涉如是，[3]一旦真令至，[4]君復單車歸爲府吏，[5]涉刺客如雲，殺人皆不知主名，可爲寒心。涉治冢舍，奢僭踰制，[6]辠惡暴著，主上知之。今爲君計，莫若墮壞涉冢舍，條奏其舊惡，[7]君必得真令。如此，涉亦不敢怨矣。"尹公如其計，莽果以爲真令。涉繇此怨王游公，選賓客，遣長子初從車二十乘劫王游公家。游公母即祁大伯母也，諸客見之皆拜，傳曰"無驚祁夫人"。遂殺游公父及子，斷兩頭去。[8]

［1］【今注】新豐：縣名。治所在今陝西西安市臨潼區東北陰盤城。

［2］【今注】門下掾：漢代由縣令自己薦舉的屬吏，常居門下。

［3］【今注】守令：指處於試守的縣令。

［4］【今注】真令：指正式任命的縣令。

［5］【今注】案，此句指尹公將因此失去作爲代理縣令的隨從等。單車，單獨一輛車。

［6］【今注】奢僭踰制：指上文所説原涉建冢舍"周閣重門"。

［7］【顔注】師古曰：墮，毁也，音火規反。

［8］【顔注】師古曰：殺游公及其父。

涉性略似郭解，外温仁謙遜，而内隱[1]好殺。[2]睚眦於塵中，獨死者甚多。[3]王莽末，東方兵起，[4]諸王子弟多薦涉能得士死，[5]可用。莽迺召見，責以辠惡，赦貰，[6]拜鎮戎大尹天水太守。[7]涉至官無幾，長安敗，[8]郡縣諸假號起兵攻殺二千石長吏以應漢。[9]諸假號素聞涉名，争問原尹何在，拜謁之。時莽州牧使者依附涉者皆得活。傳送致涉長安，更始西屏將軍申徒建請涉與相見，[10]大重之。故茂陵令尹公壞涉冢舍者爲建主簿，涉本不怨也。涉從建所出，尹公故遮拜涉，謂曰："易世矣，宜勿復相怨！"涉曰："尹君，何壹魚肉涉也！"[11]涉用是怒，使客刺殺主簿。

［1］【顔注】師古曰：隱，匿其情也。

［2］【今注】内隱好殺：内心陰險殘忍。

［3］【今注】案，王念孫《讀書雜志·漢書第十四》曰："獨死"二字義不可通。"獨"當爲"觸"，草書之誤也。塵中，指塵市中。言涉於塵市中數以睚眦之怨而殺人，故曰"睚眦於塵中，觸死者甚多"。

［4］【今注】東方兵起：王莽末年起兵的緑林、赤眉等均在長安以東。

［5］【今注】案，士死，大德本同，蔡琪本、殿本作"死士"。

［6］【顔注】師古曰：貰謂寬其罪。

［7］【今注】案，錢大昕《廿二史考異·漢書三》謂，王莽改天水曰鎮戎，太守爲大尹，既云"鎮戎大尹"，則不當更云"天水

太守”，疑本注文，後人誤入正文。沈欽韓《漢書疏證》引《後漢書·馬援傳》：“莽從弟衛將軍林廣招雄俊，乃辟援及同縣原涉爲掾，薦之於莽。莽以涉爲鎮戎大尹。”鎮戎即王莽所改天水名，疑校書者注“天水太守”於旁而誤入正文。

[8]【顔注】師古曰：無幾，言無多時也。幾音居豈反。

[9]【今注】假號起兵：王莽末年起義軍多假借漢朝宗室，如緑林軍擁立劉玄，赤眉軍擁立劉盆子等。　二千石長吏：郡守、州牧等官吏。

[10]【今注】更始：地皇四年（23），緑林諸將擁立劉玄爲帝，年號更始（23—24）。　申屠建：新莽末年更始將領。初任綉衣御史。更始元年，任西屏大將軍，與丞相司直李松率軍攻入武關，占領長安。次年，封爲平氏王。更始三年被斬。

[11]【顔注】師古曰：言以涉爲魚肉，不以人遇之。

涉欲亡去，申徒建内恨恥之，[1]陽言：[2]“吾欲與原巨先共鎮三輔，豈以一吏易之哉！”賓客通言，令涉自繫獄謝，建許之。賓客車數千乘共送涉至獄。[3]建遣兵道徼取涉於車上，[4]送車分散馳，遂斬涉，縣之長安市。[5]

[1]【今注】内恨恥之：指上文原涉使客刺殺申屠建主簿的事情。

[2]【今注】陽言：假裝説。陽，通“佯”。

[3]【今注】案，千，蔡琪本、大德本、殿本作“十”。

[4]【顔注】師古曰：徼，要也，音工堯反。

[5]【顔注】師古曰：縣其首。【今注】長安市：《三輔黄圖》卷二引《廟記》：“長安市有九，各方二百六十六步。六市在道西，三市在道東。凡四里爲一市。”

自哀、平閒，[1]郡國處處有豪桀，然莫足數。其名聞州郡者，霸陵杜君敖，[2]池陽韓幼孺，[3]馬領繡君賓，西河漕中叔，皆有謙退之風。[4]王莽居攝，誅鉏豪俠，名捕漕中叔，不能得。[5]素善强弩將軍孫建，[6]莽疑建藏匿，泛以問建。[7]建曰："臣名善之，誅臣足以塞責。"莽性果賊，無所容忍，然重建，不竟問，遂不得也。中叔子少遊，復以俠聞於世云。

[1]【今注】哀平閒：公元前7年至5年。哀，哀帝劉欣。平，平帝劉衎。

[2]【今注】霸陵：縣名。治所在今陝西西安市東北。本爲漢文帝劉恒陵園（遺址在今陝西西安市東南白鹿原上），因陵名縣。

[3]【今注】池陽：縣名。治所在今陝西涇陽縣西北。

[4]【顔注】師古曰：馬領，北地之縣。繡、漕，皆姓也。漕音才到反。中讀曰仲。【今注】馬領：縣名。治所在今甘肅慶陽市西北。　西河：郡名。治平定縣（今内蒙古准格爾旗西南）。

[5]【顔注】師古曰：指其名而捕之。【今注】名捕：按姓名進行通緝。居延漢簡有："詔所名捕平陵長藿里男子杜光，字長孫，故南陽杜衍▨多□黑色、肥大、頭少髮，年可卌七八，□□□□五寸□□□楊伯初亡時，駕騩牡馬、乘闌轝車，黄車茵，張白車蓬，騎騩牡馬，因坐役使流亡□户百廿三擅置田監史不法不道，丞相御史□執金吾家屬所二千石奉捕。"（謝桂華、李均明、朱國炤：《居延漢簡釋文合校》，文物出版社1987年版，第294頁。）

[6]【今注】强弩將軍：武官名。漢代雜號將軍之一。武帝元狩元年（前122）置，掌統兵征伐匈奴。

[7]【顔注】師古曰：泛者，以常語問之，不切責也。泛音敷劍反。

漢書　卷九三

佞幸傳第六十三[1]

［1］【今注】案，有學者以爲《史記》《漢書》的《佞幸傳》就是事實上的同性戀列傳。西漢十三位皇帝中十位成年的皇帝都是同性戀者（嚴格説來是雙性戀者）。“與上同卧起”就是代表這一現象的經典用語（詳見賈麗英《誰念西風獨自涼——秦漢兩性關係史》，陝西人民出版社 2008 年版，第 106—119 頁）。也有學者以爲，《佞幸傳》中個别君臣之間不能排除今人所説的“同性戀”成分，顯例莫過於武帝之與韓嫣，成帝之與張放、淳于長，甚至哀帝之於董賢，但“與上同卧起”是否一定爲同性戀的標志，容有疑問，因爲文獻所載同卧起者亦不乏宦官（詳見侯旭東《寵：信—任型君臣關係與西漢歷史的展開》，北京師範大學出版社 2018 年版，第 142、153 頁）。

漢興，佞幸寵臣，高祖時則有籍孺，[1]孝惠有閎孺。[2]此兩人非有材能，但以婉媚貴幸，[3]與上卧起，公卿皆因關説。[4]故孝惠時郎侍中皆冠鵔鸃，貝帶，[5]傅脂粉，化閎、籍之屬也。[6]兩人徙家安陵。[7]其後寵臣，孝文時士人則鄧通，[8]宦者則趙談、北宫伯子；[9]孝武時士人則韓嫣，[10]宦者則李延年；孝元時宦者則弘恭、石顯；[11]孝成時士人則張放、淳于長；[12]孝哀時則有董賢。[13]孝景、昭、宣時皆無寵臣。[14]景帝唯有郎中令周仁，[15]昭帝時駙馬都尉秺侯金賞[16]嗣父車騎將軍日磾爵爲侯，[17]二人之寵取過庸，不篤。[18]宣帝時，侍中中郎將張彭祖少與帝微時同席研書，[19]及帝即尊位，彭祖以舊恩封陽都侯，[20]出常參乘，[21]號爲愛幸。其人謹敕，無所虧損，[22]爲其小妻所毒薨，[23]國除。

[1]【今注】高祖：漢高祖劉邦。紀見本書卷一。　籍孺：漢高祖劉邦之寵臣。籍爲名，姓氏不見史載。孺，年幼之人的泛稱。

[2]【今注】孝惠：漢惠帝劉盈。紀見本書卷二。　閎孺：漢惠帝劉盈之寵臣。閎爲名，姓氏不見史載。案，《史記》卷九七《酈生陸賈列傳》記孝惠幸臣閎籍孺曾爲辟陽侯求情而終免其罪，係將籍孺、閎孺誤爲一人而總稱“閎籍孺”。

[3]【顔注】師古曰：婉，順也。媚，悦也。

[4]【顔注】師古曰：關説者，言由之而納説，亦如行者之有關津。【今注】關：通。案，雖然籍孺控制了大臣與劉邦往來的渠道，文獻中却没有留下相關事迹，恐怕漢初政治清静，有關事務不多，丞相又在其中發揮關鍵作用，真正需要高帝出面處理的問題不多，籍孺的影響力也就有限了（詳見侯旭東《寵：信—任型君臣關係與西漢歷史的展開》，第58頁）。

[5]【顔注】師古曰：以鵔鸃毛羽飾冠，海貝飾帶。鵔鸃即鷩鳥也。鵔，音“峻”。鸃，音“儀”。説在《司馬相如傳》。【今注】郎侍中：此當指入侍禁中的郎官。西漢郎官有郎中、中郎、外郎、侍郎、議郎等，職在宿衛宫禁，侍從應對。無定員，多至千餘人，皆屬郎中令（光禄勳）。　鵔（jùn）鸃（yí）：本爲一種山雞，羽毛光鮮亮麗。在武冠上飾以鵔鸃羽毛，即爲鵔鸃冠，西漢時爲

郎、侍中專用武冠。　貝帶：飾以海貝的腰帶。係戰國秦漢之際中原地區以貝飾物風俗與北方游牧民族胡式腰帶相結合的產物。江蘇徐州獅子山西漢楚王墓、徐州西漢宛朐侯墓均出土以自然貝裝飾的腰帶（詳見左駿《淺談“貝帶”》，《中國歷史文物》2006 年第 6 期）。

［6］【今注】化：傚法。

［7］【今注】安陵：本爲漢惠帝劉盈的陵園，因陵置縣，治所在今陝西咸陽市東北。

［8］【今注】孝文：即漢文帝劉恒。紀見本書卷四。

［9］【顔注】師古曰：姓北宫，名伯子（蔡琪本、殿本句末有“也”字）。【今注】宦者：宦官。

［10］【顔注】師古曰：嫣，音“偃”。【今注】孝武：即漢武帝劉徹。紀見本書卷六。

［11］【今注】孝元：即漢元帝劉奭。紀見本書卷九。　案，恭，大德本作“步”。

［12］【今注】孝成：即漢成帝劉驁。紀見本書卷一〇。

［13］【今注】孝哀：即漢哀帝劉欣。紀見本書卷一一。

［14］【今注】孝景昭宣：即漢景帝劉啓、漢昭帝劉弗陵、漢宣帝劉恂。紀分别見本書卷五、卷七、卷八。

［15］【今注】郎中令：官名。秦漢九卿之一。掌宫殿掖門户。武帝太初元年（前 104）改名光禄勳。秩中二千石。　周仁：傳見本書卷四六。

［16］【顔注】師古曰：秺，音丁護反。【今注】駙馬都尉：官名。西漢武帝始置。皇帝出行時掌副車，爲侍從近臣。秩比二千石。　秺（dù）侯：侯國治所在今山東成武縣西北。昭帝始元元年（前 86）封金日磾爲秺侯，次年其子金賞嗣爵。

［17］【今注】車騎將軍：漢初爲臨時將軍之號，因領車騎士得名，事訖即罷。武帝後常設，地位次於大將軍、驃騎將軍。武帝

後常典京城、皇宫禁衛軍隊，出征時常總領諸將軍。文官輔政者亦或加此銜，領尚書政務，成爲中朝重要官員。　日磾：金日磾。傳見本書卷六八。

［18］【顔注】師古曰：纔過於常人耳，不能大厚也。

［19］【今注】侍中中郎將：官名。中郎將爲郎中令（光禄勳）屬官，有五官中郎將、左中郎將、右中郎將三種，分管侍衛皇帝的諸郎，秩比二千石。侍中爲加官，加此職得出入禁中，中郎將加上侍中之號，就成爲親近皇帝、參議政務的中朝官。　張彭祖：西漢杜陵（今陝西西安市雁塔區曲江街道辦事處三兆村西北）人。本車騎將軍張安世少子，過繼給張安世兄掖庭令張賀爲後嗣，與收養在掖庭中的皇曾孫劉病已（後來的漢宣帝）一起居處學習。宣帝即位，任侍中中郎將，封關内侯。宣帝元康三年（前63）進封陽都侯，食邑一千六百户。爲人謹慎謙退，甚得愛幸，出常參乘。後爲其小妾毒殺，國除。　研書：研墨習字。

［20］【今注】陽都侯：侯國治所不詳。本書《地理志》城陽國有陽都縣（今山東沂南縣南），但王國之内不當置侯國，恐爲鄉聚之地，與陽都重名（詳見馬孟龍《西漢侯國地理》附表《西漢侯國建置沿革綜表》，上海古籍出版社2013年版）。

［21］【今注】參乘：古代乘車時，尊者居左，御者居中，隨從之人居車之右。又作“車右”“陪乘”。也作“驂乘”。案，蔡琪本無“參”字。

［22］【顔注】師古曰：敕，整也。【今注】謹敕：謹慎嚴整。

［23］【今注】小妻：即妾，或稱旁妻。

鄧通，蜀郡南安人也，[1]以濯舩爲黄頭郎。[2]文帝嘗夢欲上天，不能，有一黄頭郎推上天，顧見其衣尻帶後穿。[3]覺而之漸臺，[4]以夢中陰目求推者郎，[5]見鄧通，其衣後穿，夢中所見也。召問其名姓，姓鄧，名通。鄧猶登也，文帝甚説，[6]尊幸之，日日異。[7]通亦愿謹，不好外交，[8]雖賜洗沐，[9]不欲出。於是文帝賞賜通鉅萬以十數，[10]官至上大夫。[11]

[1]【今注】蜀郡：治成都縣（今四川成都市）。　南安：縣名。治所在今四川樂山市。時屬蜀郡，武帝建元六年（前135）改隸犍爲郡。據本書《高惠高后文功臣表》，高祖六年（前201）封宣虎爲南安侯，景帝中元元年（前149）國除爲縣。

[2]【顏注】師古曰：濯舩，能持濯行舩也（舩，蔡琪本作“船”，本段下同）。土勝水，其色黄，故刺舩之郎皆著黄帽，因號曰黄頭郎也。濯讀曰櫂（櫂，殿本作“擢”），音直孝反。【今注】濯（zhào）舩：划船。濯，又作“櫂”，同“棹”，一種形狀似槳的划船工具。　黄頭郎：持棹行船的郎吏，精通水性。“黄頭郎”之得名，一説依據五行相勝觀念，土勝水，土色黄，故划船之郎皆戴黄帽，故名。一説依據五行相勝觀念，土勝水，土色黄，故在船頭施黄旄，因名划船之郎爲黄頭郎。陳直《史記新證》以爲，黄頭郎不見於《百官表》，文帝時疑屬於少府之都司空令，到武帝時則應屬於水衡都之輯濯令。

[3]【顏注】師古曰：衣尻帶後，謂衣當尻上而居革帶之下處（蔡琪本、大德本、殿本句末有“也”字）。【今注】衣尻帶後穿：上衣襟在身後腰臀部位結繫，以便利行動。尻，《史記》卷一二五《佞幸列傳》作“裻”，司馬貞《索隱》：“音篤。裻者，衫襦之横腰者。”

[4]【顏注】師古曰：覺謂寢寐之寤也。未央殿西南有蒼池，池中有漸臺。覺，音工孝反。【今注】漸臺：建於水中或水邊的臺式建築。長安皇宫有兩處漸臺，一在未央宫前殿西南蒼池中（“蒼池”一作“滄池”），漢初即有；一在建章宫太液池中，武帝時修建。此處指未央宫漸臺。

［5］【顔注】師古曰：默而視之，求所夢者。【今注】案，目，殿本作“自”。

［6］【顔注】師古曰：“説”讀曰“悦”。

［7］【今注】案，《史記·佞幸列傳》“日”字不重出。

［8］【顔注】師古曰：專謹曰愿，音“願”，又音“原”。

［9］【今注】洗沐：休假。

［10］【顔注】師古曰：每賜輒鉅萬，如此者十數。【今注】鉅萬：千萬（詳見沈長雲《漢代史籍中的“億萬”“巨萬”究竟指多少》，《文史》1999 年第 3 輯）。

［11］【今注】上大夫：西漢“公卿大夫士”爵位系統中，大夫的起始禄秩爲六百石，二千石者爲上大夫，六百石者爲下大夫。案，本書卷四二《申屠嘉傳》作“太中大夫”。

文帝時閒如通家游戲，[1]然通無他技能，[2]不能有所薦達，獨自謹身以媚上而已。上使善相人者相通，[3]曰：“當貧餓死。”上曰：“能富通者在我，何説貧？”於是賜通蜀嚴道銅山，得自鑄錢。[4]鄧氏錢布天下，[5]其富如此。

［1］【顔注】師古曰：閒謂投隙私行，不公顯也。如，往也。

［2］【今注】案，技，蔡琪本作“伎”。

［3］【今注】善相人：東漢王充《論衡·相列》記述前世相工行迹，有“許負之相鄧通、條侯”之語，則爲鄧通看相的“善相人”或即許負。許負，秦末漢初著名相工，曾爲薄太后、周亞夫等人看相，史載事多靈驗。

［4］【顔注】師古曰：嚴道屬蜀郡。縣有蠻夷曰道。【今注】嚴道：縣道名。治所在今四川滎經縣。

［5］【今注】案，文帝時廢吕太后之八銖錢、五分錢，改鑄四

銖錢，並允許私家鑄造。寵臣鄧通私鑄之錢與吴王劉濞所鑄之錢通行天下，故桓寬《鹽鐵論·錯幣》大夫云："文帝之時……吴王擅鄣海澤，鄧通專西山。山東奸猾咸聚吴國，秦、雍、漢、蜀因鄧氏。吴、鄧錢布天下。"

文帝嘗病癰，[1]鄧通常爲上嗽吮之。[2]上不樂，從容問曰：[3]"天下誰最愛我者乎？"通曰："宜莫若太子。"太子入問疾，上使太子齰癰，[4]太子齰癰而色難之。已而聞通嘗爲上齰之，太子慙，繇是心恨通。[5]

[1]【今注】癰（yōng）：一種皮膚或皮下組織發炎形成的膿瘡。文獻中常作"癰疽"。

[2]【顔注】師古曰：嗽，音山角反。吮，音自兗反。

[3]【今注】從容：閑散狀。

[4]【顔注】師古曰：齰，齧也，齧出其膿血。齰，音仕客反。【今注】案，殿本無"上"字。　齰（zé）：齰，咬。

[5]【顔注】師古曰：繇讀與由同。其下類此。

及文帝崩，景帝立，鄧通免，家居。居無何，人有告通盜出徼外鑄錢，[1]下吏驗問，頗有，遂[2]竟案，盡没入之，通家尚負責數鉅萬。[3]長公主賜鄧通，[4]吏輒隨没入之，一簪不得著身。於是長公主乃令假衣食。[5]竟不得名一錢，[6]寄死人家。

[1]【顔注】師古曰：徼猶塞也。東北謂之塞，西南謂之徼。塞者，以障塞爲名。徼者，取徼遮之義也。徼，音工釣反。【今注】盜出徼外鑄錢：私自將所鑄之錢携帶至境外。漢初嚴禁將黄

金、銅等金屬物品運出境外或關外，以資敵國。如張家山漢簡《二年律令·盜律》規定："盜出黄金邊關徼，吏、卒徒主者智（知）而出及弗索，與同罪；弗智（知），弗索得，戍邊二歲。""盜出財物於邊關徼，及吏部主智（知）而出者，皆與盜同法；弗智（知），罰金四兩。"錢爲銅製品，自然亦在禁止盜出之列。私自携帶金銅財物至境外，等同於偷盜，當依盜出物品之多少及犯罪情節量刑。《二年律令·盜律》規定，盜取贓物價值超過六百六十錢，黥爲城旦舂；六百六十錢以下至二百二十錢，完爲城旦舂；二百二十錢以下至一百一十錢，耐爲隸臣妾；一百一十錢以下至二十二錢，罰金四兩；二十二錢以下至一錢，罰金一兩（參見李均明《漢簡所反映的津關制度》，《簡牘法制論稿》，廣西師範大學出版社2011年版）。

［2］【顔注】師古曰：遂，成也，成其罪狀。

［3］【顔注】張晏曰：顧人采銅鑄錢（采，蔡琪本、殿本作"採"），未還庸直，而會没入故也。師古曰：此説非也。積其前後所犯合没官者數多，除其見在財物以外，尚負官數鉅萬（蔡琪本、大德本、殿本"尚"後有"有"字），故云吏輒隨没入之耳，非負顧庸之私直。【今注】負責：負債。責，同"債"。

［4］【顔注】師古曰：即館陶長公主，文帝之女（蔡琪本、大德本、殿本句末有"也"字）。【今注】長公主：此指館陶長公主劉嫖，文帝竇皇后之女，景帝之姊。西漢皇帝之女稱公主，姊妹稱長公主，姑母稱大長公主。

［5］【顔注】晉灼曰：使假貸而私爲償之也。師古曰：此説非也。公主給其衣食也，而號云假借之耳，非通自有也。恐吏没入，故託云然。此所謂不得名一錢。

［6］【今注】不得名一錢：意謂鄧通名下無一錢私産。

趙談者，［1］以星氣幸；［2］北宫伯子長者愛人，［3］故親近，然皆不比鄧通。

[1]【今注】趙談：文帝時宦官。本書卷三七《季布傳》載楚地辯士曹丘生與其相善。卷四九《爰盎傳》載其驂乘時遭到中郎將爰盎羞辱，被迫下車。《史記》皆作“趙同”，乃司馬遷爲其父司馬談避諱故。

[2]【今注】星氣：精通星占望氣之術。

[3]【今注】長者：泛指謹慎寬厚之人。“長者”在西漢前期政治中有特殊意義，代表了一種清静放任的黄老政治精神（參見閻步克《士大夫政治演生史稿》，北京大學出版社 1996 年版，第 269—280 頁）。

韓嫣字王孫，弓高侯穨當之孫也。[1]武帝爲膠東王時，[2]嫣與上學書相愛。及上爲太子，愈益親嫣。嫣善騎射，聰慧。上即位，欲事伐胡，而嫣先習兵，[3]以故益尊貴，官至上大夫，賞賜儗鄧通。[4]

[1]【今注】弓高侯穨當：韓頽當，漢初異姓諸侯王韓王信之子。韓王信降匈奴，生子於匈奴頽當城，遂以爲名。文帝十四年（前 166）與其侄韓嬰率衆降，兩年後封弓高侯。景帝三年（前 154）參與平定吴楚七國之亂，勸降膠西王劉卬，功冠諸將。弓高，治所在今河北阜城縣。穨，蔡琪本作“頽”。

[2]【今注】膠東王：即後來的漢武帝劉徹。紀見本書卷六。膠東國治即墨縣（今山東平度市東南）。

[3]【顔注】師古曰：言舊自便習。【今注】案，韓嫣祖父韓頽當、曾祖父韓王信皆爲武人。

[4]【顔注】師古曰：儗，比也。

始時，嫣常與上共卧起。江都王入朝，[1]從上獵上林中。[2]天子車駕蹕通未行，[3]先使嫣乘副車，從數十百騎馳視獸。江都王望見，以爲天子，辟從者，伏謁道旁。[4]嫣驅不見。既過，江都王怒，爲皇太后泣，[5]請得歸國，[6]入宿衛，[7]比韓嫣。太后繇此銜嫣。

[1]【今注】江都王：即江都易王劉非，景帝之子。傳見本書卷五三。

[2]【今注】上林：即上林苑，漢代皇家苑囿。在今陝西西安市西南鄠邑區、周至縣界。秦始皇三十五年（前212）營建朝宫於苑中，阿房宫爲其前殿。漢初荒廢。高祖十二年（前195），許民入苑開墾。武帝時，又收爲宫苑，周圍達二百多里，苑内放養禽獸，供皇帝射獵，並建離宫、觀、館數十處。

[3]【顔注】師古曰：已稱蹕，止行人訖，而天子未出也。【今注】蹕（bì）：同“蹕”。止行。天子出入時侍衛封鎖街巷、禁止吏民通行的管制措施。衛宏《漢舊儀》記漢代皇帝出行時説：“輦動則左右侍帷幄者稱警，車駕則衛官填街，騎士塞路。出殿則傳蹕，止人清道。”

[4]【顔注】師古曰：辟去其從者，而身獨伏謁也。辟，音“闢”。

[5]【今注】皇太后：此當指武帝母王太后。

[6]【顔注】師古曰：還爵封於天子也。

[7]【今注】入宿衛：入宫擔任皇帝侍衛之臣。

嫣侍，出入永巷不禁，[1]以姦聞皇太后。太后怒，使使賜嫣死。上爲謝，終不能得，嫣遂死。

[1]【顔注】師古曰：言上恣其出入也。【今注】永巷：本指皇宫内聯結皇帝居處宫殿與后妃居處宫殿之間的長巷，遂成後宫代稱。又專指皇后之外其他嬪妃居住之處，以區别於皇后居住的椒房殿。武帝太初元年（前104）改永巷爲掖庭。

嫣弟説，亦愛幸，[1]以軍功封案道侯，[2]巫蠱時爲戾太子所殺。[3]子增封龍雒侯，[4]大司馬車騎將軍，[5]自有傳。[6]

[1]【顔注】師古曰："説"讀曰"悦"。【今注】説：韓説。字少卿。漢初異姓諸侯王韓王信後裔，弓高侯韓頽當之孫，武帝寵臣韓嫣之弟。初以校尉（一説爲都尉）隨大將軍衛青北擊匈奴，因功於武帝元朔五年（前124）封龍頟侯。元鼎五年（前112）因酎金獲罪，免去爵位。元封元年（前110）以横海將軍征討東越，因功封案道侯。太初三年（前102）以游擊將軍率軍駐屯五原郡邊塞城障，後入爲光禄勳。征和二年（前91）奉詔調查"巫蠱"之事，被戾太子殺死。事迹詳見本書卷三三《韓王信傳》。

[2]【今注】案道侯：侯國治所今地無考。案，一作"按"，又作"桉"。

[3]【今注】巫蠱：此處特指武帝征和二年的"巫蠱之禍"。蠱，本指讓人食用毒蟲而致病，後發展成一種以加害人爲目的的方術——蠱道。巫師所爲，故稱巫蠱。漢代巫蠱的主要手段是依照仇人形象製成木質偶人，以鐵針插刺，埋在地下，再施以惡語詛咒，以達到使對方罹禍遭殃的目的。　戾太子：漢武帝太子劉據。傳見本書卷六三。

[4]【顔注】師古曰："雒"字或作"頟"。【今注】增：韓增。事見本書《韓王信傳》。　龍雒侯：侯國治所在今山東齊河縣西北。雒，一作"頟"。

[5]【今注】大司馬：官名。漢初承秦制，置太尉掌軍事。武帝元狩四年（前 119）改置大司馬。西漢中後期，大將軍、驃騎將軍、車騎將軍、衛將軍等重號將軍加此職，即爲執掌中央政務的輔政大臣。通常由貴戚擔任。　車騎將軍：漢代高級武官名號。最初是作戰時統帥車兵、騎兵部隊的將領，不經常設置，遇有戰事時負責統兵作戰，事畢即罷。武帝之後漸變爲統領京師宿衛、具有武職性質的中朝重臣，預聞政事，加大司馬號、録尚書事則成爲最高軍政長官。金印紫綬。位次僅次於大將軍、驃騎將軍，在衛將軍及前、後、左、右將軍之上。

[6]【顔注】師古曰：在《韓信傳》末。

李延年，中山人，[1]身及父母兄弟皆故倡也。[2]延年坐法腐刑，[3]給事狗監中。[4]女弟得幸於上，號李夫人，列《外戚傳》。延年善歌，爲新變聲。[5]是時上方興天地祠，[6]欲造樂，令司馬相如等作詩頌。[7]延年輒丞意弦歌所造詩，[8]爲之新聲曲。而李夫人産昌邑王，[9]延年繇是貴爲協律都尉，[10]佩二千石印綬，而與上卧起，其愛幸埒韓嫣。[11]久之，延年弟季與中人亂，[12]出入驕恣。及李夫人卒後，其愛弛，[13]上遂誅延年兄弟宗族。是後寵臣，大氐外戚之家也。[14]衛青、霍去病皆愛幸，[15]然亦以功能自進。

[1]【今注】中山：諸侯國名。治盧奴縣（今河北定州市）。

[2]【顔注】師古曰：樂人也。

[3]【今注】腐刑：即宫刑，以刀割除男性的外生殖器。漢文帝廢除肉刑，腐刑亦被廢止。景帝時死罪情節較輕者申請腐刑則可免死，其後腐刑事實上成爲死刑的替代刑罰。

［4］【顔注】師古曰：掌天子之狗，於其中供事也。【今注】狗監：負責養護天子獵犬的機構。當在上林苑中。

［5］【今注】案，爲新變聲，《史記》卷一二五《佞幸列傳》作“爲變新聲”。

［6］【今注】天地祠：武帝時在甘泉泰畤祭天神太一，在汾陰祭地神后土，爲西漢王朝規模最高的規定祭祀。武帝元鼎六年（前111）欲興郊祀之樂，“於是塞南越，禱祠太一、后土，始用樂舞，益召歌兒”（《史記·封禪書》）。蔡琪本、大德本、殿本“祠”前有“諸”字。

［7］【今注】司馬相如：傳見本書卷五七。

［8］【今注】案，丞，蔡琪本、大德本、殿本作“承”。

［9］【今注】昌邑王：此指昌邑哀王劉髆。傳見本書卷六三。

［10］【今注】協律都尉：官名。武帝立樂府，自爲歌詩，以宦官李延年爲協律都尉，佩二千石印綬，職在次序其聲，譜作新曲。李延年被族滅，此職即廢除。

［11］【顔注】師古曰：埒，等齊。【今注】埒（liè）：等同。

［12］【今注】季：即李季。　中人：宫中閹人。

［13］【顔注】師古曰：弛（蔡琪本、殿本作“弛”），解也，音式爾反。【今注】弛（chí）：同“弛”。鬆懈。蔡琪本、殿本作“弛”。

［14］【顔注】師古曰：氐，歸也，音丁禮反。

［15］【今注】衛青霍去病：傳並見本書卷五五。

石顯字君房，濟南人；[1]弘恭，沛人也。[2]皆少坐法腐刑，爲中黄門，[3]以選爲中尚書。[4]宣帝時任中書官，[5]恭明習法令故事，善爲請奏，[6]能稱其職。恭爲令，[7]顯爲僕射。[8]元帝即位數年，恭死，顯代爲中書令。

［1］【今注】濟南：郡名。治東平陵縣（今山東濟南市章丘區西北）。

［2］【今注】沛：郡名。治相縣（今安徽濉溪縣西北）。

［3］【今注】中黄門：掌黄門之内雜務，亦持兵器宿衛省内。由宦者充任。屬少府。《續漢書·百官志》："宦者，無員。後增比三百石。掌給事禁中。"

［4］【今注】中尚書：官名。漢初尚書在殿内辦公，負責收發文書，傳達詔令。武帝常在後宫之内處理公務，尚書不便出入，遂選宦者在省禁之内代行尚書職能。因在禁中，故稱中尚書，簡稱"中書"。長官爲中書謁者令，多選明習律令、練達章奏的宦官充任。

［5］【今注】任：重用。霍光卒後，其子霍禹復領尚書事，宣帝欲奪其權，遂令臣民上書不經尚書，逕由中書令呈達皇帝。擔任中書官員的宦官職權陡增，備受器重。

［6］【今注】善爲請奏：善於撰寫章奏文書。漢代文豪揚雄，文筆絶世，然論及起草律令文書的功力，猶言"吾不如弘恭"（《法言義疏·先知》）。

［7］【今注】令：中書謁者令。簡稱"中書令"。居於省禁之中，負責收納尚書奏事，草擬、傳達皇帝詔令，交由尚書頒下。由宦者擔任，權勢顯赫。成帝時改稱中謁者令，地位有所下降。

［8］【今注】僕射：此指中書謁者僕射，簡稱"中書僕射"，爲中書謁者令副貳。成帝時改中書謁者令爲中謁者令，罷僕射。

是時，元帝被疾，不親政事，方隆好於音樂，以顯久典事，中人無外黨，[1]精專可信任，遂委以政。事無小大，因顯白決，貴幸傾朝，百僚皆敬事顯。顯爲人巧慧習事，能探得人主微指，内深賊，持詭辯以中傷人，[2]忤恨睚眦，輒被以危法。[3]初元中，[4]前將軍蕭望之及光禄大夫周堪、宗正劉更生皆給事中。[5]望之領尚書事，[6]知顯專權邪辟，[7]建白以爲："尚書百官之本，國家樞機，[8]宜以通明公正處之。武帝游宴後庭，故用宦者，非古制也。宜罷中書宦官，應古不近刑人。"[9]元帝不聽。繇是大與顯忤，後皆害焉，望之自殺，堪、更生廢錮，不得復進用，語在《望之傳》。後太中大夫張猛、魏郡太守京房、御史中丞陳咸、待詔賈捐之皆嘗奏封事，[10]或召見，言顯短。顯求索其辠，房、捐之棄市，猛自殺於公車，[11]咸抵辠，髡爲城旦。[12]及鄭令蘇建得顯私書奏之，[13]後以它事論死。自是公卿以下畏顯，重足一迹。[14]

[1]【顔注】師古曰：少骨肉之親，無婚姻之家也。

[2]【顔注】師古曰：詭，違也，違道之辯。

[3]【顔注】師古曰：被，加也，音皮義反。

[4]【今注】初元：漢元帝年號（前48—前44）。

[5]【今注】前將軍：西漢重號將軍之一，與後將軍、左將軍、右將軍皆位上卿，金印紫綬。地位僅次於大將軍及驃騎將軍、車騎將軍、衛將軍。戰時典兵征伐，平時無具體職掌，往往兼任他官，或加諸吏、散騎、給事中等號，成爲中朝官，宿衛皇帝左右，參與朝議決策。　蕭望之：傳見本書卷七八。　光禄大夫：西漢武帝時改中大夫置，掌論議。屬光禄勳，秩比二千石。　周堪：傳見本書卷八八。　宗正：秦置，西漢沿置，職掌皇族及外戚事務。例由宗室成員擔任。位列九卿，秩中二千石。　劉更生：即劉向。傳見本書卷三六。

[6]【今注】領尚書事：職銜名。即由皇帝親近的高級官員來兼管尚書事務。尚書，屬少府。秦及漢初，尚書在殿中負責收發文

書，傳達、記録章奏，職任甚輕。武帝時國事漸多，公文陡增，始以尚書承擔納奏出令、參與決策的職能，又任用宫内近臣左右曹、諸吏分平尚書奏事，以親近大臣兼管尚書事務，以便於皇帝決策，遂有“領尚書事”一職。昭帝時輔政大臣霍光以大司馬大將軍領尚書事，受遺詔輔政者皆領尚書事成爲慣例，領尚書事權力擴大，以外戚領尚書事者往往成爲專權干政之臣。

［7］【顏注】師古曰：“辟”讀曰“僻”（僻，殿本作“闢”）。

［8］【顏注】師古曰：立此議而白之。【今注】建白：主張某種意見並上報皇帝。

［9］【顏注】師古曰：《禮》“刑人不在君側”，故云應古。【今注】刑人：此指宦官。受腐刑去勢，故稱。《禮記·曲禮上》：“刑人不在君側。”鄭玄注曰：“爲其怨恨爲害也。”

［10］【今注】太中大夫：官名。秦置漢承。與中大夫、諫大夫等皆掌顧問應對、參謀議政、奉詔出使。因親近皇帝，時或受命處理私密機要之事。屬郎中令（光禄勳）。西漢前期爲諸大夫之首，秩比一千石。武帝太初元年（前104）將中大夫更名爲光禄大夫，秩比二千石，太中大夫地位有所下降。案，太中大夫，本書《五行志上》、卷三六《楚元王傳》、卷六一《張騫傳》、卷七一《薛廣德傳》、卷七七《諸葛豐傳》、卷九四下《匈奴傳下》皆作“光禄大夫”。　張猛：字子游，漢中郡成固縣（今陝西成固縣）人。張騫之孫。元帝時官至光禄大夫給事中，曾使匈奴，後爲石顯所譖，自殺。　魏郡：治鄴縣（今河北臨漳縣西南）。　京房：傳見本書卷七五。　御史中丞：官名。御史大夫屬官。居殿内，領侍御史，掌舉劾按章，故曰中丞。　陳咸：傳見本書卷六六。　待詔：初指應漢朝皇帝徵召，以備諮詢顧問。有待詔公車、待詔金馬門、待詔博士等名目。後演變爲官名，有一技之長者，如太史、治曆、音律、本草、相工等皆置。　賈捐之：傳見本書卷六四下。　封事：爲防

止信息泄露而密封的奏章。衛宏《漢官儀》："密奏以皂囊封之，不使人知，故曰封事。"

［11］【今注】公車：官署名。"公車司馬"的省稱。宮殿司馬門皆置，負責宮門守衛，吏民上書及徵召進見，需在此登記、審查。長官爲公車令，屬衛尉，秩六百石。

［12］【今注】城旦：徒刑的一種。男子犯死罪以下的重罪，須承擔築城等苦役，故稱"城旦"，屬徒刑之最重者。據衛宏《漢舊儀》，城旦附加髡（剃髮爲髡）鉗（以鐵圈束項）者爲髡鉗城旦，刑期五年；不加肉刑而保持肌體完整者爲完城旦，刑期四年。

［13］【今注】鄭：縣名。治所在今陝西渭南市華州區。

［14］【顔注】師古曰：言極恐懼，不敢自寬縱。

顯與中書僕射牢梁、少府五鹿充宗結爲黨友，[1]諸附倚者皆得寵位。[2]民歌之曰："牢邪石邪，五鹿客邪！[3]印何纍纍，綬若若邪！"[4]言其兼官據埶也。

［1］【今注】牢梁：人名。　少府：官名。掌山海池澤之税及皇帝飲食起居等，爲皇帝私府。位列九卿，秩中二千石。　五鹿充宗：字君房（一説字君孟）。漢成帝時任尚書令，元帝建昭元年（前38）升爲少府，與中書令石顯等結黨專權，排斥異己，後被貶爲玄菟太守。治梁丘《易》，善辯論，著有《略説》三篇。

［2］【顔注】師古曰：倚，依也，音於綺反。

［3］【今注】牢邪石邪五鹿客邪：中書令、中書僕射雖直接聽命於皇帝，然在行政序列中隸屬於少府。牢指牢梁，石指石顯。

［4］【顔注】師古曰：纍纍，重積也。若若，長貌。纍，音力追反。

顯見左將軍馮奉世父子爲公卿著名，[1]女又爲昭儀在内，[2]顯心欲附之，薦言昭儀兄謁者逡[3]脩敕宜侍幄帷。[4]天子召見，欲以爲侍中，逡請閒言事。上聞逡言顯顓權，[5]天子大怒，罷逡歸郎官。[6]其後御史大夫缺，[7]群臣皆舉逡兄大鴻臚野王行能第一，[8]天子以問顯，顯曰："九卿無出野王者。然野王親昭儀兄，臣恐後世必以陛下度越衆賢，[9]私後宫親以爲三公。"上曰："善，吾不見是。"[10]迺下詔嘉美野王，[11]廢而不用，語在《野王傳》。

[1]【今注】左將軍：西漢重號將軍之一，與前將軍、後將軍、右將軍皆位上卿，金印紫綬。地位僅次於大將軍及驃騎將軍、車騎將軍、衛將軍。戰時典兵征伐，平時無具體職掌，往往兼任他官，或加諸吏、散騎、給事中等號，成爲中朝官，宿衛皇帝左右，參與朝議決策。左將軍地位尊於右將軍。　馮奉世父子：馮奉世及其子馮野王。傳見本書卷七九。當時馮奉世爲左將軍兼光禄勳，馮野王爲左馮翊，父子二人才能出衆，並居朝廷。

[2]【今注】昭儀：即元帝馮昭儀，名媛，馮奉世之女。事迹見本書卷九七下《外戚傳下》。

[3]【顔注】師古曰：逡，音千旬反。【今注】謁者：官名。掌賓贊受事，常充任皇帝使者。屬郎中令（光禄勳）。秩比六百石。　逡：馮逡，字子産，馮奉世之子，馮野王之弟。精通《易》學，察孝廉爲郎，補謁者，歷任復土校尉、美陽令、長樂屯衛司馬、清河都尉、隴西太守等職，居官清廉公正。事迹詳見本書卷七九《馮奉世傳》。

[4]【顔注】師古曰：敕，整也。【今注】脩敕：嚴謹而守規矩。敕，同"飭"。整頓。　案，幄帷，蔡琪本、大德本、殿本作"帷幄"。

［5］【顏注】師古曰：顓與專同。其下類此。

［6］【今注】案，《漢書考正》劉攽疑"郎"當作"故"。

［7］【今注】御史大夫：丞相副貳，秩中二千石，協調處理天下政務，而以監察、執法爲主要職掌，爲全國最高監察、執法長官。主管圖籍秘書檔案、四方文書，百官奏議經其上呈，皇帝詔命由其承轉丞相下達執行，負責考課、監察、彈劾官吏，典掌刑獄，收捕、審訊有罪官吏等，或派員巡察地方，鎮壓事變，有時亦督兵出征。丞相缺位，常由其遞補。

［8］【今注】大鴻臚：秦時稱典客，漢景帝時稱大行令，武帝太初元年（前 104）更名爲大鴻臚，掌禮賓諸侯，接待郡國上計吏，管理四方少數民族朝貢交流等事務。位列九卿，秩中二千石。

行能：德行與才能。

［9］【顏注】師古曰：度，過也。

［10］【顏注】師古曰：言不見此理。

［11］【今注】案，本書《馮奉世傳》載成帝下詔稱譽馮野王曰："剛彊堅固，確然亡欲，大鴻臚野王是也。"

顯内自知擅權事柄在掌握，[1]恐天子一旦納用左右耳目，有以閒己，[2]廼時歸誠，取一信以爲驗。[3]顯嘗使至諸官有所徵發，顯先自白，恐後漏盡宮門閉，[4]請使詔吏開門。上許之。顯故投夜還，[5]稱詔開門入，後果有上書告顯顓命矯詔開宮門。[6]天子聞之，笑以其書示顯。顯因泣曰："陛下過私小臣，屬任以事，[7]群下無不嫉妬欲陷害臣者，事類如此非一，唯獨明主知之。愚臣微賤，誠不能以一軀稱快萬衆，[8]任天下之怨。[9]臣願歸樞機職，受後宮掃除之役，死無所恨。唯陛下哀憐財幸，[10]以此全活小臣。"天子以爲然而憐之，數勞勉顯，加厚賞賜，[11]賞賜及賂遺訾一萬萬。[12]

[1]【今注】案，事，蔡琪本、殿本作“專”。

[2]【顔注】師古曰：閒，音工莧反。

[3]【今注】案，信，蔡琪本、殿本作“言”。

[4]【今注】漏盡：漏，漢代計時工具，由漏壺與浮箭組成。漏壺爲圓筒形，上有提梁、蓋，提梁及蓋上有小孔用以安插浮箭，壺腹部下端有細管用來起漏滴水。壺内之水從壺底細管滴出，浮箭隨水位下沉，根據箭上的刻度可以看出時間的變化。西漢時一晝夜爲一百刻度（哀帝時曾改爲一百二十刻，不久即廢）。白晝漏刻用盡，標志夜間開始，宫門關閉，無特殊情況不得開啓。

[5]【今注】投：到，臨。

[6]【今注】案，蔡琪本、殿本“有”後有“人”字。　矯詔：又稱“矯制”，指詐稱妄託或不執行皇帝詔令的行爲。漢代將矯詔行爲視爲重罪，旨在防範和懲治臣子借用皇帝的名義行事。事發後根據“害”與“不害”（是否損害國家利益）靈活處罰：害大者可處死，害小者可贖免，無害者罰金或免處（參見孫家洲、李宜春《西漢矯制考論》，《中國史研究》1998年第1期；孫家洲《再論“矯制”——讀〈張家山漢墓竹簡〉札記》，《南都學壇》2003年第4期）。

[7]【顔注】師古曰：過猶誤也。屬，委也。屬，音之欲反。

[8]【顔注】師古曰：稱，音尺孕反。

[9]【顔注】師古曰：任猶當也。

[10]【顔注】師古曰：財與裁同。

[11]【今注】加厚：楊樹達《漢書窺管》疑當爲“厚加”。

[12]【顔注】師古曰：賂遺，謂百官群下所遺也。訾讀與貲同。【今注】賞賜：此處“賞賜”重出，語義重複，王先謙《漢書補注》以爲誤衍。案，蔡琪本、殿本衹有一“賞賜”。

初，顯聞衆人匈匈，[1]言已殺前將軍蕭望之。望之當世名儒，顯恐天下學士姗己，[2]病之。是時，明經著節士瑯邪貢禹爲諫大夫，[3]顯使人致意，深自結納。顯因薦禹天子，歷位九卿，至御史大夫，禮事之甚備。議者於是稱顯，以爲不妬譖望之矣。顯之設變詐以自解免取信人主者，皆此類也。

[1]【今注】匈匈：同“洶洶”。喧嘩吵嚷，議論紛紛。

[2]【顔注】師古曰：姗，古“訕”字。訕，謗也，音所諫反。

[3]【今注】明經：通曉經學。　著節士：以氣節聞名的士人。　瑯邪：即“琅邪”，郡名。治東武縣（今山東諸城市）。一説治琅邪縣（今山東青島市黄島區西南）。　貢禹：傳見本書卷七二。　諫大夫：官名。武帝時始置。掌諫争、顧問應對，議論朝政。屬光禄勳，無定員，秩比八百石。

元帝晚節寢疾，[1]定陶恭王愛幸，[2]顯擁祐太子頗有力。[3]元帝崩，成帝初即位，遷顯爲長信中大僕，[4]秩中二千石。[5]顯失倚，離權數月，丞相、御史條奏顯舊惡，[6]及其黨牢梁、陳順皆免官。顯與妻子徙歸故郡，憂滿不食，道病死。[7]諸所交結，以顯爲官，皆廢罷。少府五鹿充宗左遷玄菟太守，[8]御史中丞伊嘉爲鴈門都尉。[9]長安謡曰：“伊徙鴈，鹿徙菟，去牢與陳實無賈。”[10]

[1]【顔注】師古曰：晚節猶言末時也。【今注】晚節：晚

年。　寢疾：病重在身。

［2］【今注】定陶恭王：元帝子劉康。傳見本書卷八〇。

［3］【今注】太子：即後來的成帝劉驁。　案，力，蔡琪本、殿本作“功”。

［4］【今注】長信中大僕：長信中太僕。太后宫官諸卿之一，掌太后輿馬之事。秩中二千石，位在朝廷九卿之上。長信，太后所居宫殿名。在長樂宫中。時長信太后爲成帝母王政君。

［5］【今注】中二千石：漢官吏秩禄等級。中爲滿之意。中二千石即實得二千石，月俸一百八十斛。其地位在真二千石、二千石、比二千石之上。案，中書令秩當六百石，遠不及長信中太僕之中二千石，然職典樞機，位置顯赫，遠非長信中太僕所能及。

［6］【今注】御史：“御史大夫”省稱。時丞相爲匡衡，御史大夫爲張譚。

［7］【顔注】師古曰：满，讀曰“懣”，音“悶”。

［8］【今注】玄菟：郡名。初治沃沮縣（今朝鮮咸鏡南道咸興市），後徙治高句麗縣（今遼寧新賓滿族自治縣西）。

［9］【今注】鴈門：郡名。治善無縣（今山西右玉縣西北）。　都尉：秦設郡尉，西漢沿置。景帝中二年（前148）更名都尉，佐助太守典掌一郡軍事，秩比二千石。

［10］【顔注】師古曰：“賈”讀曰“價”。【今注】賈（gǔ）：價值。陳直《漢書新證》以爲“賈應讀爲古，與菟合韻，但仍作無價解”，甚是。案，王先謙《漢書補注》引蘇輿曰：“言去牢、陳之功，無賈以當之也。”此解值得商榷。歌謡意謂：御史中丞伊嘉下放至鴈門郡做了都尉，少府五鹿充宗下放至玄菟郡當了太守，牢梁和陳順被免官廢黜，一文不值。其中又有譏諷之意：御史中丞换來一隻鴈（鴈門郡都尉），少府换來一隻兔（玄菟郡太守，“菟”與“兔”通），牢、陳二人被掃地出門，没换來任何東西。歌謡中全然不見“去牢、陳之功”，故蘇解未安。

淳于長字子鴻，[1]魏郡元城人也。[2]少以太后姊子爲黄門郎，[3]未進幸。會大將軍王鳳病，[4]長侍病，晨夜扶丞左右，[5]甚有甥舅之恩。鳳且終，以長屬託太后及帝。[6]帝嘉長義，拜爲列校尉諸曹，[7]遷水衡都尉侍中，[8]至衛尉九卿。[9]

[1]【今注】案，鴻，蔡琪本、大德本、殿本作“鸿”。

[2]【今注】元城：縣名。治所在今河北大名縣東。

[3]【今注】太后：此指元帝皇后王政君。　案，姊，殿本作“姉”。　黄門郎：秦、西漢時期皇帝日常辦公和生活的區域稱省中或禁中，省禁之門漆成黄色，故稱黄門，漢郎官給事於黄門之内者，稱黄門郎或黄門侍郎。

[4]【今注】大將軍：戰國秦至西漢前期本爲將軍的最高稱號，非常設，遇有戰事時負責統兵作戰，事畢即罷。武帝之後漸成常設性高級軍政官職，其前多冠以大司馬，領尚書事，秩萬石，位高權重，事實上成爲最高行政長官。多由貴戚擔任。　王鳳：字孝卿，西漢東平陵（今山東濟南市東）人。元帝皇后王政君兄。初爲衛尉，襲父爵陽平侯（侯國治所在今山東莘縣）。成帝即位，拜大司馬大將軍，領尚書事。專斷朝政十一年。事迹詳見本書卷九八《元后傳》。

[5]【今注】丞：同“承”。

[6]【顔注】師古曰：屬，音之欲反。

[7]【今注】列校尉：指城門校尉、長水校尉等高級武官，秩次低於將軍。　諸曹：即左右曹，加官名。官員加諸曹即可平議尚書奏事，成爲親近皇帝、參議政務的中朝官。

[8]【今注】水衡都尉：武帝始置。職掌上林苑諸事，兼管帝室收入及鑄錢等事，職權頗重。秩比二千石。

[9]【今注】衛尉：掌管統率衛士，警衛宫門之内。位列九

卿，秩中二千石。

久之，趙飛燕貴幸，[1]上欲立以爲皇后，太后以其所出微，難之。長主往來通語東宫。[2]歲餘，趙皇后得立，上甚德之，迺追顯長前功，下詔曰："前將作大匠解萬年奏請營作昌陵，[3]罷獘海内，[4]侍中衞尉長數白宜止徙家反故處，[5]朕以長言下公卿，議者皆合長計。首建至策，民以康寧。[6]其賜長爵關内侯。"[7]後遂封爲定陵侯，[8]大見信用，貴傾公卿，外交諸侯牧守，賂遺賞賜亦絫鉅萬。[9]多畜妻妾，淫於聲色，不奉法度。

[1]【今注】趙飛燕：成帝趙皇后。事迹詳見本書卷九七下《外戚傳下》。

[2]【顔注】師古曰：主猶專。【今注】東宫：此指太后王政君。漢初在秦興樂宫基礎上修建長樂宫，爲太后所居之處，因在未央宫東側，故稱東宫。

[3]【今注】將作大匠：官名。秦有將作少府，漢景帝時改稱將作大匠。掌修作宗廟、宫室、陵寢等。秩二千石。　解萬年：西漢後期官員。成帝時任將作大匠，奏請在霸陵曲亭南營建昌陵，徙民充實陵邑，後因工程勞民傷財，被罷免，徙至敦煌罰作。　昌陵：漢成帝鴻嘉元年（前20）以新豐縣戲鄉置昌陵縣，在此營建陵墓。成帝永始元年（前16）廢。今陝西西安市北郊與臨潼區交界地帶有一約三平方千米的大土丘，丘頂内凹，當地稱"八角玻璃井"，當是昌陵遺迹（詳參何清谷《三輔黄圖校釋》，中華書局2005年版，第374頁）。

[4]【顔注】師古曰："罷"讀曰"疲"。【今注】獘：同"弊"。殿本作"弊"。

[5]【顏注】師古曰：陵置邑，徙人以實之。長奏令止所徙之家各還本處。

[6]【顏注】師古曰：康，安也。

[7]【今注】關内侯：爵名。秦漢二十等爵制的第十九級，次於列侯。有侯號、封户而無封土，居京畿，有徵收租税之權。也有特殊者，在關内有封土，食其租税。

[8]【今注】定陵侯：侯國治所在今河南漯河市郾城區西北。成帝元延三年（前10）封侍中衛尉淳于長爲定陵侯，食邑一千户。成帝綏和元年（前8）國除。

[9]【顏注】師古曰：絫，古“累”字也。其下亦同。【今注】案，本書卷九一《貨殖傳》記成都富商羅裒向曲陽侯王根、定陵侯淳于長行賄之事：“往來巴蜀，數年間致千餘萬。裒舉其半賂遺曲陽、定陵侯，依其權力，賖貸郡國，人莫敢負。擅鹽井之利，期年所得自倍，遂殖其貨。”

初，許皇后坐執左道廢處長定宫，[1]而后姊孊爲龍頟思侯夫人，[2]寡居。長與孊私通，因取爲小妻。許后因孊賂遺長，欲求復爲倢伃。[3]長受許后金錢乘輿服御物前後千餘萬，詐許爲白上，立以爲左皇后。[4]孊每入長定宫，輒與孊書，戲侮許后，嫚易無不言。[5]交通書記，[6]賂遺連年。是時，帝舅曲陽侯王根爲大司馬票騎將軍，[7]輔政數歲，久病，數乞骸骨。[8]長以外親居九卿位，次第當代根。根兄子新都侯王莽心害長寵，[9]私聞長取許孊，受長定宫賂遺。莽侍曲陽侯疾，因言：“長見將軍久病，意喜，自以當代輔政，至對衣冠議語署置。”[10]具言其辠過。根怒曰：“即如是，何不白也？”莽曰：“未知將軍意，故未敢言。”根曰：“趣白東宮。”[11]莽求見太后，具言長驕佚，[12]欲代曲陽侯，對莽母上車，[13]私與長定貴人姊通，[14]受取其衣物。太后亦怒，曰：“兒至如此！往白之帝！”莽白上，上迺免長官，遣就國。[15]

[1]【今注】許皇后：成帝許皇后。事迹詳見本書卷九七下《外戚傳下》。　左道：邪僻之道，多指不爲官方或正統觀念認可的巫蠱、方術等。漢律，執左道亂政爲重罪。　長定宮：在雲陽甘泉宮中。

[2]【顔注】晉灼曰：孊，音“靡”。【今注】后姊孊：許孊，許皇后之姊，龍頟思侯韓寶夫人。案，姊，殿本作“姉”。本段下同。　龍頟思侯：韓寶。大司馬車騎將軍韓增之子。宣帝五鳳元年（前57）嗣爵，成帝鴻嘉元年（前20）去世。

[3]【今注】倢伃：又作“婕妤”。西漢嬪妃名號。武帝時始置。元帝時爲嬪妃十四等之第二等，僅次於昭儀，位視上卿，秩比列侯。

[4]【今注】左皇后：案，漢制，皇后唯一人，未見有左、右之制。此殆淳于長欺誑之言。漢代之後間有左、右皇后並立者。故趙翼《廿二史劄記》卷一五“一帝數后”條言：“一帝一后，禮也。至荒亂之朝，則漫無法紀，有同時立數后者。”

[5]【顔注】師古曰：嫚，褻汙也。易，輕也。易，音弋豉反。

[6]【今注】書記：書信。

[7]【今注】曲陽侯：即王根，字稚卿，元帝皇后王政君弟。成帝河平二年（前27）以帝舅封曲陽侯，後爲大司馬驃騎將軍輔政。事迹詳見本書卷九八《元后傳》。　票騎將軍：西漢高級武官，始於武帝封霍去病爲票騎將軍，取騎兵勁疾之意。武帝之後時置時罷，領京師衛戍屯兵，備皇帝顧問應對，參與中朝謀議決策。加大

司馬號、録尚書事則爲中朝官首領，預政定策，進而成爲最有權勢的軍政大臣。金印紫綬。位在大將軍之下；車騎將軍，衛將軍及前、後、左、右將軍之上。票騎，又作“驃騎”或“驃騎”。

［8］【今注】乞骸骨：向皇帝乞求骸骨歸葬故鄉。古代官員申請退休或引咎辭職的習慣用語。

［9］【今注】新都侯：侯國治所在今河南新野縣東。成帝永始元年（前16）封外戚王莽爲新都侯。　王莽：傳見本書卷九九。

［10］【顔注】師古曰：自謂當輔政，故豫言某人爲某官，某人主某事。【今注】衣冠：古代士以上階層方可戴冠，故引申爲士大夫、官吏。

［11］【顔注】師古曰：“趣”讀曰“促”。

［12］【顔注】師古曰：“佚”讀與“逸”同。

［13］【顔注】師古曰：莽母於長，舅之妻也，上車當於異處。使於前上，言不敬。

［14］【今注】長定貴人：即許皇后。被廢黜後居長定宫，稱貴人。

［15］【今注】就國：回到所封侯國。

初，長爲侍中，奉兩宫使，親密。[1]紅陽侯立獨不得爲大司馬輔政，[2]立自疑爲長毁譖，常怨毒長，上知之。及長當就國也，立嗣子融從長請車騎，[3]長以珍寶因融重遺立，立因爲長言。於是天子疑焉，下有司案驗。吏捕融，立令融自殺以滅口。上愈疑其有大姦，遂逮長繫洛陽詔獄窮治。[4]長具服戲侮長定宫，[5]謀立左皇后，辠至大逆，死獄中。妻子當坐者徙合浦，[6]母若歸故郡。[7]紅陽侯立就國。將軍卿大夫郡守坐長免罷者數十人。莽遂代根爲大司馬。久之，還長母及子酺於長安。[8]後酺有辠，莽復殺之，徙其家屬歸故郡。始長以外親親近，[9]其愛幸不及富平侯張放。[10]放常與上卧起，俱爲微行出入。[11]

[1]【顔注】師古曰：言爲使者傳言語於太后及帝，若立趙飛燕之類。【今注】兩宫：未央宫與長樂宫。代指漢成帝與王太后。

[2]【今注】紅陽侯立：王立，字子叔，元帝皇后王政君之弟。成帝河平二年（前27）以帝舅封紅陽侯，侯國治所在今河南葉縣南。

[3]【顔注】師古曰：嗣子謂嫡長子，當爲嗣者也。

[4]【今注】詔獄：指收繫皇帝指名拘捕罪犯的監獄。

[5]【顔注】師古曰：侮，古"侮"字。

[6]【今注】合浦：郡名。治合浦縣（今廣西合浦縣東北）。

[7]【顔注】師古曰：若者，其母名。

[8]【顔注】師古曰：酺，音"蒲"。

[9]【顔注】師古曰：親近謂近幸於天子。近，音其靳反。

[10]【今注】張放：西漢名臣張安世玄孫，嗣父祖爵爲富平侯（侯國治所在今山東德州市陵城區西南）。母爲敬武公主，妻爲成帝許皇后之妹，尊貴無比。成帝時爲侍中中郎將，常陪侍天子微行出游，親密無間，甚得寵信。因驕逸而爲太后及群臣所憎，外出擔任北地都尉、天水屬國都尉、河東都尉等職，復徵入朝中，爲侍中光禄大夫。成帝崩，思慕哭泣而死。事迹詳見本書卷五九《張湯傳》。

[11]【今注】微行：隱藏正式身份，私自外出。本書卷一〇《成紀》："上始爲微行出。"張晏曰："於後門出，從期門郎及私奴客十餘人。白衣組幘，單騎出入市里，不復警蹕，若微賤之所爲，故曰微行。"

董賢字聖卿，雲陽人也。[1]父恭，爲御史，[2]任賢爲太子舍人。[3]哀帝立，賢隨太子官爲郎。[4]二歲餘，賢傳漏在殿下，[5]爲人美麗自喜，[6]哀帝望見，説其儀貌，[7]識而問之，曰："是舍人董賢邪?"因引上與語，拜爲黄門郎，繇是始幸。問及其父爲雲中侯，[8]即日徵爲霸陵令，[9]遷光禄大夫。賢寵愛日甚，爲駙馬都尉侍中，出則參乘，入御左右，旬月間賞賜絫鉅萬，貴震朝廷。常與上卧起。嘗晝寢，偏藉上褏，[10]上欲起，賢未覺，[11]不欲動賢，迺斷褏而起。其恩愛至此。賢亦性柔和便辟，[12]善爲媚以自固。每賜洗沐，不肯出，常留中視醫藥。上以賢難歸，詔令賢妻得通引籍殿中，[13]止賢廬，[14]若吏妻子居官寺舍。[15]又召賢女弟以爲昭儀，[16]位次皇后，更名其舍爲椒風，以配椒房云。[17]昭儀及賢與妻旦夕上下，並侍左右。賞賜昭儀及賢妻亦各千萬數。遷賢父爲少府，賜爵關内侯，食邑，復徙爲衛尉。又以賢妻父爲將作大匠，弟爲執金吾。[18]詔將作大匠爲賢起大第北闕下，[19]重殿洞門，[20]木土之功窮極技巧，柱檻衣以綈錦。[21]下至賢家僮僕，皆受上賜。及武庫禁兵，[22]上方珍寶，其選物上弟盡在董氏，[23]而乘輿所服迺其副也。及至東園祕器，珠襦玉柙，豫以賜賢，無不備具。[24]又令將作爲賢起冢塋義陵旁，[25]内爲便房，[26]剛柏題湊，[27]外爲徼道，[28]周垣數里，門闕罘罳甚盛。[29]

[1]【今注】雲陽：縣名。治所在今陝西淳化縣西北。

[2]【今注】御史：御史大夫屬官。戰國、秦皆置，西漢沿

置。凡四十五員，分爲兩部，一部十五人由御史中丞統領，侍於殿中，稱“侍御史”；一部三十人居於御史府，由御史丞統領，負責考課、監察諸事。

［3］【今注】任：保舉。漢代有“任子”制度，高級官吏具有保任其子弟爲官的特權。衛宏《漢儀注》規定，二千石以上官員，任職滿三年，即有資格保舉同父兄弟或兒子一人爲郎。　太子舍人：官名。宿衛侍從太子，職掌相當於天子郎中。隸屬於太子太傅、少傅。秩二百石。

［4］【顔注】師古曰：東宫官屬，隨例遷（蔡琪本、大德本、殿本句末有“也”字）。

［5］【顔注】師古曰：傳漏，奏時刻。

［6］【顔注】師古曰：喜，音許吏反。【今注】自喜：自矜，自我欣賞。

［7］【顔注】師古曰：“説”讀曰“悦”。

［8］【今注】雲中候：雲中郡都尉屬官。案，據西北漢簡，邊郡設都尉或數個部都尉，部都尉轄區劃分爲若干候官鄣塞，候官長官爲候，或稱鄣候、塞候，秩六百石。

［9］【今注】霸陵令：霸陵本爲漢文帝劉恒陵園（遺址在今陝西西安市東南白鹿原上），因陵名縣。霸陵爲户數過萬的大縣，縣令秩當一千石之上。

［10］【顔注】師古曰：藉謂身卧其上也。褏，古“袖”字。

［11］【顔注】師古曰：覺，寐之寤也，音工效反。

［12］【今注】便辟：諂媚逢迎。

［13］【今注】引籍：出入宫門、殿門的憑證。本書卷九《元紀》：“令從官給事宫司馬中者，得爲大父母父母兄弟通籍。”顔師古注引應劭曰：“籍者，爲二尺竹牒，記其年紀、名字、物色，縣之宫門，案省相應，乃得入也。”

［14］【顔注】師古曰：廬謂殿中所宿止處也。【今注】廬：

此指官員在殿中值班時的宿舍。

［15］【今注】若吏妻子居官寺舍：王先謙《漢書補注》曰："若，及也。因賢妻故，並吏妻子皆得居官寺舍。"楊樹達《漢書窺管》以爲"若"即"如"，意謂董賢之妻入居殿中董賢宿舍，如同官員妻子入居官舍之例。案，漢代官府結構，往往前爲辦公之處，後爲家屬住所。故王説誤，楊説是。

［16］【今注】昭儀：嬪妃名號。元帝時置爲嬪妃十四等級之第一等，爵比諸侯王，位同丞相。

［17］【顏注】師古曰：皇后殿稱椒房。欲配其名，故云椒風。【今注】椒房：皇后所居宫殿名。椒色濃而有辛香，以椒和泥塗壁，使屋内呈暖色，散清香，故名椒房。又取《詩·國風·唐風》"椒聊之實，蕃衍盈升"之意，喻子嗣繁盛。據考古發掘，椒房殿南距未央前殿三百三十米，由正殿、配殿和附屬房屋建築組成（詳見劉慶柱、李毓芳《漢長安城》，文物出版社 2003 年版，第 67—79 頁）。

［18］【今注】執金吾：秦及西漢前期稱"中尉"，武帝太初元年（前 104）更名爲"執金吾"，職掌宫殿之外、京城之内的警備事務，天子出行時充任儀衛導行。位列諸卿，秩中二千石。本書《百官公卿表》記元壽二年"光禄大夫韓容爲執金吾，一月免"，同一官職，時間相合，疑韓容即董賢之妻弟（詳陳直《漢書新證》）。

［19］【今注】大第：規模宏大的府第。據本書卷七二《鮑宣傳》記載，哀帝將三處宅第合在一起賜給董賢，依然嫌小，不惜毁壞宫墻，侵占原屬於暴室的地皮。　北闕：未央宫北面司馬門外玄武闕的俗稱。臣民謁見或上書，均需候於北闕之下，由公車司馬受理核查。

［20］【顏注】師古曰：重殿謂有前後殿，洞門謂門門相當也。皆僭天子之制度（蔡琪本、大德本、殿本句末有"者也"二

字)。

[21]【顔注】師古曰：檻謂軒闌之板也。綈，厚繒也，音徒奚反。

[22]【今注】武庫：存放武器裝備及軍需物品的倉庫。長安、洛陽、郡國、諸部都尉及大將軍府皆設，其中長安中央武庫規模最大，設有一令三丞，屬中尉（執金吾）管轄。江蘇連雲港尹灣漢墓出土的《武庫永始四年兵車器集簿》，是成帝永始四年（前 13）武庫存藏物品記録簿，藏品分爲弓弩類、鎧甲類、劍戟類、旌幡鉦鼓類、戰車類及其他雜類等，包括皇室器具 58 種 10114693 件，非皇室器具 182 種 23153794 件，合計 240 種 33268487 件。數量之大，足以武裝五十萬人。長安武庫建在未央宫與長樂宫之間，便於皇帝控制。遺址在今陝西西安市未央區大劉寨村東北，墻垣周長 2064 米，内有七處庫址，出土鏃、刀、矛、鎧甲等兵器。案，哀帝贈送董賢武庫兵器之事，本書卷七七《毋將隆傳》載“時侍中董賢方貴，上使中黄門發武庫兵，前後十輩，送董賢及上乳母王阿舍”。時任執金吾毋將隆上疏請求收還，哀帝不悦。

[23]【今注】上弟：上等。弟，同“第”。

[24]【顔注】師古曰：東園，署名也。《漢舊儀》云東園祕器作棺梓，素木長二丈，崇廣四尺。珠襦，以珠爲襦，如鎧狀，連縫之。以黄金爲鏤，要以下，玉爲柙，至足，亦縫以黄金爲縷。【今注】東園祕器：指棺木葬具。東園，官署名。屬少府，掌皇室貴族葬具製作。　珠襦玉柙：天子、諸侯王安葬時所用高級殮衣，係用金絲將玉片縫製成衣服，又稱“珠玉之衣”，今俗稱“金縷玉衣”。

[25]【今注】將作:”將作大匠“的省稱。　冢塋：墓地。　義陵：漢哀帝陵寢，位於今陝西咸陽市渭城區周陵鄉南賀村東南。

[26]【今注】便房：即“便槨”“梗槨”。漢代喪葬制度規定，皇帝、皇后、諸侯王、王后及受到特賜的高級官員墓室中有用柏樹

壘製的黄腸題湊，黄腸題湊内用木構圍成的槨室便是便房，便房中間爲停放棺材的棺室。便，取“平安”“適宜”“協和”之意（詳見高崇文《釋“便槨”“便房”與“便殿”》，《考古與文物》2010年第3期）。東漢衛宏《漢儀注》：“天子陵中明中高丈二尺四寸，周二丈，内梓宫，次楩椁，柏黄腸題湊。”

［27］【顔注】孟康曰：堅剛之柏也。師古曰：題湊解在《霍光傳》。【今注】剛柏：質地堅硬的柏木。 題湊：即“黄腸題湊”，係指墓室中用柏木枋壘成的圍壁。用料通常爲黄芯柏木，故稱“黄腸”。題，意爲頭；湊，意爲向。木枋頭皆向内，故稱“題湊”。黄腸題湊爲春秋時期出現的高級葬制，至漢代，爲皇帝、皇室成員、諸侯王及部分受賜官員所專享。現已發現漢代黄腸題湊墓十餘座，其中北京大葆臺一號墓所用黄腸木多達15880件。

［28］【今注】徼道：巡邏警戒的道路。

［29］【今注】罘（fú）罳（sī）：闕與其所連接的主體建築之間的屏墻（參見孫機《漢代物質文化資料圖説（增訂本）》，上海古籍出版社2018年版，第213頁）。

上欲侯賢而未有緣。會待詔孫寵、息夫躬等告東平王雲后謁祠祀祝詛，[1]下有司治，皆伏其辜。上於是令躬、寵爲因賢告東平事者，迺以其功下詔封賢爲高安侯，[2]躬宜陵侯，[3]寵方陽侯，食邑各千户。頃之，復益封賢二千户。丞相王嘉内疑東平事冤，[4]甚惡躬等，數諫争，以賢爲亂國制度。嘉竟坐言事下獄死。

［1］【顔注】師古曰：謁者，后之名。【今注】待詔：官制術語。漢廷徵召材藝之士至京師，等待天子詔命或召見，故名待詔。待詔者人數衆多，各有專長，自文學經藝辭賦之士至音律巫醫方術之徒，不一而足，臨時安排在公車司馬、金馬門宦者署及其他官

署，具有候補官員或者非正式官員的性質，俸禄寡薄，地位低微，一旦得到召見，上合聖意，往往可得升遷。　孫寵：長安縣（今陝西西安市西）人。成帝時任汝南太守，哀帝初免官家居。後待詔爲騎都尉，與博士弟子息夫躬合謀誣告東平王劉雲詛咒謀反，因功遷南陽太守，封方陽侯（今安徽懷遠縣西北）。哀帝元壽二年（前1）被免官奪爵，徙合浦郡。　息夫躬：傳見本書卷五四。　東平王雲：劉雲，宣帝之孫。成帝鴻嘉元年（前20）襲父劉宇爵爲東平王，哀帝建平三年（前4）被誣告有祝詛天子之舉，遭廢黜後自殺。事迹詳見本書卷八〇《宣元六王傳》。　謁：東平王劉雲王后。亦遭誣告有祝詛天子之舉，被棄市處死。

[2]【今注】高安侯：本書《外戚恩澤侯表》記高安侯國在"朱扶"，治所今地無考。

[3]【今注】宜陵侯：侯國治所在今河南南陽市卧龍區西南。

[4]【今注】王嘉：傳見本書卷八六。

上初即位，祖母傅太后、母丁太后皆在，[1]兩家先貴。傅太后從弟喜先爲大司馬輔政，[2]數諫失太后指，免官。上舅丁明代爲大司馬，[3]亦任職，頗害賢寵，[4]及丞相王嘉死，明甚憐之。上寖重賢，欲極其位，[5]而恨明如此，遂册免明曰："前東平王雲貪欲上位，祠祭祝詛，雲后舅伍宏以醫待詔，[6]與校祕書郎楊閎結謀反逆，[7]禍甚迫切。賴宗廟神靈，董賢等以聞，咸伏其辜。將軍從弟侍中奉車都尉吳、族父左曹屯騎校尉宣皆知宏及栩丹諸侯王后親，[8]而宣除用丹爲御屬，[9]吳與宏交通厚善，數稱薦宏。宏以附吳得興其惡心，因醫技進，幾危社稷，[10]朕以恭皇后故不忍有云。[11]將軍位尊任重，既不能明威立義，折消未萌，[12]又不深疾雲、宏之惡，而懷非君上，阿爲宣、吴，[13]反痛恨雲等，[14]揚言爲群下所冤，又親見言伍宏善醫，死可惜也。[15]賢等獲封極幸。嫉妬忠良，非毁有功，於戲傷哉！[16]蓋‘君親無將，將而誅之’。[17]是以季友鴆叔牙，《春秋》賢之；趙盾不討賊，謂之‘弑君’。[18]朕閔將軍陷于重刑，故以書飭。[19]將軍遂非不改，復與丞相嘉相比，[20]令嘉有依，得以罔上。有司致法將軍，請獄治，朕惟噬膚之恩未忍。[21]其上票騎將軍印綬，罷歸就第。”遂以賢代明爲大司馬衛將軍，[22]册曰：“朕承天序，惟稽古建爾于公，以爲漢輔。往悉爾心，統辟元戎，[23]折衝綏遠，[24]匡正庶事，允執其中。[25]天下之衆，受制於朕，以將爲命，以兵爲威，可不慎與！”[26]

[1]【今注】傅太后：即元帝傅昭儀。子劉康封定陶王，故稱定陶太后。劉康子劉欣繼位爲哀帝，尊祖母傅氏爲帝太太后（後改爲皇太太后）。事迹詳見本書卷九七下《外戚傳下》。　丁太后：瑕丘（今山東濟寧市兖州區北）人。始爲定陶共王劉康妾，稱丁姬，生子劉欣，後劉欣即帝位爲哀帝，尊母爲帝太后。事迹詳見本書《外戚傳下》。

[2]【今注】喜：即傅喜。傳見本書卷八二。

[3]【今注】丁明：山陽瑕丘（今山東濟寧市兖州區北）人，西漢《易》學祖師丁寬之玄孫。妹爲定陶恭王姬，生子劉欣，繼天子位爲哀帝，成帝綏和二年（前7）以帝舅封陽安侯（侯國治所在今河南確山縣東北），以大司馬票騎將軍輔政。哀帝死後，爲王莽所殺。事迹詳見本書《外戚傳下》。

[4]【今注】害：妒忌。

［5］【顔注】師古曰：㵪，益也。

［6］【今注】伍宏：東平王劉雲王后之舅父。哀帝時以長於醫術而待詔，出入禁中，後遭誣告與東平王夫婦謀殺天子，被棄市處死。　毉（yī）：同“醫”。殿本作“醫”。

［7］【今注】校祕書郎：受命參與整理皇家所藏典籍文獻的郎官。

［8］【顔注】師古曰：栩，姓也，音許羽反。【今注】奉車都尉：武官名。漢武帝時始置，掌天子車輿，秩比二千石，多由皇帝親信充任。　吴：丁吴。大司馬票騎將軍丁明從弟。　左曹：與“右曹”合稱“左右曹”，亦稱“諸曹”，西漢時爲加官，加此職可參與平議尚書奏事。　屯騎校尉：武官名。爲武帝所置八校尉之一，統領騎士。秩比二千石。加右曹即爲中朝官，親近皇帝。　宣：丁宣。大司馬票騎將軍丁明本族叔父。　栩丹：姓栩，名丹。

［9］【今注】宣除用丹爲御屬：丁宣聘用栩丹爲公家馭車。案，漢制限制諸侯王近親在京城長安做官宿衛天子。

［10］【顔注】師古曰：幾，音巨依反（巨，殿本作“鉅”）。

［11］【顔注】師古曰：恭皇后，謂丁后，即哀帝母。

［12］【顔注】師古曰：未萌，謂禍難之未生者。

［13］【顔注】師古曰：以君上爲非，懷此心也。

［14］【今注】痛恨：此處爲痛惜之意。

［15］【顔注】師古曰：見，見天子。

［16］【顔注】師古曰：“於”讀曰“烏”，“戲”讀曰“呼”。

［17］【顔注】師古曰：將謂將爲逆亂（蔡琪本、大德本、殿本句末有“也”字）。【今注】案，《春秋公羊傳》莊公三十一年、昭公元年並作“君親無將，將而誅焉”。意謂但凡對君父有逆亂之心，即可果斷處決，不能優柔寡斷、猶豫不決。

［18］【顔注】師古曰：季友，魯桓公少子，莊公母弟也。叔牙亦桓公子。莊公有疾，叔牙欲立其同母兄慶父，故季友使鍼季

鴆之。《公羊傳》曰："季子殺兄，何善爾？誅不得避兄弟，君臣之義也。"趙盾，晉大夫趙宣子也。靈公欲殺之，宣子將出奔，而趙穿攻靈公於桃園，宣子未出山而復（山，蔡琪本、殿本作"境"），太史書曰："趙盾弑其君。"宣子曰："不然。"曰："子爲正卿，亡不越境，反不討賊，非子而誰？"孔子曰："董狐，古之良史也，書法不隱。趙宣子，古之良大夫也，爲法受惡。"【今注】案，季友鴆殺叔牙，事見《春秋公羊傳》莊公三十二年。趙盾不討賊，事見《春秋左氏傳》宣公二年。

［19］【顔注】師古曰："飭"與"敕"同。

［20］【顔注】師古曰：比謂比同也（同，蔡琪本、大德本、殿本作"周"，是），音頻寐反。

［21］【顔注】孟康曰：《易》曰"噬膚滅鼻"。噬，食也。膚，膏也。喻爵禄恩澤加之，不忍誅也。師古曰：孟説非也。《易·噬嗑》卦九二爻辭曰"噬膚滅鼻"。噬膚者，言自齧其肌膚。詔云（云，殿本作"曰"），爲明是恭后之親，有肌膚之愛，是以不忍加法，故引噬膚之言也。【今注】噬膚之恩：顧炎武《日知録》卷二七以爲取自《易·睽》六五"厥宗噬膚"，意謂貴戚之卿，恩未忍絶。

［22］【今注】衛將軍：西漢高級武官名。掌京師屯兵及宫禁護衛。金印紫綬。位在大將軍、驃騎將軍、車騎將軍之後，前後左右將軍之前，加大司馬號則爲中朝官首領，預政定策，進而成爲最有權勢的軍政大臣。

［23］【顔注】師古曰：悉，盡也。統，領也。辟，君也。元戎，大衆也。言爲元戎之主而統之也。辟，音必亦反。

［24］【今注】折衝：本意指制敵取勝，使敵人的戰車後撤。衝，冲車。一種戰車。

［25］【今注】允執其中：語出《論語·堯曰》。意謂執中和之德，以中庸行事。

［26］【顔注】師古曰："與"讀曰"歟"。

是時賢年二十二，雖爲三公，常給事中，領尚書，百官因賢奏事。以父恭不宜在卿位，徙爲光禄大夫，秩中二千石。弟寬信代賢爲駙馬都尉。董氏親屬皆侍中諸曹奉朝請，[1]寵在丁、傅之右矣。[2]

［1］【今注】奉朝請：漢代朝廷給予退休大臣、列侯、宗室、外戚等的一種政治優待。春季朝會稱"朝"，秋季朝見稱"請"。授此者特許參加朝會。

［2］【顔注】師古曰：右，上也。

明年，匈奴單于來朝，[1]宴見，群臣在前。單于怪賢年少，以問譯，[2]上令譯報曰："大司馬年少，以大賢居位。"單于迺起拜，賀漢得賢臣。

［1］【今注】案，據本書卷一一《哀紀》及卷九四下《匈奴傳下》，哀帝元壽二年（前1）春正月，匈奴烏珠留若鞮單于來朝，二月歸。

［2］【顔注】師古曰：傳語之人也。

初，丞相孔光爲御史大夫，[1]時賢父恭爲御史，事光。及賢爲大司馬，與光並爲三公，上故令賢私過光。[2]光雅恭謹，[3]知上欲尊寵賢。及聞賢當來也，光警戒衣冠出門待，望見賢車迺却入。賢至中門，光入閤，[4]既下車，迺出拜謁，送迎甚謹，不敢以賓客鈞敵之禮。賢歸，上聞之喜，立拜光兩兄子爲諫大夫常侍。

賢繇是權與人主侔矣。[5]

[1]【今注】孔光：傳見本書卷八一。

[2]【今注】過：過訪，探望。

[3]【今注】雅：平素，素來。

[4]【今注】閤：此指内院之門。

[5]【顔注】師古曰：侔，等也。

是時，成帝外家王氏衰廢，唯平阿侯譚子去疾，[1]哀帝爲太子時爲庶子得幸，[2]及即位，爲侍中騎都尉。上以王氏亡在位者，遂用舊恩親近去疾，[3]復進其弟閎爲中常侍。[4]閎妻父蕭咸，[5]前將軍望之子也，空爲郡守，[6]病免，爲中郎將，兄弟並列。[7]賢父恭慕之，欲與結婚姻。閎爲賢弟駙馬都尉寬信求咸女爲婦，咸惶恐不敢當，私謂閎曰："董公爲大司馬，册文言'允執其中'，此迺堯禪舜之文，非三公故事，長老見者莫不心懼。此豈家人子所能堪邪！"[8]閎性有知略，[9]聞咸言，心亦悟。迺還報恭，深達咸自謙薄之意。恭歎曰："我家何用負天下，而爲人所畏如是！"意不説。[10]後上置酒麒麟殿，[11]賢父子親屬宴飲，王閎兄弟侍中中常侍皆在側。上有酒所，[12]從容視賢笑，[13]曰："吾欲法堯禪舜，何如？"閎進曰："天下迺高皇帝天下，[14]非陛下之有也。陛下承宗廟，當傳子孫於亡窮。統業至重，天子亡戲言！"上默然不説，[15]左右皆恐。於是遣閎出，後不得復侍宴。

［1］【今注】平阿侯譚：王譚，字子元，漢元帝皇后王政君之弟，成帝河平二年（前 27）以帝舅封爲平阿侯。事迹詳見本書卷九八《元后傳》。平阿侯國治所在今安徽懷遠縣西南。

［2］【今注】庶子：即太子中庶子。職如天子侍中，侍從太子。秩六百石。

［3］【今注】用：因。

［4］【今注】中常侍：官名。初稱“常侍”，取經常侍從皇帝之意。宣、元之後或稱“中常侍”。有專任者，亦可作爲加官，郎官等加此職即可在禁中（省中）侍從皇帝、顧問應對、參與政事。宦官擔任者更可出入皇帝卧内及諸宫。與皇帝關係近密，須執行皇帝隨機指定的具體任務。選任者須德才兼備，在容貌體態、音聲表達方面也有較高的要求（參見李炳泉《西漢中常侍新考》，《史學月刊》2013 年第 4 期）。

［5］【今注】蕭咸：字仲君，東海郡蘭陵縣（今山東蘭陵縣西南）人，西漢後期名臣蕭望之之子、張禹之婿。歷任丞相史、好畤令、張掖太守、越騎校尉、護軍都尉等職。曾以中郎將出使匈奴。平帝元始元年（1）拜大司農，次年卒。

［6］【今注】案，空，蔡琪本、大德本、殿本作“久”，是。

［7］【今注】案，時蕭咸之兄蕭育爲光禄大夫執金吾，故曰“兄弟並列”。

［8］【顔注】師古曰：家人猶言庶人也，蓋咸自謂。

［9］【今注】知：同“智”。　案，略，殿本作“畧”。

［10］【顔注】師古曰：“說”讀曰“悅”。

［11］【顔注】師古曰：在未央宫。【今注】麒麟殿：殿名。在未央宫中。《三輔黄圖》：“未央宫有麒麟殿，藏秘書，即揚雄校書處。”

［12］【顔注】師古曰：言酒在體中。【今注】酒所：酒意。王先謙《漢書補注》曰：“酒所猶酒意。《疏廣傳》‘宜從丈人所’，

鄧注‘宜令意自從丈人所出’；《薛宣傳》‘自從其所’，顔注‘若自出其意’，皆是。此注失之。”

［13］【顔注】師古曰：從，音千容反。

［14］【今注】高皇帝：指漢高祖劉邦。

［15］【顔注】師古曰：“説”讀曰“悦”。

賢第新成，功堅，[1]其外大門無故自壞，賢心惡之。後數月，哀帝崩。太皇太后召大司馬賢，[2]引見東箱，[3]問以喪事調度。賢内憂，不能對，免冠謝。太后曰：“新都侯莽前以大司馬奉送先帝大行，[4]曉習故事，吾令莽佐君。”賢頓首幸甚。太后遣使者召莽。既至，以太后指使尚書劾賢帝病不親醫藥，禁止賢不得入出宫殿司馬中。賢不知所爲，詣闕免冠徒跣謝。莽使謁者以太后詔即闕下册賢[5]曰：“間者以來，陰陽不調，菑害並臻，[6]元元蒙辜。[7]夫三公，鼎足之輔也。高安侯賢未更事理，[8]爲大司馬不合衆心，非所以折衝綏遠也。其收大司馬印綬，罷歸第。”即日賢與妻皆自殺。家惶恐，夜葬。莽疑其詐死，有司奏請發賢棺，至獄診視。[9]莽復風大司徒光奏：“賢[10]質性巧佞，翼姦以獲封侯，[11]父子專朝，兄弟並寵，多受賞賜，治第宅，造冢壙，放效無極，不異王制，[12]費以萬萬計，國家爲空虚。[13]父子驕蹇，至不爲使者禮，[14]受賜不拜，辠惡暴著。賢自殺伏辜，死後父恭等不悔過，[15]乃復以沙畫棺[16]四時之色，左蒼龍，右白虎，上著金銀日月，玉衣珠璧以棺，[17]至尊無以加。恭等幸得免於誅，不宜在中土。臣請收没入財物縣官。[18]諸以賢爲官者皆免。”父恭、弟寬信與家屬徙合浦，母別歸故郡鉅鹿。[19]長安中小民讙譁，[20]鄉其弟哭，幾獲盜之。[21]縣官斥賣董氏財凡四十三萬萬。[22]賢既見發，臝診其尸，[23]因埋獄中。

［1］【顏注】師古曰：言盡功力而作之，極堅牢也。“功”字或作“攻”。攻，治也，言作治之甚堅牢。

［2］【今注】太皇太后：此指元帝皇后王政君。《後漢書》卷一二《張步傳》記王閎從董賢手中收奪璽印之事：“哀帝臨崩，以璽綬付賢曰：‘無妄以與人。’時國無嗣主，内外恇懼，閎白元后，請奪之；即帶劍至宣德後闥，舉手叱賢曰：‘宫車晏駕，國嗣未立，公受恩深重，當俯伏號泣，何事久持璽綬以待禍至邪！’賢知閎必死，不敢拒之，乃跪授璽綬。閎持上太后，朝廷壯之。”可參。

［3］【今注】東箱：殿堂東側的廂房（詳參陳蘇鎮《秦漢殿式建築的布局》，《中國史研究》2016年第3期）。案，箱，蔡琪本、殿本作“廂”。

［4］【今注】先帝：此指漢成帝。　大行：皇帝初死，尚未入殮，稱大行。

［5］【顏注】師古曰：即，就也。

［6］【顏注】師古曰：菑，古“災”字。

［7］【顏注】師古曰：蒙，被也。

［8］【顏注】師古曰：更，歷也，音工衡反。

［9］【顏注】師古曰：謂發冢取其棺柩也。診，驗也，音“軫”。

［10］【顏注】師古曰：“風”讀曰“諷”。光，孔光也。【今注】大司徒光：光即孔光。大司徒，漢末三公之一。哀帝時以丞相之名不見於經書，改稱大司徒，位列大司馬之下。錢大昭《漢書辨疑》引《漢官儀》：“王莽時，議以漢無司徒官，故定三公之號，曰

大司馬、大司徒、大司空。”

［11］【顏注】師古曰：翼，進也。

［12］【顏注】師古曰：放，依也，音甫往反。【今注】放：同“倣”。

［13］【今注】案，殿本無“家”字。

［14］【顏注】師古曰：言不敬天子之使。

［15］【今注】案，殿本無“等”字。

［16］【顏注】師古曰：以朱砂塗之，而又彤畫也（彤，蔡琪本、殿本作“雕”）。

［17］【顏注】師古曰：以此物棺斂也。棺，音工喚反。

［18］【今注】縣官：西漢時常用以稱政府或皇帝。《史記》卷五七《絳侯周勃世家》司馬貞《索隱》：“縣官謂天子也。所以謂國家爲縣官者，《夏官》王畿内縣即國都也。王者官天下，故曰縣官也。”

［19］【今注】鉅鹿：郡名。治鉅鹿縣（今河北平鄉縣南）。

［20］【今注】讙（huān）譁：喧嘩紛擾。

［21］【顏注】師古曰：陽往哭之，實欲竊盜也。“鄉”讀曰“嚮”。“幾”讀曰“冀”。【今注】弟：同“第”。府第。

［22］【今注】案，《太平御覽》卷六二四《治道部》引桓譚《新論》云：“漢定以來，百姓賦斂，一歲爲四十餘萬萬，吏俸用其半，餘二十萬萬，藏於都内爲禁錢。少府所領園地作務之八十三萬萬，以給宫室供養、諸賞賜。”董賢家資總額占到國家與帝室一年財政總收入的三分之一，爲全國官員當年俸禄總和的兩倍。本書卷八六《王嘉傳》説漢元帝爲人節約少欲，加之國家太平無事，“都内錢四十萬萬，水衡錢二十五萬萬，少府錢十八萬萬”，積蓄合計達八十三萬萬，大約是西漢後期國家府庫最爲充實的時候，然其總數亦不過董賢家資二倍。哀帝以私恩濫賞董賢，數量之巨，足以令人瞠目。

［23］【顔注】師古曰：臝，露形也，音郎果反。

賢所厚吏沛朱詡自劾去大司馬府，買棺衣收賢尸葬之。王莽聞之而大怒，[1]以它皋擊殺詡。詡子浮建武中貴顯，[2]至大司馬，[3]司空，[4]封侯。[5]而王閎王莽時爲牧守，[6]所居見紀，莽敗乃去官。世祖下詔曰："武王克殷，表商容之閭。[7]閎修善謹敕，兵起，吏民獨不爭其頭首。今以閎子補吏。"至墨綬卒官，[8]蕭咸外孫云。

［1］【今注】案，蔡琪本、殿本無"而"字。

［2］【今注】浮：朱浮，字叔元，沛國蕭縣（今安徽蕭縣西北）人。東漢開國功臣。早年追隨劉秀平定河北，東漢初建，拜爲大將軍、幽州牧，歷任執金吾、太僕、大司空。明帝時有罪被賜死。傳見《後漢書》卷三三。　建武：東漢光武帝年號（25—56）。

［3］【今注】大司馬：東漢三公之一。光武帝建武二十七年改稱太尉，爲三公之首，掌四方兵事考課，並與司徒、司空謀議國之大事。案，據《後漢書·朱浮傳》及黄大華《東漢三公年表》，朱浮曾任大將軍，未曾擔任過大司馬。

［4］【今注】司空：東漢時爲三公之一。主要負責水土工程營造之事。初名"大司空"，建武二十七年改稱"司空"。據《後漢書·朱浮傳》，朱浮於光武帝建武二十年任大司空，二十二年因"賣弄國恩"免職。

［5］【今注】案，朱浮於光武帝建武二年封舞陽侯，食邑三縣。後因幽州敗亂失職，徙封城父侯。建武二十五年復徙封新息侯。

［6］【今注】案，王閎在新莽時曾任兖州牧、壽良卒正（一説爲東郡太守），更始時任琅邪太守。事迹並見本書卷九九《王莽傳下》、《後漢書》卷一二《張步傳》。

［7］【顔注】師古曰：商容，殷賢人。【今注】商容：商末賢臣，爲百姓所愛戴，被紂王廢黜。周武王滅商之後，在商容所居里門標榜題名，以示表彰。《韓詩外傳》曰："商容嘗執羽籥，馮於馬徒，欲以伐紂而不能。遂去，伏於太行。及武王克殷……欲以爲三公……遂固辭不受命。"

［8］【今注】墨綬：黑色印綬。漢代以印綬的材質、顔色來標識官階級别。據本書《百官公卿表》，秩比六百石以上至比二千石以下皆銅印墨綬。郡丞、郡都尉丞、王國長史、王國内史丞等郡國高級佐官及縣令皆屬墨綬。

贊曰：柔曼之傾意，[1]非獨女德，蓋亦有男色焉。觀籍、閎、鄧、韓之徒非一，而董賢之寵尤盛，父子並爲公卿，可謂貴重人臣無二矣。然進不繇道，[2]位過其任，莫能有終，所謂愛之適足以害之者也。漢世衰於元、成，壞於哀、平。哀、平之際，國多釁矣。[3]主疾無嗣，弄臣爲輔，鼎足不彊，[4]棟幹微撓。[5]一朝帝崩，姦臣擅命，董賢縊死，丁、傅流放，辜及母后，奪位幽廢，[6]咎在親便嬖，[7]所任非仁賢。故仲尼著"損者三友"，[8]王者不私人以官，[9]殆爲此也。[10]

［1］【顔注】師古曰：曼，澤也，言其質柔而色理光澤也。【今注】柔曼：温柔嫵媚。

［2］【顔注】師古曰：言本不以德進。"繇"讀與"由"同。

［3］【顔注】師古曰：釁謂間隙也。【今注】釁（xìn）：嫌隙，

争端。

［4］【今注】鼎足：代指三公等輔政大臣。

［5］【顔注】師古曰：撓，弱也，音女教反。【今注】棟幹：棟梁幹材。喻指可擔負國家重任之人。

［6］【顔注】師古曰：謂貶皇太后趙氏爲孝成皇后，退居北宫，哀皇后傅氏退居桂宫。

［7］【今注】便嬖：皇帝寵信的小人。

［8］【顔注】師古曰：《論語》稱孔子曰"損者三友"："友便辟，友善柔，友便佞，損矣。"【今注】案，語出《論語·季氏》。

［9］【今注】王者不私人以官：語出《荀子·君道》："明主有私人以金石珠玉，無私人以官職事業。"桓寬《鹽鐵論·除狹》亦云："故人主有私人以財，不私人以官。"

［10］【顔注】師古曰：殆，近也。